헤겔 강의록 입문

헤겔 강의록 입문

요리카와 죠지 엮음 │ 이신철 옮김

도서출판 b

| 일러두기 |

1. 이 책은 요리카와 죠지가 엮은 다음 논저를 완역한 것이다.
   ヘーゲル講義錄入門, 寄川條路 編, 法政大學出版局, 2016.
2. 본문에서 인용의 출처는 괄호 속에 약호로 표기되어 있다. 자세한 사항은 권말의 참고문헌
   에서 확인할 수 있다.

차 례

머리말

교정판 『헤겔 전집Hegel: *Gesammelte Werke*』은 1968년에 제1부 '저작집'의 첫 번째 권(제4권 『예나 비평집』)이 출판되고, 그로부터 46년 후인 2014년에야 겨우 마지막 권(제2권 『초기 저작집 II』)이 출판되었다. 이에 의해 전집의 제1부 '저작집' 전 22권이 완결되었다. 그와 동시에 전집의 제2부 '강의록' 출판이 본격적으로 시작되었다. 또한 텍스트 출판에 맞추어 헤겔 연구의 대상도 헤겔 자신이 쓴 저작과 초고로부터 헤겔의 강의를 청강한 학생들의 필기록으로 옮겨갔다.

『헤겔 전집』 제2부 '강의록' 출판을 위해 전집 편집 작업을 진행하고 있는 독일의 헤겔 아르히프는 『헤겔 연구*Hegel-Studien*』 제26호(1991년)를 특집으로 꾸몄다. 필기록에 대한 보고와 논문으로 이루어진 이 특집호는 그 후의 헤겔 연구에 대해 빠질 수 없는 기초 자료가 되었다. 그래서 우선은 이 특집호를 일본어로 번역하여 헤겔 철학에 관심을 지닌 일본의 독자들에게 독일의 본격적인 헤겔 연구를 소개하게 되었는데, 그것이 오토 푀겔러 엮음, 『헤겔 강의록 연구ヘーゲル講義錄研究』(호세이대학 출판국, 2015년)이다.

그리고 이 책에서는 헤겔 연구의 필독서인『헤겔 강의록 연구』와 그 토대가 된『헤겔 연구』를 기초로 하여 일본의 독자들에게『헤겔 전집』의 그 후의 진척 상황을 전하고, 그로부터 한 걸음 더 나아가 날카로운 기개를 지닌 헤겔 연구자들이 최신의 연구 성과를 펼쳐 보이고자 한다.

이 책『헤겔 강의록 입문』에서는「헤겔의 철학 강의」에 대한 논문을 서장으로 하여 계속해서『헤겔 전집』의 제2부를 이루는 '강의록'을 내용별로 고찰해 간다. 차례를 보면「논리학 강의」로부터 시작하여「논리학·형이상학 강의」,「자연철학 강의」,「정신철학 강의」,「법철학 강의」,「국가학 강의」,「역사철학 강의」,「미학 강의」,「예술철학 강의」,「종교철학 강의」,「신학 강의」,「철학사 강의」라는 식으로 각 논문이 강의 과목마다 나열된 것을 알 수 있다. 따라서 이 책을 일독하는 것만으로도 헤겔 연구의 전체를 개관할 수 있다. 그에 더하여 독일에서 '헤겔 연구'라고 불리는 것은 본래 어떠한 것이며 앞으로 어떤 방향으로 나아갈 것인지도 헤아려볼 수 있게 된다.

『헤겔 전집』의 제1부 '저작집'은 '헤겔이 쓴 것'이며, 제2부 '강의록'은 '헤겔이 말한 것'이다. 헤겔 철학을 연구한다는 것은 헤겔이 쓴 것을 읽는 것이자 헤겔이 말한 것을 듣는 것이다. 이 점을 확인하기 위해 먼저『헤겔 전집』제1부 '저작집'의 내용 목차를 제시해 두고자 한다.

■ 교정판『헤겔 전집』전 30권(1968년~현재)

Georg Wilhelm Friedrich Hegel: *Gesammelte Werke*, hrsg. von der Nordrhein-Westfälischen Akademie der Wissenschaften und der Künste, Hamburg: Meiner, 1968 ff. (= GW)

GW 1: *Frühe Schriften* I, hrsg. von Friedhelm Nicolin und Gisela Schüler, 1989.

GW 2: *Frühe Schriften* II, hrsg. von Walter Jaeschke, 2014.

GW 3: *Frühe Exzerpte (1785–1800)*, hrsg. von Friedhelm Nicolin und Gisela

Schüler, 1991.

GW 4: *Jenaer kritische Schriften*, hrsg. von Hartmut Buchner und Otto Pöggeler, 1968.

GW 5: *Schriften und Entwürfe (1799–1808)*, hrsg. von Manfred Baum und Kurt Rainer Meist, 1998.

GW 6: *Jenaer Systementwürfe I*, hrsg. von Klaus Düsing und Heinz Kimmerle, 1975.

GW 7: *Jenaer Systementwürfe II*, hrsg. von Rolf–Peter Horstmann und Johann Heinrich Trede, 1971.

GW 8: *Jenaer Systementwürfe III*, hrsg. von Rolf–Peter Horstmann und Johann Heinrich Trede, 1976.

GW 9: *Phänomenologie des Geistes*, hrsg. von Wolfgang Bonsiepen und Reinhard Heede, 1980.

GW 10: *Nürnberger Gymnasialkurse und Gymnasialreden (1808–1816)*, hrsg. von Klaus Grotsch, 2006.

GW 11: *Wissenschaft der Logik. Erster Band. Die objektive Logik (1812/13)*, hrsg. von Friedrich Hogemann und Walter Jaeschke, 1978.

GW 12: *Wissenschaft der Logik. Zweiter Band. Die subjektive Logik (1816)*, hrsg. von Friedrich Hogemann und Walter Jaeschke, 1981.

GW 13: *Enzyklopädie der philosophischen Wissenschaften im Grundrisse (1817)*, hrsg. von Wolfgang Bonsiepen und Klaus Grotsch, 2001.

GW 14: *Grundlinien der Philosophie des Rechts.*

— GW 14/1: *Naturrecht und Staatswissenschaft im Grundrisse*, hrsg. von Klaus Grotsch und Elisabeth Weisser–Lohmann, 2009.

— GW 14/2: *Beilagen*, hrsg. von Klaus Grotsch und Elisabeth Weisser–Lohmann, 2010.

— GW 14/3: *Anhang*, hrsg. von Klaus Grotsch und Elisabeth Weisser–

Lohmann, 2012.

GW 15: *Schriften und Entwürfe I (1817–1825)*, hrsg. von Friedrich Hogemann und Christoph Jamme, 1990.

GW 16: *Schriften und Entwürfe II(1826–1831)*, hrsg. von Friedrich Hogemann, 2001.

GW 17: *Vorlesungsmanuskripte I (1816-1831)*, hrsg. von Walter Jaeschke, 1987.

GW 18: *Vorlesungsmanuskripte II(1816-1831)*, hrsg. von Walter Jaeschke, 1995.

GW 19: *Enzyklopädie der philosophischen Wissenschaften im Grundrisse (1827)*, hrsg. von Wolfgang Bonsiepen und Hans Christian Lucas, 1989.

GW 20: *Enzyklopädie der philosophischen Wissenschaften im Grundrisse (1830)*, hrsg. von Wolfgang Bonsiepen und Hans Christian Lucas, 1992.

GW 21: *Wissenschaft der Logik. Erster Band. Die Lehre vom Sein (1832)*, hrsg. von Friedrich Hogemann und Walter Jaeschke, 1984.

GW 22: *Exzerpte und Notizen (1809-1831)*, hrsg. von Klaus Grotsch, 2013.

다음으로 『헤겔 전집』 '강의록'의 내용 목차를 제시해 둔다. 강의록은 제1부의 '저작집'과는 달리 복수의 학생이 복수의 학기에 기록했기 때문에 강의 과목마다 분책으로 출판되고 있다.

GW 23: *Vorlesungen über Wissenschaft der Logik.*
 — GW 23/1: *Nachschriften zu den Kollegien der Jahre 1801/02, 1817, 1823, 1824, 1825 und 1826*, hrsg. von Annette Sell, 2013.
 — GW 23/2: *Nachschriften zu den Kollegien der Jahre 1828, 1829 und 1831*, hrsg. von Annette Sell, 2015.
 — GW 23/3: *Zusätze und Anhang*, hrsg. von Annette Sell, 2016.

GW 24: *Vorlesungen über die Philosophie der Natur.*

— GW 24/1: *Nachschriften zu den Kollegien der Jahre 1819/20, 1821/22 und 1823/24,* hrsg. von Wolfgang Bonsiepen, 2012.

— GW 24/2: *Nachschriften zu den Kollegien der Jahre 1825/26 und 1828,* hrsg. von Niklas Hebing, 2014.

— GW 24/3: *Zusätze,* hrsg. von Niklas Hebing, 2016.

— GW 24/4: *Anhang,* hrsg. von Niklas Hebing und Wolfgang Bonsiepen, 2016.

GW 25: *Vorlesungen über die Philosophie des subjektiven Geistes.*

— GW 25/1: *Nachschriften zu den Kollegien der Jahre 1822 und 1825,* hrsg. von Christoph Johannes Bauer, 2008.

— GW 25/2: *Nachschriften zum Kolleg des Wintersemesters 1827/28 und sekundäre Überlieferung,* hrsg. von Christoph Johannes Bauer, 2012.

— GW 25/3: *Anhang,* hrsg. von Christoph Johannes Bauer, 2016.

GW 26: *Vorlesungen über die Philosophie des Rechts.*

— GW 26/1: *Nachschriften zu den Kollegien der Jahre 1817/18, 1818/19 und 1819/20,* hrsg. von Dirk Felgenhauer, 2014.

— GW 26/2: *Nachschriften zu den Kollegien der Jahre 1821/22, 1822/23,* hrsg. von Klaus Grotsch, 2015.

— GW 26/3: *Nachschriften zu den Kollegien der Jahre 1824/25 und 1831,* hrsg. von Klaus Grotsch, 2015.

— GW 26/4: *Anhang,* hrsg. von Klaus Grotsch, 2016.

GW 27: *Vorlesungen über die Philosophie der Weltgeschichte.*

— GW 27/1: *Nachschriften zu dem Kolleg des Wintersemesters 1822/23,* hrsg. von Bernadette Collenberg-Plotnikov, 2015.

— GW 27/2: *Nachschriften zu dem Kolleg des Wintersemesters 1824/25,* hrsg. von Rebecca Paimann, 2016.

GW 28: *Vorlesungen über die Philosophie der Kunst.*

— GW 28/1: *Nachschriften zu den Kollegien der Jahre 1820/21 und 1823*, hrsg. von Niklas Hebing, 2015.

— GW 28/2: *Nachschriften zu dem Kolleg des Sommersemesters 1826*, hrsg. von Niklas Hebing, 2016.

GW 29: *Vorlesungen über die Philosophie der Religion und Vorlesungen über die Beweise vom Dasein Gottes.*

— GW 29/1: *Nachschriften zu den Kollegien der Jahre 1821 und 1824*, hrsg. von Manuela Köppe, 2016.

GW 30: *Vorlesungen über die Geschichte der Philosophie.*

— GW 30/1: *Nachschriften zu den Kollegien der Jahre 1819 und 1820/21*, hrsg. von Klaus Grotsch, 2016.

— GW 30/2: *Nachschriften zu dem Kolleg des Wintersemesters 1823/24*, hrsg. von Klaus Grotsch, 2016.

　이상의 것이 『헤겔 전집』 제1부 '저작집'과 '강의록'의 목록이다. 더 나아가 '서간집'의 편집이 예정되어 있기는 하지만, 당분간은 제2부 '강의록'의 편집이 헤겔 연구의 중심을 이룰 것임에는 틀림이 없다.

　강의록에 관한 연구는 아직 시작되었을 뿐이지만 앞으로 텍스트에 대한 검토가 진전되는 것과 더불어 지금까지 알려지지 않았던 헤겔의 모습이 보이게 될 것이다. 헤겔 연구에 있어 가장 중요한 것은 유적을 발굴하듯이 텍스트를 그대로 재현하는 것인데, 이를 위해서도 『헤겔 전집』의 제1부 '저작집'에서는 헤겔이 쓴 것을 그대로, 집필된 순서로 그야말로 문자 그대로 재현한다는 방침이 취해졌다. 그리고 제2부의 '강의록' 편집에서는 일단 강의 과목별로, 또한 강의가 행해진 학기 순으로 청강자의 필기록들을 그대로 재현한다는 방침이 취해졌다. 그 결과가 『헤겔 전집』의 제2부 '강의록'에 선행하여 간행된 『헤겔 강의록 선집』이다. 시행판이라고 불린 이 선집은 1983년부터 2014년까지 간행되어 전 17권으로서 완결되었다. 확실히 하기 위해 시행판 『헤겔 강의록 선집』 텍스트도 제시해 두고자 한다.

■ 시행판 『헤겔 강의록 선집』 전 17권(1983-2014년).

Georg Wilhelm Friedrich Hegel, *Vorlesungen. Ausgewählte Nachschriften und Manuskripte*, Hamburg: Meiner, 1983–2014. (= V)

V 1: *Vorlesungen über Naturrecht und Staatswissenschaft, Heidelberg 1817/18. Mit Nachträgen aus der Vorlesung 1818/19. Nachgeschrieben von P. Wannenmann*, 1983.

V 2: *Vorlesungen über die Philosophie der Kunst, Berlin 1823. Nachgeschrieben von H. G. Hotho*, 1998.

V 3: *Vorlesungen über die Philosophie der Religion, Teil 1, Einleitung. Der Begriff der Religion*, 2014.

V 4: *Vorlesungen über die Philosophie der Religion, Teil 2, Die bestimmte Religion*, 1985.

V 5: *Vorlesungen über die Philosophie der Religion, Teil 3, Die vollendete Religion*, 1984.

V 6: *Vorlesungen über die Geschichte der Philosophie, Teil 1, Einleitung in die Geschichte der Philosophie. Orientalische Philosophie*, 1994.

V 7: *Vorlesungen über die Geschichte der Philosophie, Teil 2, Griechische Philosophie, I. Thales bis Kyniker*, 1989.

V 8: *Vorlesungen über die Geschichte der Philosophie, Teil 3, Griechische Philosophie, II. Plato bis Proklos*, 1996.

V 9: *Vorlesungen über die Geschichte der Philosophie, Teil 4, Philosophie des Mittelalters und der neueren Zeit*, 1986.

V 10: *Vorlesungen über die Logik, Berlin 1831. Nachgeschrieben von Karl*

Hegel, 2001.

V 11: *Vorlesungen über Logik und Metaphysik, Heidelberg 1817. Mitgeschrie-ben von Franz Anton Good*, 1992.

V 12: *Vorlesungen über die Philosophie der Weltgeschichte, Berlin 1822/23. Nachschriften von Karl Gustav Julius von Griesheim, Heinrich Gustav Hotho und Friedrich Carl Hermann Victor von Kehler*, 1996.

V 13: *Vorlesungen über die Philosophie des Geistes, Berlin 1827/28. Nachge-schrieben von Johann Eduard Erdmann und Ferdinand Walter*, 1994.

V 14: *Vorlesungen über die Philosophie des Rechts, Berlin 1819/20. Nachge-schrieben von Johann Rudolf Ringier*, 2000.

V 15: *Vorlesungen über philosophische Enzyklopädie, Nürnberg 1812/13. Nachschriften von Christian Samuel Meinel und Julius Friedrich Heinrich Abegg*, 2002.

V 16: *Vorlesungen über die Philosophie der Natur, Berlin 1819/20. Nachge-schrieben von Johann Rudolf Ringier*, 2002.

V 17: *Vorlesungen über die Philosophie der Natur, Berlin 1825/26. Nachge-schrieben von Heinrich Wilhelm Dove*, 2007.

교정판 『헤겔 전집』 제2부 '강의록'과 시행판 『헤겔 강의록 선집』에 수록된 텍스트는 모두 헤겔의 강의를 들었던 학생들의 필기록이다. 이 강의록들을 읽어 보면 헤겔의 철학이 초기의 작품에서부터 일관되게 '체계의 철학'임과 동시에 '강의의 철학'이었다는 것이 잘 전해진다. 헤겔은 1801년에 예나대학의 강사에 취직한 이래로 뉘른베르크의 김나지움 교장직에 있을 때도 그리고 하이델베르크대학과 베를린대학의 교수직에 있을 때도, 나아가서는 1831년에 사망하기까지 계속해서 강의를 통해 스스로의 철학을 체계적으로 이야기하고 있었다고 말할 수 있다.

이하의 고찰에서 헤겔의 텍스트는 원칙적으로 교정판 『헤겔 전집』을 사용하고, 전집에 수록되어 있지 않은 경우에만 시행판 『헤겔 강의록 선집』을 사용했다. 참조 지시는 각각의 약호와 함께 권수와 쪽수를 제시한다.

서장 헤겔의 철학 강의

요리카와 죠지寄川條路

들어가며

　헤겔이 생전에 발표한 책은 다섯 개로 젊은 시절에 익명으로 출판한 번역을 추가하더라도 모두 여섯 책에 지나지 않는다. 그 가운데 저서로 부를 수 있는 것은 데뷔작인 작은 저술『차이 논문』(1801년)과『학문의 체계』제1부를 이루는 주저『정신현상학』(1807년), 그리고 3분책으로 이루어진 대 저작인『논리의 학』이다. 이 가운데『논리의 학』은 제1권 제1분책 「존재에 관한 학설[존재론]」이 1812년에, 제1권 제2분책 「본질에 관한 학설[본질론]」이 1813년에, 그리고 제2권 「개념에 관한 학설[개념론]」이 1816년에 각각 출판되었다. 이것과는 별도로 대학에서의 강의용 교과서로서 출판된 책으로『엔치클로페디』제1판(1817년), 제2판(1827년), 제3판(1830년)과 그와 마찬가지로 교과서인『법철학 요강』(1821년)이 있다.

　헤겔은 1831년에『정신현상학』과『논리의 학』의 개정을 시도하지만, 1831년 11월에 콜레라로 인해 갑자기 사망했기 때문에『정신현상학』제2판은 계획되었을 뿐 결국은 출판되지 못했으며, 『논리의 학』 제2판은 제1권 제1분책 「존재에 관한 학설」만이 1832년에 이르러 출판되었다.

3분책의 간행으로 완결된 『논리의 학』 제1판에 한해 말하자면, 헤겔은 1812년부터 1816년까지 햇수로 5년의 세월을 들여 『논리의 학』을 완성했다. 그리고 올해 2016년은 『논리의 학』이 완성된 후 정확히 200주년을 맞이하는 해이다. 이 기념의 해에 새로운 자료의 강의록을 받아들여[1] 헤겔 논리학의 생성과 발전을 그려내고자 한다.

제1절 논리학 강의

우선 『헤겔 전집』 제23권 『논리학 강의』를 살펴보면, 헤겔은 강의 속에서 시행착오를 반복하고 있었다는 것을 알 수 있다. 제1분책에 수록된 6개의 강의록을 보면, 『엔치클로페디』 제1판(1817년)이 대폭 개정되어 제2판(1827년)으로 열매 맺어 가는 과정도 재현된다.

다음으로 『논리학 강의』 제2분책에 수록된 3개의 강의록을 살펴보면, 『엔치클로페디』 제2판의 완성으로 강의 순서와 설명 방식이 안정되어 가는 것을 알 수 있다. 증보 개정된 「예비 개념」에 의해 제1판에 빠져 있던 사유에 대한 설명이 더해지는데, 그것은 철학에의 도입 역할도 지니게 된다. 강의록은 『엔치클로페디』의 절 구성에도 대응하고 있어 텍스트의 좀 더 정확한 이해를 위한 가장 좋은 안내가 된다.

그러면 『엔치클로페디』의 '보론'과 호토의 필기록을 비교해 보자. 호토 필기록의 커다란 특징은 사유에 대한 상세한 서술에 있는데, 이것이 보론으로 사용되어 제2판 이후에 활용되고 있는 것을 알 수 있다. 『엔치클로페디』

----

1. 헤겔의 강의록에 관해서는 다음 문헌이 기본 자료를 제공해 준다. オットー・ペゲラー 編, 『ヘーゲル講義録研究』, 寄川條路 監譯, 法政大學出版局, 2015년.

제3판의 보론 가운데 60%가 호토 필기록으로부터 받아들여져 있다. 다만 맥락을 무시하고서 구체적인 예를 잘라 받아들이고 있는 곳도 있다. 사례를 과소평가하여 텍스트를 편집했기 때문에 독자를 그르치게 할 위험도 있다.

다른 한편 칼 헤겔의 필기록에서 제시된 '가언 판단'의 구체적인 예에 의해 『논리의 학』에 놓여 있는 추상적이고 이해하기 어려운 부분이 밝혀지기도 했다. 헤겔의 가언 판단은 'A가 있으면 B가 있다' 또는 'A의 존재는 자기 자신의 존재가 아니라 타자 즉 B의 존재다'로 정식화되는 독특한 것인데, 이것을 어떻게 해석할 것인가 하는 것은 『논리의 학』만으로는 확정될 수 없다. 그러나 『논리학 강의』에는 '파랑이 있으면 노랑이 있어야만 한다'와 '밝음은 어둠에서 나타나며, 어둠은 밝음에서 나타난다'라는 두 개의 예가 있다. 전자는 정언 판단 '파랑은 색이다'가 지니는 직접성의 결함을 제시하는바, 즉 파랑은 색이지만 노랑과 빨강도 색이라고 하는 종을 제시하고 있다. 두 가지 예를 통일하여 유의 전체를 제시한 것이 선언 판단 '색은 밝음과 어둠의 통일이다'라는 것이다. 이처럼 『논리학 강의』에 놓여 있는 구체적인 예에 의해 논리의 전개가 분명히 보이게 된다.

제2절 논리학·형이상학 강의

『논리학·형이상학 강의』는 헤겔 논리학의 발전사를 해명하기 위해 더욱 더 중요하다. 특히 『엔치클로페디』의 「예비 개념」은 철학의 도입 문제를 해명하는 데서 빠질 수 없다. 개개의 필기록에 대해서는 『논리학·형이상학 강의』의 엮은이가 소개하고 있지만, 그럼에도 불구하고 아직 강의록 연구의 출발점에 서 있을 뿐이다. 왜냐하면 헤겔 논리학 연구의 또 다른 과제로서 『자연철학 강의』나 『정신철학 강의』 등과의 체계적 연관을 찾는 공시적 연구와 『논리학·형이상학 강의』에 의한 발전사를 더듬어 가는 통시적 연구가 필요하기 때문이다.

우선 『엔치클로페디』의 예비 개념 부분에서 사유의 과정이 그려진다. 다만 제1판(1817년)에서는 논리적인 것의 세 측면이 제시되는 데 그치고 있었다. 호토의 필기록에서 비로소 사유의 세 단계가 제시되며, 제2판(1827년)에서 최종적으로 과학과 철학의 기본 구분이 제시된다.

다음으로 객관성에 대한 사상은 '오랜 형이상학', '경험주의·칸트 철학', '직접지'의 셋으로 구분된다. 직접지 항목이 독립하는 것은 『엔치클로페디』 제2판에서인데, 직접지는 칸트 철학과의 관계에서 얼마 안 되게 서술되는 데 지나지 않았었다. 직접지의 성립 과정은 강의록의 비교를 통해 밝혀진다.

그리고 논리적인 것의 세 측면인 '추상적 지성', '변증법적이고 부정적인 이성', '사변적이고 긍정적인 이성'에 대한 설명이 이루어진다. 세 측면은 1817년에는 예비 개념의 서두에 놓여 있었다. 이미 1812년에 제시되어 있다는 점을 생각하면, 세 개의 사상은 논리적인 것의 세 측면을 원형으로 하는 철학사적인 발전에 관한 서술로 이해될 수 있다.

이처럼 『논리학·형이상학 강의』와 『엔치클로페디』의 「예비 개념」의 비교를 통해 논리적인 것의 세 측면, 예비 개념의 서두 부분, 객관성에 대한 사상의 세 가지 태도가 각각 대응하고 있다는 것을 알 수 있다. 대응의 기획은 해마다 행해진 강의 속에서 서서히 형태를 이루어 갔다고 말할 수 있다.

제3절 자연철학 강의

자연철학은 헤겔의 철학 체계 가운데 오늘날에 이르기까지 회고되는 일이 가장 적었던 부문이다. 헤겔이 계속해서 자연철학에 몰두해 왔음에도 불구하고 그 연구는 뒤처져 있다고 말하지 않을 수 없다. 특히 그 내용이 『정신현상학』이나 『논리의 학』과 밀접한 관계에 있을 것임에도 불구하고 그에 대해 충분한 검토가 이루어져 오지 못했다.

이제야 교정판 『헤겔 전집』 제24권 『자연철학 강의』가 출판되었기 때문에, 그리하여 현재 접근할 수 있는 헤겔 강의록의 자료 상황을 확인한 데 기초하여 종래 지적되어온 세 가지 논점에 대해 검증하고 이후의 자연철학 연구의 전망을 제시하고자 한다.

우선 『자연철학 강의』의 자료 상황을 확인하자면 이전에는 8개의 필기록이 지적되고 있었다. 하지만 현존하는 필기록을 수록한 『헤겔 전집』 제24권의 제1분책과 제2분책에 의해 확인할 수 있듯이 그에 더하여 세 개의 또 다른 필기록이 사용되고 있다. 특히 1818/19년 겨울 학기의 강의에 대해서는 신빙성이 의심되고 있던 베른하르디의 필기록 대신에 새로운 링기에의 필기록이 저본이 되어 있다.

다음으로 『엔치클로페디』 제1판(1817년)과 제2판(1827년)에서 자연철학 구성의 변경이 어떻게 생겨났는지를 검증한다. 제1판에서 자연철학은 수학·물리학·유기체로 이루어지는 것으로 되어 있었지만, 제2판에서는 수학에 포함되어 있던 공간·시간론이 역학과 통일되어 역학·물리학·유기체라는 구성이 되었다. 1819/20년 겨울 학기 헤겔의 베를린대학 최초 강의에서 이미 이 구성이 확인된다.

그리고 서론 부분에서 언급되고 있는 자연에 대한 이론적 태도와 실천적 태도가 1828년에는 후퇴했다고 하는 엮은이 본지펜의 지적에 맞서, 그러한 후퇴는 보이지 않는다는 것이 확인된다. 오히려 1828년의 강의록에서는 이론적 태도가 실천적 태도를 내포하는 사태를 앎에의 욕망이라는 관점에서 제시하고 있어 일관된 입장이 발견된다. 양자가 통일될 때 자연에서 정신의 자기가 발견된다. '자연철학은 자유의 학문이다'라는 헤겔의 말은 우리의 자연 인식 방식을 정신의 활동으로서 반성적으로 다시 파악할 것을 촉구하고 있다.

제4절 정신철학 강의

정신의 활동을 반성하면 정신에 있어 주체가 어떻게 생겨나는지가 보이게 된다. 그런 의미에서 주관 정신의 철학은 정신철학의 체계 전체에서 중대한 의미를 지닌다. 왜냐하면 정신은 주체가 될 때라야 비로소 자유를 자각하기 때문이다.

정신철학의 특징은 주체의 시작을 의식에 선행하는 곳에서 발견한다는 점에 있다. 그때 문제가 되는 것은 자기감정이다. 그러나 이 개념을 어떻게 자리매김할 것인가에서 헤겔은 시행착오를 반복해 왔다. 확실히 정신철학은 『엔치클로페디』의 텍스트가 개정될 때마다 크게 변화하지만, 자기감정을 포함하는 「인간학」의 변화는 특히 두드러진다. 『엔치클로페디』 제1판(1817년)과 제2판(1827년)·제3판(1830년)에서는 개념의 자리매김이 크게 다른 까닭에 주체의 시작을 둘러싼 헤겔의 물음이 보여주는 전체 모습을 파악하기 위해서는 텍스트의 각 판들 사이를 메우는 강의록에 대한 참조가 불가결하게 된다.

예를 들어 제1판에서 정신은 아직 자연 상태에 매몰되어 있는 실체로부터 출발한다. 이 단계에서 자기감정이란 아직 감각이 생겨나는 개체로서의 정신을 가리킨다. 바로 이러한 상태로부터 감각의 수용으로 환원되지 않는 정신의 주체가 어떻게 생겨나는지가 문제가 된다. 하지만 헤겔이 이 문제에 몰두하는 것은 1822년의 강의부터이다. 거기서는 정신이 자기 자신에게서 지니는 분열과 분열의 해소인 충족이라는 두 가지 계기에 의해 주체가 실체로부터 분할되는 과정이 설명된다. 여기서 자기감정이란 충족에 따라 생겨나는 주체로서의 정신을 가리키는 것으로 생각된다.

그에 반해 1825년의 강의에서는 감각 내용을 자기 속에 유지하고 있는 곳에서 출발하여 정신 주체의 시작이 설명된다. 거기서는 감정을 자기 자신으로 하는 정신의 존재 방식이 자기감정이라고 불리며 자리매김한다. 그리고 헤겔은 이 성과를 이어받아 『엔치클로페디』 제2판(1827년) 이후 인간학의 구분 자체를 고쳐 감정 개념을 축으로 하여 논의를 다시 구성해 간다.

자기감정은 몰의식적인 감정에서 출발하기 때문에 의식에 선행하는 단계에서 주체가 시작되는 것으로도 보인다. 그렇지만 자기감정 개념도 의의를 잃는 것은 아니다. 어쨌든 의식에 선행하는 수준에서 주체의 시작을 발견하고자 하는 헤겔의 시도는 언제나 강의와 텍스트의 개정을 통한 시행착오 속에 놓여 있었다고 말할 수 있다. 거기서 볼 수 있는 것은 근대 철학 이후의 공통 문제인 주체를 바로 그 시작으로부터 철저히 다시 묻고자 하는 헤겔 철학의 역동성이다.

제5절 법철학 강의

여기에서는 헤겔 철학의 역동성을 말해주는 『법철학 강의』로부터 『법철학 요강』에서 커다란 반향을 불러일으킨 두 가지 문제가 고찰된다. 하나는 헤겔의 프리스 비판이고, 또 하나는 서문에 있는 '이성적인 것은 현실적이고, 현실적인 것은 이성적이다'라는 명제이다.

우선 헤겔의 프리스 비판을 살펴보자. 학생 조합 축제에서 연설한 프리스에 대항하여 헤겔은 『법철학 요강』 서문에서 감정을 국가의 기초에 둘 수는 없다고 비판한다. 헤겔의 『법철학 강의』에서도 철학은 감정을 기초로 할 수는 없다고 되어 있는데, 프리스의 이름은 나오지 않는다. 이것은 헤겔의 슐라이어마허 비판에서도 마찬가지였다. 헤겔의 참된 뜻은 프리스에 대한 비판이나 학생 조합에 대한 비판이 아니라 젊은이의 감정이 자유주의의 싹을 폭도로 기른다고 하는 점에 놓여 있었다.

다음으로 이중 명제 문제를 둘러싼 하이네와 헤겔의 대화를 살펴보자. 하이네가 전하는 이중 명제는 '이성적인 것은 존재하지 않으면 안 된다'라는 의미에서 이해되어왔다. 하이네도 역시 이중 명제의 후반을 중시해 왔지만,

실제로는 후반부를 가지고서 현상 긍정의 정관주의라고 헤겔은 비난받아왔다. 그러나 강의록을 연도마다 추적해 보면 알 수 있듯이 1817/18년의 하이델베르크대학에서의 강의에서는 '이성적인 것은 생겨나야만 한다'라고 되어 있다. 요컨대 강의 속에서 논의된 것은 이중 명제의 전반부였다. 하이네와 헤겔의 비판자들이 논란의 창끝을 향한 것은 이중 명제의 후반부이기 때문에 그들은 헤겔의 참된 뜻을 파악하고 있지 못하다.

그러면 하이네는 헤겔의 이중 명제를 어떻게 이어받고 있었던 것일까? 하이네는 헤겔을 무신론자로 간주하며 교우하고 있었다. 하이네는 그 명제를 종교적 맥락 속에서 이해하고 있는데, 하이네의 이해는 헤겔의 『법철학 요강』으로부터는 상상도 할 수 없을 것이다. 하지만 헤겔의 『법철학 강의』에 있는 슐라이어마허 비판을 고려하면 하이네의 이해를 저버릴 수도 없다. 헤겔은 하이네와는 달리 현행 국가에 불만을 지니면서도 사후의 영혼을 부정한 철저한 철학자로서 나타나고 있기 때문이다.

제6절 국가학 강의

헤겔이 국가를 바로 정면에서 논의한 『법철학 요강』은 1821년에 간행된 것이지만, 지금까지 읽혀온 텍스트는 1833년에 베를린 판 『헤겔 전집』으로서 간행할 때 편자인 간스가 '보론'을 덧붙인 것이며, 일본어 번역도 간스 판에 기초하고 있다. 이 보론은 『법철학 요강』과는 다른 시기에 행해진 헤겔의 강의록으로부터 취해진 것이기 때문에, 모두 7회에 걸쳐 행해진 강의의 필기록과 『법철학 요강』의 구별이 필요해진다.

그중에서도 특히 강의록의 편집을 맡은 일팅은 당시의 불안정한 정치적 정세에 의해 초래된 검열의 영향을 고려하여 『법철학 요강』이 아니라 『법철학 강의』에서야말로 헤겔의 참된 뜻이 나타난다고 주장했다. 이러한 가운데 특히 문제가 된 것이 군주가 지니는 '깊은 사상적 갈등'이다. 그것은 바로 최종적 결정임과 동시에 형식적 결정이기도 한 군주권의 양의성이다. 일팅은 복고주의적인 측면을 헤겔이 『법철학 요강』을 간행할 때 검열을 두려워하여 자유주의적인 측면을 위장하기 위해 강조한 것으로 간주하고, 강의록을 주도면밀하게 검토함으로써 헤겔의 자유주의적인 측면을 밝히고자 했다.

1819/20년의 강의록이 간행됨으로써 군주권이 지니는 양의성이 확인되었지만, 이 강의록은 그 밖의 강의록처럼 절로 나누어져 있지 않은 것이나 수업 중의 구술필기가 아니라 수업 중의 메모를 나중에 제3자인 필경자가 다시 정리한 것이라는 이유에서 진위가 문제 되고 있었다. 그러나 그 후 동일한 강의의 다른 필기록이 발견되어 강의록의 신뢰가 회복되었다. 이러한 배경을 토대로 새로운 강의록을 사용하여 군주의 최종적 결정과 형식적 결정의 관계를 다시 물을 수 있게 되었다.

지금까지 군주가 지니는 두 가지 성격은 서로 배타적인 것으로 여겨져 왔다. 하지만 실제로는 군주의 결정은 바로 형식적인 결정이기 때문에 최종적이라는 것이 자의의 배제라는 관점으로부터 밝혀지게 된다. 최종적 결정만을 추출하여 헤겔을 복고주의라고 평가하는 것이나 형식적 결정만을 추출하여 헤겔을 자유주의적이라고 평가하는 것은 어느 것이든 모두 옳지 않다. 1819/20년의 강의록은 두 가지가 나눌 수 없는 것이라는 점을 보여줌으로써 종래의 연구를 지배하고 있던 이항 대립을 극복한다.

제7절 역사철학 강의

헤겔의 『역사철학 강의』는 베를린대학에서 1822/23년 겨울 학기부터 1830/31년 겨울 학기까지 행해진 「세계사의 철학」 강의를 청강한 학생들이 기록한 필기록을 토대로 하여 편집된 것이다. 요컨대 우리가 읽어온 『역사철학 강의』는 헤겔 자신이 쓴 것이 아니다.

더욱이 편집된 텍스트에는 어느 것이든 문제가 있었다. 그중에서도 특히 칼 헤겔이 편집한 판은 헤겔이 쓴 강의 초고와 청강자에 의한 강의의 필기가 구별되지 않고서 하나로 통합되어 있으며, 그것도 강의가 행해진 연도를 고려하지 않고 필기록이 거두어들여져 있다. 또한 얼마나 많은 중대한 수정이 이루어져 있는지도 현재는 자료에 기초하여 증명되어 있다. 지금까지의 판에서는 헤겔 자신에 의한 강의 초고에도 강의록에도 없는 문장이 삽입되어 있으며, 또한 자구가 고쳐지고 단락이 통째로 치환되며 나아가서는 원고의 문장이 통째로 삭제되는 일도 이루어져 있었다. 이와 같은 편집으로 인해 종래의 『역사철학 강의』에서는 또한 강의의 처음과 마지막에서 헤겔의 생각이 변했을 가능성도 무시되어왔다. 더군다나 이 판들은 헤겔 자신이 생각도 하지 않았던 것을 헤겔 자신의 생각인 것처럼 독자에게 전해주고 말았다.

헤겔의 역사철학을 둘러싼 이러한 상황은 1996년에 시행판이 출판되고 2014년에 교정판이 출판된 이래로 크게 변화되어왔다. 두 개의 새로운 판은 1822/23년의 강의를 재현한 것인데, 이것을 읽으면 종래의 판으로부터는 알 수 없었던, 헤겔 자신이 강의를 개시할 때 지니고 있던 생각을 알 수 있다.

예를 들어 「세계사의 4구분」은 지리학적인 관점으로부터나 문화론적인 관점으로부터 논의되고 있었던 것인데, 자유의 이념이 역사 속에서 발전해 가는 것이나 자유의 의식에서의 진보라는 사고방식은 모두 지금까지 해석되어왔듯이 자유로운 사람의 숫자에 의해 세계사가 도식적으로 구분되어 있었기 때문이 아니다. 그러한 것이 아니라 이와 같은 발전과 진보는 그리스도교의 삼위일체에 기초하여 정신의 발전 단계로서 논의되고 있었다.

새로운 판을 참조하면 헤겔의 본래의 역사관을 해명할 수 있으며, 나아가 예술·종교·국가에 대해 헤겔이 그것들을 어떻게 역사에서 논의하고 있는지 확인할 수 있다. 또한 헤겔의 역사철학이 결코 완결된 것이 아니라 당시 유럽에서의 정치와 종교 문제를 있는 그대로 제시한 것인바, 헤겔의 역사에 대한 그와 같은 자세야말로 현대의 우리도 공유해야 하는 것이라는 것을 알 수 있다.

제8절 미학 강의

지금까지 헤겔의 『미학 강의』는 베를린 판 『헤겔 전집』에 수록된, 호토가 편집한 텍스트가 사용되어왔다. 그러나 이 텍스트는 필기록 모음이며, 그로 인해 각 학기의 차이를 알 수 없었다. 더 나아가 호토가 베를린대학에서 헤겔의 후임으로서 이어받은 『미학 강의』의 강의록과 비교하면 항목 구분이 놀라울 정도로 유사한바, 헤겔의 『미학 강의』로 간주되어온 것이 사실은 호토의 『미학 강의』였다는 것도 알려져 왔다. 이 때문에 근간에는 헤겔이 행한 각 학기의 『미학 강의』의 필기록에 대한 편집이 진행되고 있으며, 헤겔 자신의 『미학 강의』가 어떠한 것이었는지도 다시 보이게 되었다.

헤겔은 베를린대학에서 『미학 강의』를 처음으로 행할 때 만든 노트를 토대로 그 후의 강의를 행했지만, 현존해 있는 필기록을 보면 구술 내용에는 많은 차이가 있다. 헤겔이 노트에 많은 메모를 덧붙여 쓰면서 강의를 했기 때문이다. 헤겔의 『미학 강의』 필기록은 여러 개가 남아 있어 각 학기의 변천을 추적할 수 있다.

헤겔의 『미학 강의』 속의 「서론」과 「일반 부문」의 변천을 살펴보면, 거기서는 미가 개념과 실재의 통일로 규정되고 이념 그 자체로 간주되고 있다. 개념과 실재의 통일이 감각에 나타날 때 미로서 직관된다. 헤겔 미학의 기본이 되는 이 규정은 각 학기에 공통되지만, 그로부터 전개되는 내용은 다르다. 예를 들어 1820/21년에는 유기체의 아름다움이 논의되고, 자연미와 예술미의 구별이라는 항목에서 유기체의 아름다움과 불완전함을 말하고 있다. 자연미에 대해서는 1823년의 강의에서도 논의되지만, 거기서는 자연의 아름다움이 중시되고 있다.

그러나 1826년의 강의에서는 자연미로부터 예술미로 중심이 옮겨가며,

예술의 목적에 대해 논의된다. 특히 자연의 모방, 정열의 야기, 도덕적 목적이라는 지금까지의 예술론에서 이야기되어온 세 가지 점에 대해 헤겔은 반론을 덧붙여 간다. 예술이란 보편과 특수, 필연과 자유, 객관과 주관, 이성과 감성과 같은 인간을 둘러싼 대립들을 통일하는 것이며, 통일이 실현된 곳에서 미가 나타난다고 한다. 더 나아가 칸트 비판을 통해 실러 미학에 대한 평가도 이루어져 헤겔은 스스로의 미학을 전개해 간다.

이처럼 각 학기의 필기록의 차이에 주목하게 되면 헤겔의 『미학 강의』가 호토 판과 같이 체계적으로 마무리된 것이 아니라는 것도 보이게 된다.

제9절 예술철학 강의

호토에 의한 『미학 강의』의 편집에 대해서는 지금까지도 의혹이 제기되어 왔지만, 강의록 연구는 이러한 의혹을 확인하는 것이 되었다. 그리하여 강의록 연구로부터 볼 수 있게 된 『미학 강의』의 문제 그리고 1823년 강의록에서의 「특수 부문」의 내용과 이른바 '예술 종언론'에 대해 고찰해 보고자 한다.

우선 호토에 의한 『미학 강의』의 개변에 대해서는 두 가지 점에서 문제가 제기된다. 하나는 호토가 강의록을 체계적인 미학으로서 수립한다는 의도 아래 편집한 점이다. 그러나 이에 의해 4학기에 걸친 강의록 안에서 생겨난 변화와 발전이 숨겨지고 말았다. 또 하나는 호토 자신에 의한 가필이라는 문제이다. 이것은 호토 편 『미학 강의』의 방대한 분량에 비해 강의록 분량이 너무나 적다는 것으로부터 추측되지만, 그 가운데 헤겔의 의도와는 다른 가필들도 있었다고 하는 문제이다.

그러면 호토 편 『미학 강의』와의 비교를 통해 그리고 다른 학기의 강의록 과의 비교를 통해 강의록에서 보이게 되는 것을 확인해 두고자 한다. 그것은 미학의 체계라기보다 정신의 발걸음이 다양한 예술 장르를 통해 구체적으로 표현되고 있다는 점이다. 거기서는 예술의 본질이 건축·조각·회화·음악·문학을 통해 밝혀진다.

강의록 연구의 관점으로부터 잘 알려진 '예술 종언론'을 고찰할 수도 있다. 예술 종언론은 현대 미학에서도 주요한 문제인데, 호토 편 『미학 강의』의 서술에 기초하여 논의되는 경우가 많다. 강의록에서도 '예술의 과거'에 대해 말하고 있지만, 호토가 편집한 『미학 강의』와는 다른 의미를 지닌다. 예술이 신을 파악할 수 있는 최고의 형식이 아니라는 표현은 어디에나 있지만, 『미학 강의』에서는 희극으로써 예술이 해소된다는 측면도 강조된다. 그러나 필기록에서는 예술이 신을 파악할 수 있는 것으로서는 과거의 것이라는 표현으로 되어 있다. 건축으로부터 문학에 이르기까지의 흐름을 근거로 하면, 근대에서의 예술의 적극적 의미가 구체적인 작품들을 통해 그려져 가는 것도 시대에 걸맞은 예술의 가능성이 시사되고 있기 때문일 것이다.

제10절 종교철학 강의

헤겔은 베를린대학에서 4회에 걸쳐 『종교철학 강의』를 행하며, 스스로의 사상을 시행착오를 거치면서 전개하고 있다. 헤겔의 『종교철학 강의』는 슐라이어마허에게 대항하여 행해진 것이지만 헤겔에게 있어 정세는 점차로 나빠진다. 이 때문에 헤겔은 무신론자라는 비판에 대항해야만 했던바, 점차로 그리스도교의 교의에 기초한 입장을 논의하게 된다.

헤겔의 『종교철학 강의』는 1832년에 제1판이, 1840년에 제2판이 그리고 1925년에 증보판이 출판되었다. 그 후 각 연도에 따른 편집이 기획되어 마침내 1983년에 이르러 비로소 각 학기의 강의 내용이 밝혀지게 되었다.

그에 따르면 1821년의 『종교철학 강의』의 제1부 「종교의 개념」에서는 종교와 철학의 관계가 논의되며, 제2부에서는 『논리의 학』에 있는 존재·본질·개념의 구분이 종교사에 대응하게 된다. 제3부는 추상적 개념, 구체적 표상, 교단·제사라는 구성으로 되어 있다. 1824년의 『종교철학 강의』에서 헤겔은 계몽주의 신학과 대결한다. 제1부에서는 주관의 입장에 놓여 있는 슐라이어마허의 『신앙론』과의 대결이 이루어진다. 1827년의 『종교철학 강의』에서는 헤겔은 완전히 바뀌어 주관의 입장을 긍정한다. 범신론자라고 하는 비판과 공격이 시작되었기 때문에, 헤겔은 자신에 대해 변론하지 않을 수 없었다.

또한 1821년과 1824년의 『종교철학 강의』에서는 의식으로부터 종교에로의 고양이 제시된 데 반해, 1827년의 『종교철학 강의』에서는 정신의 입장으로부터 체계적으로 전개된다. 제1부에 신의 개념이 신설된 것도 범신론자라는 비판에 대해 항변하기 위해서일 것이다. 제2부는 자연 종교, 유대의 숭고와 그리스의 미의 종교, 로마의 종교, 절대 종교라는 식으로 구성된다.

1831년의 『종교철학 강의』 제1부에서는 국가와 종교의 관계가 덧붙여지며, 제2부에서는 자연 종교는 원시적인 주술 종교이고, 본래의 종교는 종교적 의식이 자기 내 분열된 중국의 종교, 힌두교, 불교의 단계로 된다. 더 나아가 페르시아, 유대, 시리아, 이집트의 종교가 있고, 다음으로 자유의 종교인 그리스의 종교와 로마의 종교가 이어지고, 완성된 종교가 그리스도교로 된다. 제3부에서는 그리스도에게서의 화해가 신의 '삼위일체'로부터 논의된다.

제11절 신학 강의

헤겔은 베를린대학에서 1829년 여름 학기에 「신의 존재 증명」에 대한 강의를 하는데, 모두 16회의 강의 내용을 정리한 헤겔 자필 원고가 전해지고 있다. 강의 원고는 지금까지 『종교철학 강의』의 부록으로서 수록되고 있었지만, 교정판 『헤겔 전집』에서는 제18권 『강의 초고 II』(1816–1831)에 수록되어 있다.

신의 존재 증명은 헤겔의 철학 체계에서 독립된 부문을 차지하고 있지 않다. 그러나 신으로서의 절대자를 인식하는 것이 최고의 과제라고 하는 헤겔의 기본자세에는 변함이 없다. 헤겔은 생애를 통해 끊임없이 이 주제에 강한 관심을 기울이고 있었다. 체계 시기의 헤겔 철학에서도 신의 존재 증명은 세 개의 장면에서 언급되고 있다. 즉, 순수한 사상인 논리학에서, 종교의 역사적인 전개에서, 신에 대한 앎의 존재 방식과 동시대의 사상적 입장과의 대결에서다.

우선『논리의 학』에서는 개념의 진전 계열이 전개되지만, 저차적인 개념으로부터 고차적인 개념에로의 고양은 각각이 다른 수준에서 신의 존재 증명이라는 의미를 지닌다고 여겨진다. 다음으로『종교철학 강의』에서는 형이상학의 전통 속에서 논의되어온 신의 존재 증명, 즉 우주론적 증명, 목적론적 증명, 존재론적 증명이 인간의 종교의식의 역사적 단계에 기초를 지닌다고 여겨짐으로써 종교의 발전과 신의 존재 증명이 대응되어 논의된다. 그리고 종교의 개념 속에서 신에 대한 앎이 다루어지며, 직접지·감정·표상과의 차이를 시야에 넣고서 사유에 의한 신의 인식으로서의 존재 증명의 의의를 이야기한다.

헤겔의 목표는 체계상의 논점을 근거로 하여 신의 인식과 관련해 철학적 사유의 집대성을 제시한다는 점에 놓여 있었다. 구체적으로 말하면 강의의 목표는 형이상학 전통에서의 신의 존재 증명을 헤겔에게 고유한 논리학적인 견지로부터 다시 파악한다는 점에서 찾아진다. 즉, 세 개의 증명을 하나의 신 이념의 발전 과정으로서 해석한다는 것이다.

강의의 자세는『논리의 학』과는 달리 사변적 개념의 전개를 순수하게 서술하는 것이 아니다. 오히려 거기에는 종래의 신의 존재 증명의 결함을 지적하는 것과 더불어 동시대의 직접지 입장도 논박한다는 동기가 담겨 있다. 야코비를 대표로 하는 직접지의 입장은 신을 논증으로써 인식할 가능성을 물리치고, 신의 인식은 직관과 감정에 의한 직접적 확신에 의해서만 이루어진다고 생각했다. 헤겔에게는 동시대의 이러한 동향에 맞서 자기 철학의 정당성을 변명할 필요가 있었다. 그런 까닭에 매개지와 직접지의 양자를 함께 일면적인 것으로서 비판적으로 넘어서고자 하는 것이 강의에 담긴 일관된 동기였다.

제12절 철학사 강의

헤겔은 예나 시대부터 베를린 시대에 이르기까지 대학에서의 강의 활동의 전 기간에 걸쳐 계속해서 철학사를 되풀이하여 강의했다. 이 사실은 헤겔에 게서의 『철학사 강의』의 중요성을 보여준다. 현재는 초고의 집필 시기와 강의록이 속하는 강의 연차가 명확하게 되어 각각의 개강 시기에 따른 사상 변화를 검토하는 것도 가능해졌다. 학기별로 편집된 새로운 판에 기초하여 철학사를 둘러싼 논점의 형성 과정과 변천을 더듬어 갈 수 있다.

헤겔 체계에서의 철학사의 자리매김에는 두 가지 가능성이 있다. 하나는 절대정신에 도달한 철학이 자기를 인식해 가는 과정으로서 체계의 끝을 이루며, 또 하나는 철학에 선행하는 역사적인 도입으로서 체계의 시작을 이룬다. 1827/28년의 강의록을 보면 한편으로는 체계의 종착점이고 다른 한편으로는 체계에의 도입이라고 하는, 철학사의 이중의 성격 부여를 헤겔 은 만년에 이르기까지 유지하고 있다.

철학사는 역사적인 지식과 견문의 집합도 아니며 단선적인 진보도 아니 다. 그렇게 생각하는 헤겔은 철학사를 학문적으로 기초 지어 간다. 철학사는 영원한 것의 인식인 철학과 시간적인 변천에 관계되는 역사의 결합인바, 과거의 사상을 대상으로 하면서도 지나갈 수 없는 것에 몰두한다고 하는 역설을 지닌다. 이 점은 과거의 모든 사상 형태를 계기로써 포함하는 전체로 서 현재의 철학을 규정함으로써 가능해진다. 더 나아가 헤겔은 철학사의 진전과 논리의 전개 또는 체계를 대응시키는 것에 의해 철학사를 근거 짓고자 한다.

철학사는 경험에 선행하여 전개되는 역사 기술이어서는 안 된다. 헤겔은 여기서 역사에 고유한 우연을 강조해 간다. 본래는 무시간적이고 필연적이어야 할 철학이 시간적 우연으로서 나타나는 것은 왜인가? 그것은 정신이 스스로를 자기 자신으로부터 구별하여 시간 속에 등장하기 때문이다. 여기서 헤겔은 시간의 적극적인 의의를 건드려 시간이 유한한 정신의 표징일 뿐만 아니라 철학의 이념이 역사적으로 발전하는 계기라고 한다. 스스로를 외면화하면서 거기서 자기 동일을 달성하는 정신의 작용에 의해 헤겔은 발전을 근거 짓는다.

정신은 타자에서 자기 동일이거나 자신으로부터 나오는 것에 의해 자기 자신과 완전히 일치한다. 철학의 이러한 자기 관계 속에서 철학사가 상기의 체계라는 것을 간취할 수 있다. 철학사는 전체의 계기라는 형태로 보존된 사상의 형태를 화랑을 돌아보듯이 순조롭게 상기하는 영위이다. 철학사 속에 등장하는 사상의 형태들은 시간 속에서 생기하여 보존된 것인바, 영원과 시간의 긴장 관계로부터 자아내진 것이다.

나가며

1831년에 유한한 삶을 마무리한 헤겔을 대신하여 헤겔의 무한한 철학을 체계화하기 위해 제자들이 모여 베를린 판『헤겔 전집』전 18권(1832–45년)을 간행하게 되었다. 제1권은『논문집』, 제2권은『정신현상학』, 제3권부터 제5권은『논리의 학』, 제6권과 제7권은『엔치클로페디』, 제8권은『법철학 요강』, 제9권부터 제15권까지는『강의록』, 제16권부터 제17권까지는『잡론』, 제18권은『교육론』이다. 그 후 제19권의『서간집』, 별권의 로젠크란츠 『헤겔 전기』가 출판되어 전 20권이 된다. 그때 제9권부터 제15권까지의 『강의록』이란 헤겔이 쓴 강의 초고가 아니라 헤겔의 강의를 청강한 학생이 쓴 필기록으로부터 구성된 것이었다. 그 내역은 제9권이 『역사철학 강의』(간스 편), 제10권이 『미학 강의』(호토 편), 제11권과 제12권이 『종교철학 강의』(마르하이네케 편), 제13권부터 제15권이 『철학사 강의』(미슐레 편』)로 되어 있다.

베를린 판 『헤겔 전집』에서는 헤겔의 텍스트와 학생의 필기 노트가 나누어지지 않은 채 하나의 책으로서 출판되었지만, 새로운 교정판 『헤겔 전집』에서는 헤겔의 텍스트가 제1부 '저작집'에 수록되고, 학생의 필기 노트는 제2부 '강의록'에 수록되었다.

헤겔의 강의를 다룬 이하의 각 장은 강의 과목마다 옛 판의 텍스트와 새로운 판의 텍스트를 비교하고, 헤겔이 쓴 것과 헤겔의 강의를 들은 학생들이 쓴 것을 나누어 간다. 그리고 새로운 판에 기초하여 새로운 헤겔 상을 그려내게 된다. 이에 의해 이 책은 헤겔 철학을 '강의에 의해 형성된 철학 체계'로서 새롭게 다시 정의하고자 하는 것이다.

제1장 **논리학 강의**

아카이시 노리아키赤石憲昭

들어가며

　헤겔이 논리학을 어떻게 강의하고 있었는지에 관해서는 지금까지는 기본적으로 베를린 판『헤겔 전집』출판 때에 헤닝이『엔치클로페디』의 논리학 부분, 이른바『소논리학』에 덧붙인 '보론'에 의해 엿볼 수 있을 뿐이었다. 본래『엔치클로페디』가 구두 설명을 전제로 한 교과서이고 헤겔 논리학 자체도 대단히 추상적이고 난해한 까닭에, 확실히 이와 같은 배려는 그 결점을 보완하는 것이기는 하다. 그러나 연대뿐만 아니라 필기자도 다른 필기록의 기술을 취사선택하고, 더욱이 필요에 따라 '자신의 기억으로부터 추출하여 그것을 완전하게 만든다'[1]고 하는 편집 자세는 헤겔의 수업

1. L. v. Henning, *Vorwort des Herausgebers*, in: G. W. F. Hegel, *Werke. Vollständige Ausgabe durch einen Verein von Freunden des Verewigten*, Bd. 6, Berlin, 1840, S. Ⅶ. (松村一人 譯,「レオポルト・フォン・ヘニングの序文」,『小論理學』上(개정판), 岩波

복습 교사로서 평판을 얻고 있던 헤닝에 의해 이루어진 것이라 하더라도 역시 문제가 있다. 이미 헤닝 이외의 다른 편집자의 편집에서 복수 연도의 강의들을 하나의 작품으로 통합했기 때문에 그 발전사가 파악될 수 없게 되었다든지 의도적인 수정이 있었다는 문제점들도 보고되고 있다. 이 때문에 근간에 강의록에 관해서는 청강자의 필기 노트를 가능한 한에서 그대로의 형태로 출판한다는 편집 방침이 취해지게 되고, 그 최초의 성과가 시행판 『헤겔 강의록 선집』의 간행이었다. 그것의 제11권에는 F. A. 고트가 필기한 1817년 여름 학기 「논리학과 형이상학」의 강의록,[2] 제10권에는 헤겔의 아들인 칼 헤겔이 필기한 1831년 「논리학」의 강의록[3]이 수록되어 있었지만, 드디어 교정판 『헤겔 전집』 제23권의 제1분책 · 제2분책이 간행되어 일단 논리학 강의에 대해 신뢰할 수 있는 연구 자료가 나오게 되었다. 이후에는 이 강의록을 기초로 한 헤겔 논리학 연구가 왕성하게 행해지게 될 것이다.

그리하여 이 장에서는 헤겔의 논리학 강의 연구의 의의를 밝히기 위해 제1절에서는 이 제23권 제1분책에 수록된 강의록의 특징을, 이어지는 제2절에서는 제2분책에 수록된 강의록의 특징을 개관한다.[4] 제3절에서는 헤닝이

· ·
文庫, 1978년, 10쪽)

2. G. W. F. Hegel, *Vorlesungen über Logik und Metaphysik, Heidelberg 1817. Mitge-schrieben von Franz Anton Good, in: Vorlesungen. Ausgewählte Nachschriften und Manuskripte*, Bd. 11, hrsg. von K. Gloy, Hamburg: Meiner, 1992. (小坂田英之 · 木村博 · 黑崎剛 · 藤田俊治 譯, 「G. W. F. ヘーゲル, 『1874年の論理學と形而上學講義』について」 『ヘーゲル論理學研究』 창간호, 1995년, 108-133쪽.)

3. G. W. F. Hegel, *Vorlesungen über die Logik, Berlin 1831. Nachgeschrieben von Karl Hegel, in: Vorlesungen. Ausgewählte Nachschriften und Manuskripte*, Bd. 10, hrsg. von U. Rameil, Hamburg: Meiner, 2001. (ウド · ラーマイル 編, カール · ヘーゲル筆記, 『G. W. F. ヘーゲル論理學講義 ― ベルリン大學, 1831年』, 牧野廣義 · 上田浩 · 伊藤信也 譯, 文理閣, 2010년.)

4. 각 강의의 특징에 대해서는 다음의 것에 소개가 있다. ペゲラー 編, 『ヘーゲル講義錄研究』 (法政大學出版局, 2015년) 제2장 「イェーナ大學での講義」 (K. デュージング), 제3장 「論理學講義(1817年)」 (K. グロイ), 제4장 「論理學 · 形而上學講義」 (H. C. ルーカス).

'보론'을 편집할 때 이용한 것들 가운데 하나로 생각되는 1823년의 호토 필기록을 다루어 헤닝이 이 노트를 어떻게 이용하고, 또한 그 편집에 어떠한 문제가 있는지를 구체적으로 검증한다. 제4절에서는 1831년의 칼 헤겔의 필기록을 다루어 거기서 처음으로 제시된 가언 판단의 구체적인 예에 의해 『논리의 학』에서의 추상적이고 난해한 헤겔의 가언 판단 및 그것을 포함하는 필연성의 판단 전체의 해석을 어떻게 심화시킬 수 있는지를 해명하고자 한다.

제1절 교정판 『헤겔 전집』 제23권 제1분책에 수록된 강의록

우선은 제1분책에 수록된 여섯 개의 강의록을 살펴보자. 첫 번째 것은 1801/02년 겨울 학기 「논리학과 형이상학」 강의의 트록슬러에 의한 요약이다.[5] 이 강의는 예나대학의 사강사(私講師) 시대의 것으로 헤겔의 최초의 논리학 강의였는데, 개강은 되었지만, 그 난해함 때문인지 청강사 수가 줄었기 때문인지 중단되며, 후에 트록슬러와 슐로서 두 사람을 위해 사적인 강의로서 계속되었다. 예나대학에서의 헤겔의 논리학 강의는 예고는 되지만 개강되지 못한 것이 대부분이며,[6] 이 시대의 필기록으로서는 이것이 유일하다. 교정판 전집으로 불과 10쪽의 기록이기는 하지만, 『논리의 학』(1812– 1816년) 완성 이전의 아직은 형이상학과 구별된 헤겔의 초기 논리학 구상과 헤겔 변증법의 맹아를 알게 해주는 귀중한 자료이다.

• •
   A. 젤, 「講義錄の中に見るヘーゲル論理學」 (牧野廣義 譯) 『阪南論集』(社會科學 編) 제48권 제5호, 2012년, 67-76쪽.
5. 이 필기록의 번역은 寄川條路 編譯, 『初期ヘーゲルの軌跡 — 斷片·講義·書評』, ナカヂ シヤ出版, 2006년, 제2장을 참조.
6. 헤겔의 강의 활동에 대해서는 다음의 것을 참조. 「資料 ヘーゲルの講義活動」, 加藤尚武 編, 『ヘーゲル哲學への新視角』, 創文社, 1995년.

나머지 다섯은 1817년에 출판된 『엔치클로페디』(제1판)에 관계되는 강의록인데, 두 번째 것은 하이델베르크대학에서 1817년 여름 학기에 행해진 「논리학과 형이상학」 강의의 고트에 의한 필기록이다. 이 필기록은 고트 본인이 수업 중에 직접 필기한 것으로 추정되며, 헤겔이 미리 준비하여 받아 적게 했다고 생각되는 정돈된 문장과 그에 대한 헤겔의 자유로운 구두 설명을 받아 적었다고 생각되는 문장이 구별되어 적혀 있는 점에 커다란 특징이 있다. 이것은 수강생이 같은 해 6월경에 공간公刊되었다고 여겨지는 『엔치클로페디』 제1판을 갖고 있지 않은 것에 대한 배려라고 생각된다. 필기는 깔끔하게 절 번호에 따라 나누어져 이루어지며, 많은 절에 설명이 덧붙여져 있다. 분량도 교정판 『헤겔 전집』으로 140쪽의 대단히 풍부한, 신뢰도가 높은 강의록이다.

　헤겔은 1818/19년의 겨울 학기에 베를린대학으로 옮긴 이후 1819년부터 매년 여름 학기에 「논리학과 형이상학」이라는 제목 아래 강의를 하는데, 세 번째 것은 1823년 여름 학기의 H. G. 호토에 의한 필기록이다. 이것은 논리학 부분의 시작인 제12절부터 예비 개념 도중의 제31절까지밖에 필기되어 있지 않은, 분량도 51쪽 정도밖에 안 되는 것이긴 하지만, 다음 절에서 보듯이 헤닝이 보론을 작성할 때의 중요한 원천이 된 필기록이다. 고트와 마찬가지로 깔끔하게 절 번호로 구분되어 필기가 되고 있으며, 다루어진 부분에는 상세한 기술이 많고, 또한 노트의 난외에는 내용 요약이 되는 상세한 소제목도 덧붙여져 있으며, 자택에서 마무리된 것으로 생각된다. 특히 주목해야 하는 것은 최초의 제12절에 관해 약 16쪽 반에 걸친 긴 설명이 있다는 점이다. 앞의 고트는 5쪽, 다음에 보는 코르봉에서도 10쪽 정도이기 때문에 그것의 상세함은 그야말로 두드러진다. 거기서는 '사유'에 대해 '단순한 주관적 활동으로서의 사유', '추사유Nachdenken', '객관적 사유'라는 3구분 하에 상세한 전개가 이루어지는데(GW 23/1. 161 f.), 『엔치클로페디』 제2판 이후에 본문으로 받아들여진 사유에 대한 설명의 원형이 보인다. 또한 사유에 대해 이만큼 상세한 설명이 이루어지고 있음에도 불구하고,

텍스트에서 제12절의 다음에 논의되는 '논리적인 것의 세 측면'(제13절–제16절)의 설명이 생략되고, 다음의 제18절(난외에는 이 앞에 제17절의 표제어도 있다)로 옮겨가고 있는 것도 제2판 이후의 편별 구성의 맹아를 엿볼 수 있게 한다. 텍스트 순서에 충실했던 1817년 강의와는 달리 이 필기록에서는 헤겔의 강의에서의 이런저런 궁리의 흔적을 알아볼 수 있다.

네 번째 것은 1824년 여름 학기의 J. 코르봉에 의한 필기록이다. 이 필기록은 일단 거의 전 범위를 담고 있지만, 총 쪽수는 93쪽으로 설명도 간략한 것이 많다. 고트나 호토와 같이 절로 크게 구분되어 있지는 않지만, 본문 중이나 난외에 절 번호의 기재가 이루어지고 많은 절에 대해 언급이 이루어지고 있다. 난외에 날짜에 더하여 강의의 누계 회수가 기재되어 있는 것도 특징적이다. 총 분량에 비하면 대단히 긴 제12절의 설명에서는 호토와 마찬가지로 주관적 사유, 추사유, 객관적 사유에 관한 기술이 보인다. '논리적인 것의 세 측면'에 대한 설명은 건너뛰고 제18절의 '논리학과 형이상학의 관계', 제20절 이후의 오랜 형이상학의 화제로 옮겨 가며, 오랜 형이상학의 지성적 사유에서는 진리를 파악하는 것이 가능하지 않다는 맥락으로부터 여기에 지성, 변증법, 사변으로 전개되는 '논리적인 것의 세 측면'에 대한 설명을 접속시키고 있다. 그 후 다시 논리학과 형이상학의 관계로 되돌아와 오랜 형이상학에 대한 설명이 재개되는 등, 호토의 강의록에서 볼 수 있었던 것과는 다른 궁리가 보인다.

다섯 번째 것은 1825년 여름 학기의 켈러에 의한 필기록이다. 이 필기록은 최초의 한 달이 채 안 되는 부분의 필기가 빠져 있고 도중에도 빠져 있는 부분이 있지만, 그럼에도 불구하고 100쪽의 분량이나 되어 쓰여 있는 부분에 관한 한 비교적 상세한 필기라고 할 수 있다. 코르봉과 마찬가지로 본문 또는 난외에 절 번호가 기재되어 있는 부분이 많이 보이며, 이와 같은 스타일은 그 이후의 강의록에 공통된다. 강의 도중에 시작되는 최초의 부분에서는 신앙 및 직접지에 대해 상세하게 논의하는데, 제2판 이후 「객관적인 것에 대한 사상의 세 번째 태도」로서 '직접지'가 내세워지는 것을 방불케 한다.[7] 그 설명 후에 '제13절'이라는 표기만이 있고 이어지는 1과 3분의 1쪽 분량이 쓰여 있지 않지만, 여기에 '논리적인 것의 세 측면'이 놓이고 그다음으로 '논리학의 구분'을 설명한 제37절이 온다고 하는 이 구성은 제2판 이후의 구성 순서와 완전히 일치한다.

여섯 번째 것은 1826년 여름 학기의 필기자가 밝혀지지 않은 필기록이다. 이 필기록은 21쪽이 채 안 되는 작은 규모의 것이지만, 번호 부여는 제34절까지 보이며 예비 개념을 거의 포함하고 전반부에는 난외에 내용의 표제어도 붙어 있다. 제12절에서의 사유 규정에 대한 상론에서는 '감각적 지각으로서의 사유', '반성으로서의 사유', '논리적 사유'라는 지금까지 없는 3구분이 보이며, '추사유'에 대해서는 제17절을 설명한 부분에서 '사유의 산물'과 관련하여 언급된다(GW 23/1. 418). 이 강의에서도 '논리적인 것의 세 측면'은 건너뛰고 제17절과 제18절에서 '논리학과 형이상학의 관계'가 설명된 후, 제19절 이후에 오랜 형이상학, 칸트의 비판 철학으로 텍스트 순서대로 설명이 이어지고 있다. 칸트에 대한 설명 후에 텍스트의 해당 절이 눈에 띄지 않는 데카르트, 스피노자, 야코비, 루터에 대한 언급이 이루어지며, '각각의 규정은 무언가의 제한이 있는바, 우리는 사유가 자기 자신에게서, 또한 자기 자신으로부터 어떤 내용을 주고 자기 자신을 규정하는 것과 같은 방식으로 사유를 고찰해야만 한다'(GW 23/1. 431 f.)라고 하여 여기서 '논리적인 것의 세 측면'에 대해 언급하고 있다. 그리고 마지막은 논리학의 구분이 아니라 본래 논리학에 들어가기 전의 제11절에서 다루어지는 논리학·자연철학·정신철학의 연관에 대해 언급하는 등, 불규칙적인 구성으로 이루어지고 있다.

여기까지 제1분책에 수록된 여섯 개의 강의록에 대해 살펴보았지만, 특히 『엔치클로페디』 제1판에 기초하는 다섯 개의 강의록에서는 헤겔이

----

7. 직접지에 대해서는 고트 강의록에서는 텍스트의 제34절, 코르봉 강의록에서는 제33절에 대한 설명 가운데 아주 간단하게 언급되는 정도였다(GW 23/1. 59, 244).

강의 속에서 설명의 방식과 순서에 대해 시행착오를 거듭하고, 이것이 대폭적으로 개정된 1827년에 출판된 제2판의 구성으로 열매 맺어 가는 모습을 간취할 수 있다. 이것은 복수 연도의 강의록들을 비교 검토해 보지 않으면 떠오르지 않는 것이며, 이와 같은 사상 형성의 발전사를 밝힐 수 있는 것이 강의록 연구가 지니는 의의들 가운데 하나이다.

제2절 교정판 『헤겔 전집』 제23권 제2분책에 수록된 강의록

이어서 제23권의 제2분책에 수록된 세 개의 강의록에 대해 살펴보자. 첫 번째 것, 즉 1828년 여름 학기의 K. 리벨트에 의한 필기록은 『엔치클로페디』 제2판에 기초하는 것이다. 텍스트의 개정에 따라 예비 개념 전반부의 설명이 텍스트 순서대로 행해지고 있는 것이 확인될 수 있지만, 제2판부터 신설된 직접지 부분은 빠져 있다. 본론에서도 본질에 관한 학설과 개념에 관한 학설 부분에 크게 빠진 것들이 보이며, 총 분량도 71쪽으로 적은 불완전한 필기록이다. 난외에 때때로 인물화 낙서가 되어 있는 점은 재미있다.

두 번째 것은 마찬가지로 제2판에 기초하는 1829년 여름 학기의 H. 롤랭의 필기록이다. 롤랭은 벨기에 사람으로 이 필기록은 유일하게 라틴 문자로 필기되어 있다. 여기저기 빠져 있는 것들이 보이지만, 전체를 다루고 136쪽으로 분량도 많은 필기록이다. 이 필기록에서는 제28절 뒤에 제30절의 설명이 이어지고 제29절에 대한 설명으로 돌아오는 순서의 변경이 있으며,[8] 또한 날짜와 페이지를 고쳐 제29절, 제30절의 필기가 개시된다고 하는

---

8. 제29절에 대한 기술의 난외에는 '5월 19일 강의 종료, 그뤼츠마허에 의한 필기'라고 되어 있는데, 이 부분은 다른 학생의 필기를 참고로 하여 베껴 썼을 가능성이 생각된다 (GW 23/2. 537).

특이한 편성이 보인다. 직접지에 대한 설명에서 다섯 절 분량의 결손이 보이지만, 136쪽 가운데 72쪽과 반 분량 이상이 예비 개념에 대한 설명에 해당하여 예비 개념에 대한 설명 분량은 가장 많다.

세 번째 것은 유일하게 1830년에 출판된 제3판에 기초하며, 유일하게 단지 「논리학」이라는 강의 제목만을 지니는 1831년 여름 학기 강의의 칼 헤겔에 의한 필기록이다. 당시 18세였던 헤겔의 아들 손으로 이루어진 이 필기록은 수업의 직접적인 구술필기가 아니라 나중에 자신이 사용하기 위해 마무리된 것으로 추정되며, 한 곳의 결손이 보이지만(GW 23/2. 669) 전체가 다루어지고 필기록 가운데 가장 많은 156쪽 분량이 있는 대단히 충실한 강의록이다. 오랜 형이상학의 형태를 상론한 제33절부터 제36절을 일부러 끊어 생략한다고 하는 궁리도 보이지만, 그럼에도 불구하고 전체의 40%에 해당하는 65쪽을 예비 개념에 대한 설명이 차지한다. 본론의 설명도 91쪽이 있으며, 숫자만 보면 고트의 필기록과 같은 분량이긴 하지만 이 필기록이 행간을 채워 쓴 것인 만큼 좀 더 많은 설명이 포함되어 있다고 할 수 있다.

이상으로 『엔치클로페디』 제2판 이후에 기초하는 세 개의 강의록에 대해 간단히 살펴보았는데, 이 강의록들은 우리에게 친숙한 현행 『엔치클로페디』의 절 구성에 직접 대응하는 것인바, 텍스트의 좀 더 정확한 이해를 위한 가장 좋은 안내가 된다. 제2판의 완성에 따라 강의 순서와 설명 방식은 안정적으로 되지만, 증보 개정된 예비 개념은 제1판에 빠져 있던 사유 규정에 대한 상술이 덧붙여졌을 뿐만 아니라 지금까지의 오랜 형이상학, 칸트 철학에 새롭게 직접지를 덧붙인 세 가지 태도의 진리 파악의 결함을 보여주는 형태로 『정신현상학』을 대신하는 철학에의 도입 역할을 지니게 되며(제25절 및 그 주해), 강의 중에서도 예비 개념에 대한 설명이 차지하는 비중이 높아지고 있다. 또한 특히 1831년이라는 강의 시기는 1832년에 출판된 『논리의 학』「존재에 관한 학설[존재론]」(제2판)의 집필 시기와 부분적으로 겹쳐져 있다고 추측되며, 실제로 제2판 내용의 영향이 엿보이는 설명 방식도 보인다.[9] 『논리의 학』의 개정 경과를 더듬어 가는 데서도 그리고 또한 이루어지지 못하고 끝난 본질에 관한 학설[본질론]과 개념에 관한 학설[개념론]의 개정 가능성을 생각하는 데서도 이 강의록들은 매우 흥미로운 자료이다.

제3절 1823년의 호토 필기록과 헤닝의 '보론'

헤닝이 '보론'의 작성에 사용한 것은 1819년과 1820년의 강의를 기록한 헤닝 자신의 두 개의 노트, 연도는 명확하지 않지만 그것에 가까운 시기에 필기된 것으로 생각되는 호토와 미슐레의 노트, 그리고 좀 더 후년의 가이어의 노트로 생각된다.[10] 다른 필기록은 손실되어 버린 듯하지만, 이번에 제1분책에 수록된 1823년의 호토 필기록은 헤닝이 이용했다고 추정되는 것이며, 이 필기록에 의해 헤닝의 보론을 검증하는 것이 비로소 가능해졌다. 이 절에서는 호토의 필기록과 헤닝의 보론을 비교 대조하여 호토의 필기록이 어떻게 이용되었으며, 또한 헤닝의 편집에 구체적으로 어떠한 문제가 있는지를 고찰한다.

호토 필기록은 제12절부터 제31절까지의 부분적인 것이었다. 호토의 번호 부여는 『엔치클로페디』(제1판)에 기초하는 것으로 헤닝이 사용한 제2판 이후(제3판)의 절 번호로 하자면 제12절은 새로운 판의 제19절과

. .
9. 시행판의 편자인 라마일의 해설을 참조(V 10. XXXV f. 『G. W. F. ヘーゲル論理學講義 —ベルリン大學, 1831年』, 286쪽 이하).

10. Henning, Vorwort des Herausgebers, S. VIII. (「レオポルト・フォン・ヘニングの序文」 『小論理學』 상(개정판) 11쪽) 덧붙이자면 가이어의 노트는 1830년 5월 6일이라는 날짜가 붙은 헤겔 강의의 메모와 헤닝의 제19절 보론 세 문장과의 유사함 때문에 1830년의 것으로 추정된다(V 10, XIV f. 『G. W. F. ヘーゲル論理學講義 — ベルリン大學, 1831年』, 269쪽 이하).

일치하며, 끝의 제31절은 제45절에 대응한다. 호토 필기록의 특징은 뭐니 뭐니해도 16쪽 반에 걸친 제12절에 대한 설명의 길이인데, 그 특징이 두드러지는 이유는 텍스트에서는 깔끔하게 제시되어 있지 않았던 사유의 규정에 대해 주관적 사유, 추사유, 객관적 사유라는 3구분 아래 상세하게 전개했기 때문이었다. 제2판 이후에는 사유에 대한 설명이 텍스트에 받아들여지며, 사유에 대해 제20절에서 그 주관적 측면, 제21절에서 추사유(대상과의 관계에서 활동하는 사유)의 산물인 보편적인 것은 대상의 진리라는 것, 제22절에서 그 대상의 참된 성질이 의식된 것은 변화를 매개로 해서라는 것, 제23절에서 그 변화는 사유하는 주관으로서의 나의 정신의 산물이라는 것의 네 가지 측면에서 논의되며, 제24절과 제25절에서는 그 도달점으로서의 '객관적 사상'이 제시된다. 필기록과 보론을 비교해 보면 이 신설된 본문의 보론에 호토의 제12절의 필기록이 최대한 활용되고 있다는 것을 알 수 있다.

호토 필기록의 제12절을 설명한 최초의 단락에서는 우선 '논리학은 사유의 학문이다'라는 규정이 제시되고 사유와 논리학에 대한 일반적 평가가 이야기되고 있는데, 이 50행에 걸친 긴 문장이 그 최초의 2행 그리고 도중에 몇몇 군데를 생략하고 어구를 미세하게 고친 변화는 보이지만 거의 원형을 남기는 형태로 대응하는 제19절의 보론 2에 채택되어 있다(GW 23/1. 159 f.). 이어지는 두 번째 단락에서는 첫 번째의 주관적 사유에 대해 논의하고 있는데, 그 70행에 걸친 문장도 최초의 6행과 도중에 여러 행을 생략하거나 어구를 고친 변화는 있지만 대응하는 제20절의 보론에 채택되어 있다(GW 23/1. 160 ff.). 세 번째 단락 이후에는 단락 구분이 이루어져 있지 않고 약 30쪽 분량의 문장이 하나의 단락으로 쓰여 있어서 소제목도 이용하는 가운데 범위를 구획해 갈 필요가 있지만, 두 번째의 추사유에 대한 설명이 이 서두로부터 시작되며, '모든 추사유의 성과는 보편적인 것이고 이 보편적인 것이 본질적인 것 그리고 진리로 간주된다'(GW 23/1. 164)라는 텍스트에 대응하는 내용을 포함하는 163쪽 1행째부터 165쪽 5행째까지의 82행의 문장 범위로부터 제21절의 보론이 만들어지고 있다. 그다음으로 '추사유에 의해 주어진 소재에 변화가 만들어진다'(GW 23/1. 165)라고 하여 제22절에서 제시된 '변화'의 측면이, 나아가 '우리가 발견한 것은 우리의 주관적 활동성의 산물이며, 나에 의해 만들어진 것이다'라는 제23절에서 제시되는 것과 같은 측면도 발견되지만,[11] 그 밖에 비판 철학에 맞서 진리의 객관성을 강조하는 이야기 등도 포함하여 165쪽 8행째부터 167쪽의 17행째까지의 범위로부터 제22절의 보론이 작성되어 있다. 세 번째의 객관적 사유에 대해서도 167쪽 32행째부터 171쪽 17행째까지의 범위로부터 제24절 보론 1이, 171쪽 26행째부터 176쪽 2행째까지의 범위로부터 보론 2가 작성되어 있다. 제19절부터 제25절까지의 보론은 모두 아홉 개가 있지만, 그 가운데 여섯 개가 호토의 제12절의 필기록으로부터 이렇게 차례로 작성되어 있다.

그 뒤의 부분에서도 문장이 그대로 활용되는 비율은 점차로 감소되어 가긴 하지만, 오랜 형이상학을 다룬 제19절이 제28절의 보론, 제20절이 제31절의 보론, 제21절이 제32절의 보론, 제23절이 제34절의 보론, 제24절이 제35절의 보론, 제25절이 제36절의 보론, 경험주의를 다룬 제26절이 제38절의 보론, 칸트 철학을 다룬 제27절이 제41절의 보론 1, 제28절이 제42절의 보론 1로 새로운 판의 대응하는 절의 보론으로 대체로 받아들여져 있다.[12] 헤닝은 호토 필기록에 대응하는 제3판의 제19절로부터 제45절까지 모두 24개의 보론을 덧붙이고 있지만, 그 60%에 해당하는 15개의 보론에서

---

11. 제22절의 보론에 제23절의 내용이 포함되는 등, 헤닝이 보론을 붙이는 방식이 반드시 적절하다고는 할 수 없다. 헤닝은 제23절에는 보론을 붙이지 않았지만, 제2판 이후의 텍스트를 토대로 한 강의록에서는 제23절에 대한 설명도 독립적으로 깔끔하게 이루어지고 있다(GW 23/2. 451 f., 525 f., 662 f.).
12. 『엔치클로페디』제1판의 「예비 개념」과 현행 판과의 대응 관계에 대해서는 다음의 것을 참조. 小坂田英之・木村博・黑崎剛・藤田俊治 譯, 「G. W. F. ヘーゲル ハイデルベルク・エンチクロペディー(1817) 論理學その一<緒論>と<A論理學・豫備概念>」 『ヘーゲル論理學研究』 제6호, 2000년, 45-82쪽.

호토 필기록의 활용이 확인될 수 있다. 호토의 1823년 필기록이 헤닝이 예비 개념의 최초 부분의 보론을 작성하는 데서 가장 많이 활용된 노트라는 것이 명확해졌다.

그러면 다음으로 제21절의 보론을 구체적으로 다루어 헤닝의 편집 방식에 서는 어떠한 문제가 보이는지를 생각해 보고자 한다. 우선은 보론이 덧붙여 진 텍스트 본문을 확인해 보자.

사유가 대상들에 대한 관계에서 활동하는 것으로서, 즉 어떤 것에 대한 추사유로서 받아들여진다는 점에서, 사유 활동의 그러한 산물로서의 보편적 인 것은 사태의 가치를, 즉 본질적인 것, 내적인 것, 참된 것을 포함한다.[13] (W 8. 76)

여기서는 우선 사유가 '대상들에 대한 관계에서 활동하는 것'으로 생각되 며, 이와 같은 사유가 '추사유'라고 규정된 후, 이 사유(즉 추사유)가 산출하는 것은 '보편적인 것'이고, 그것이 '사태의 가치를, 즉 본질적인 것, 내적인 것, 참된 것을 포함한다'라는 것이 제시된다. 이 절에는 헤겔 자신에 의한 주해가 덧붙여져 있는데, 거기서는 지금 열거된 '참된 것'이 의식 속에서 직접적으로 나타나는 것이거나 첫눈에 보기에 문득 떠오르는 생각에 주어지 는 것이 아니라 거기에 도달하기 위해서는 추사유가 필요하다는 것이 강조된 다(W 8. 76 f.). 이 절을 좀 더 설명하는 것으로서 헤닝은 보론을 덧붙였던 것인데, 우선은 그 최초의 부분을 검토해 보자.

• •
13. G. W. F. Hegel, *Enzyklopädie der philosophishen Wissenschaften im Grundrisse (1830). Erster Teil. Die Wissenschaft der Logik. Mit den mündlichen Zusätzen*, in: *Werke in zwanzig Bänden*, hrsg. von E. Moldenhauer und K. M. Michel, Suhrkamp, 1970, Bd. 8. (= W 8) (松村一人 譯, 『小論理學』 상·하(개정판), 岩波文庫, 1978년.)

이미 어린이에게 추사유가 요구된다. 그에게는 예를 들어 형용사를 명사와 결합하는 과제가 부과된다. 여기서 그는 주목하고 구별해야 한다. 그는 규칙을 상기하고 그에 따라 특수한 경우를 정돈해야 한다. 규칙은 다름 아닌 보편적인 것이며, 어린이는 이 보편적인 것에 특수한 것이 합치되게 만들어야 한다. (W 8. 77)

이 보론에서는 어린이조차 추사유를 하고 있다는 예가 거론되고, 그로부터 '추사유'가 보편적인 것에 특수한 것을 합치시키는 것이라는 점이 제시되어 있다. 사실은 그 뒤에도 예들이 이어지는데, '목적', '도덕적 관계', '자연현상'이 거론되고 있다. '목적'도 보편적인 것이고 그 실현을 위해 우리는 수단과 도구를 지닌다. '도덕적 관계'에서도 법과 의무(보편성)를 떠올리고 그것에 행위를 일치시킨다. 이러한 예들은 확실히 보편적인 것에 특수한 것을 합치시킨다는 점에서 일관된다. 그러나 본래 왜 어린이의 예가 거론되는 것일까? 호토의 필기록으로 되돌아가 보면 그 앞에 놓여 있던 문장을 알 수 있는데, 맥락이 분명하다.

우리가 말했던 두 번째 것, 즉 추사유에 대해 우리는 그것을 우선, 추사유가 어떤 규정된 것에 대한 사유라는 것에 의해 사유와는 구별해야만 한다. 요컨대 그것은 어떤 객체에 관계된 사유인 것이다. 우리가 이 추사유를 좀 더 상세하게 고찰할 때, 사유 일반에서 무엇이 문제인지를 보게 될 것이다. 곧바로 묻게 되는 것은 '추사유란 무엇인가'라는 것이다. 추사유가 의도하고 불러일으키는 것에 대해 우리는 많은 영역으로부터 일련의 예들을 들 수 있을 것이다. (GW 23/1. 162 f.)

호토의 필기록에서는 사유가 주관적 사유·추사유·객관적 사유의 3구분에 의해 설명되지만, 필기록의 앞 단락의 주관적 사유에 대한 설명에 이어서 여기서 두 번째의 추사유를 다룸에 있어 본래 '추사유'란 무엇인가라는 것을 우선 처음에 설명하는 것이다. 그것이 '어떤 규정된 것에 대한 사유', '어떤 객체에 관계된 사유'인데, 그것을 좀 더 설명하는 데서 많은 사례를 들어 이해시키기 위해 우선 어린이의 예를 들었던 것이다. 강의에서는 이와 같은 맥락이 보이고 있지만, 헤닝은 그 부분을 생략하고 느닷없이 어린이의 예로부터 문장을 채택하고 있는 까닭에 아무리 생각해도 갑작스럽다는 인상을 줄 수밖에 없는 것이다. 이와 같은 흐름과 자리매김을 보여주는 문장이 생략되는 것은 헤닝이 보론 작성에서 보여주는 일반적인 경향이지만, 독자에게는 대단히 이해하기 어렵게 되고 만다.

다음으로 또 하나 제시되어 있던 '자연 현상'의 예에 대해 살펴보자. 문제는 이 '자연 현상'의 예를 어떻게 자리매김할 수 있는지다. 우선은 헤닝의 문장을 살펴보자.

> 자연 현상들에 대한 우리의 태도에서도 우리는 동일한 것을 발견한다. 예를 들어 번개와 천둥을 살펴보자. 이 현상은 우리에게 잘 알려져 있으며, 우리는 그것을 자주 지각한다. 그러나 인간은 단순한 잘 알고 있음, 단지 감성적일 뿐인 현상에 만족하는 것이 아니라 그 배후에 도달하고자 하며, 그것이 무엇인지 알고 싶어 하고, 그것을 개념 파악하고자 한다. 그런 까닭에 사람들은 추사유하며, 현상 그 자체와 구별되는 것으로서의 원인, 즉 한갓 외적인 것과 구별되는 내적인 것을 알고 싶어 한다. 그리하여 사람들은 현상을 이중화하고, 그것을 내적인 것과 외적인 것, 힘과 발현, 원인과 결과로 양분한다. 내적인 것, 힘은 여기서 다시 보편적인 것, 지속하는 것 즉 이런저런 번개, 이런저런 식물이 아니라 모든 것 속에서 동일한 것으로 머무는 것이다. 감성적인 것은 개별적인 것이자 사라지는 것이다. 거기서 지속하는 것을 우리는 추사유를 통해 알게 된다. (W 8. 77)

헤닝은 처음에 이 예를 '자연 현상들에 대한 우리의 태도에서도 우리는 동일한 것을 발견한다'라고 하여 앞에서 제시된 '어린이', '목적', '법적 관계'와 동일한 것, 즉 보편적인 것에 특수한 것을 합치시키는 것과 동일하게 자리매김하고 있다. 그러나 이 예에서는 그것들과는 달리 특수한 것의 배후에 놓여 있는 보편적인 것을 파악하고자 하는 것, 개별적인 감각적 현상에 만족하지 않고 추사유에 의해 지속하는 보편적인 것을 알고자 하는 것이 말해지고 있는바, 이 예는 분명히 지금까지와는 다른 측면을 이야기하고 있다. 원래의 강의록을 보면 그것이 명확하게 구별되어 있다.

> 실천적인 것에서는 우리는 행위에 대해 어떤 규칙을 지니고 있으며, 자연의 고찰에서는 우리는 유를 비로소 알고자 하고, 또는 그것이 잘 알려져 있을 때는 우리는 특수한 것을 보편적인 것과 비교하여 특수한 것에서 보편적인 것을 인식하고자 하며, 개별적인 것에서 보편적인 것을 발견하고자 한다. (GW 23/1, 164)

이처럼 '추사유'라고 한마디로 말하더라도 보편적인 것에 개별·특수적인 것을 일치시키는 방향이 있다면, 또한 개별·특수적인 것에서 보편적인 것을 발견하는 방향도 있는바, 두 종류의 추사유의 예가 제시되어 있었다. 이 후자에 대해 헤겔은 마치 확인하기라도 하듯이 또 하나, '천체 운동의 법칙'의 예를 들고 있다. 우리는 별을 오늘은 여기서 내일은 저기서 보지만, 정신은 이와 같은 무질서에 만족하지 않고 보편적인 규정이 있다고 믿고서 스스로의 추사유를 현상으로 향하게 하여 그 법칙을 인식한다. 그러나 헤닝은 어디까지나 최초의 어린이 예에서 볼 수 있었던 보편적인 것에 개별·특수적인 것을 일치시키는 측면으로부터 파악하고자 시도하기 때문에, 두 번째의 관점은 대단히 모호해져 버린다. 이 점은 많은 예를 든 최후의 정리 문장에서 결정적으로 나타난다.

> 이 모든 예로부터 알아낼 수 있듯이 추사유는 언제나 확고한 것, 존속하는 것, 자기 내에서 규정된 것, 특수한 것을 통치하는 것을 추구한다. 이러한

보편적인 것은 감각들을 가지고서 파악될 수 없으며, 그것은 본질적이고 참된 것으로서 여겨진다. 그래서 예를 들어 의무들과 권리[법]들은 행위들의 본질적인 것이며, 그 행위들의 진리는 저 보편적 규정들에 합치한다는 점에 존립한다. (W 8. 78)

이 정리를 보면 추사유는 보편적인 것을 추구한다는 것, 그것은 감각으로 는 파악할 수 없지만 참된 것이라는 것, 그리고 예를 들어 그 참된 것은 특수한 것이 보편적인 것에 합치되는 것에 있다고 설명되어 어린이의 예의 논리 구조를 상기시키는 방식으로 끝나고 있다. 그러나 원래의 강의록을 보면 인상이 크게 다르다. 고딕체로 강조된 부분은 헤닝이 생략한 부분이다.

> 많은 영역으로부터 이러한 사례들에서 충분히 제시되고 있듯이 추사유는 언제나 확고한 것, 존속하는 것, 자기 내에서 규정된 것, 특수한 것을 통치하 는 것을 추구한다. 이러한 보편적인 것은 감각들을 가지고서 파악될 수 없으며, 직접적인 관찰은 아무것도 제공해 주지 못하고 추사유가 보편적인 항상성을 가져다준다. 이 때문에 모든 추사유의 성과는 보편적인 것이며, 이 보편적인 것이 본질적이고 참된 것으로서 여겨진다. 법칙이 천체의 본질 이다. 의무들과 권리들은 행위들의 본질적인 것이며, 주어진 실용적인 것이 다. 추사유가 가져다주는 이 내면적인 것이 사태의 직접적인 외관에 맞서 참된 것으로 여겨지는 것이다. 이 규정이 여기서 확고한 것으로 파악되어야 만 한다. (GW 23/1. 164)

이 문장을 보고서 알아차릴 수 있는 것이 두 가지 있다. 하나는 직접적인 파악에 맞선 추사유의 의의가 '직접적인 관찰은 아무것도 제공해 주지 못하고 추사유가 보편적인 항상성을 가져다준다'라고 더욱더 강조되고 있다는 점이다. 왜 헤닝이 이 중요한 설명을 삭제해 버렸는지는 의문이지만, 이 삭제된 문장이 앞의 추사유의 두 번째 방향을 보여준 것이라는 점을 생각하면 납득할 수 있다. 또 하나는 필기록을 보면 마지막에 제시된 참된 것과 보편적인 것에 대한 합치 이야기는 결부되어 있지 않다는 점이다. 헤닝은 '의무들과 권리들은 행위들의 본질적인 것이다'라는 필기록의 문장에 더하여 일부러 '그 행위들의 진리는 저 보편적 규정들에 합치한다는 점에 존립한다'라는 말을 덧붙여 예시하고, 이 진리 이야기와 처음에 거론되었던 어린이를 비롯한 일련의 예들과의 결합을 시사하는 형태로 정리하고 있는데, 그로 인해 '법칙이 천체의 본질이다'라는 반대 방향의 사례 이야기를 일부러 삭제하고 있기도 하다. 그러나 필기록에서 제시되고 있는 것은 진리는 직접적인 외관에 맞선 내면적인 것이라고 하는 확인뿐이며, 그 이상의 이야기는 하고 있지 않다. 이렇게 파악함으로써 헤닝이 삭제해 버린 다음의 문장 '추사유가 가져다주는 이 내면적인 것이 사태의 직접적인 외관에 맞서 참된 것으로 여겨지는 것이다'라는 것과의 연결도 명료해지는 것이며, '이 규정이 여기서 확고한 것으로 파악되어야만 한다'라고 일부러 주의해두고 있듯이 이것이 여기서의 중요한 요점이다. 이 점은 시간적으로는 후년에 쓰인 것이기는 하지만 텍스트 본문에서 강조되고 있던 내용과 완전히 일치한다는 것으로부터도 방증된다. 그러나 헤닝의 제시 방식은 이 중요한 요점을 자신의 해석으로 끌어당겨 모호하게 만들어 버리는 것이다.

보론들 가운데서도 제19절 보론 2나 제20절 보론과 같이 헤닝의 손이 그다지 가해지지 않은 것도 있고, 또한 이번 호토의 노트에서 유래하는 것으로 확인된 15개의 보론 이외에는 분실된 노트에 기초하는 것이기 때문에, 여전히 보론의 자료적 가치가 완전히 부정되는 것은 아닐 것이다. 그러나 텍스트 이해를 이처럼 오도하는 헤닝의 편집 방식은 역시 문제가 있는바, 그것을 다루는 데는 역시 충분한 주의가 필요하다. 필기록으로 되돌아옴으로써 텍스트의 좀 더 올바른 이해가 가능해지는 것이다.

제4절 1831년의 칼 헤겔 필기록에서의 '가언 판단의 구체적 예'

새로운 강의록에 대해 우리가 크게 기대하는 것들 가운데 하나는 지금까지 제시되지 않았던 새로운 설명과 정보가 그로부터 얻어지는 것일 터이다. 마지막으로 그 하나의 예로서 1831년의 「논리학」 강의에서 처음으로 발견된 '가언 판단의 구체적 예'를 다루어 『논리의 학』의 해석으로도 연결되는 강의록 연구의 의의를 생각해 보고자 한다.

본래 헤겔의 판단론은 판단 형식 자체의 진리성을 비판적으로 검토하고자 하는 대단히 독특한 것으로, 이와 같은 특이한 논의를 설명하기 위해 헤겔은 『논리의 학』과 『엔치클로페디』의 주해에서 스스로 그 구체적 예를 제시하고 있다. 예를 들어 최초의 판단 형식인 긍정 판단에서는 '장미는 빨갛다'라는 예를 들고 있는데, 헤겔은 제172절의 주해에서 이 판단 형식은 본래 '진리'를 표현할 수 없다고 한다(W 8. 323). 왜냐하면 장미는 '빨갈' 뿐만 아니라 '좋은 향기가 나는' 등, 다른 다양한 규정을 지니는데, '빨갛다'는 그 다양한 규정을 지니는 '장미'의 지극히 일면만을 보여주는 데 지나지 않기 때문이다. 이것은 사물의 질의 한 측면밖에 표현할 수 없다고 하는 긍정 판단이라는 판단 형식 자체가 지니는 결함인바, 본래 긍정 판단이라는 형식은 진리를 표현하기 위해서는 불충분한 것이다. 이에 반해 '장미는 식물이다'라는 정언 판단에서 술어인 '식물'은 '빨갛다'처럼 사물의 하나의 성질을 보여주는 것이 아니라 '식물'이 아닌 '장미'는 존재하지 않듯이 '장미'의 본성을 보여주는 것이며, 주어와 술어의 결합도 종과 유의 관계를 보여주는 필연적인 것으로 되어 있다(GW 12. 78).

문제는 이 정언 판단에 이어지는 가언 판단이다. 헤겔의 가언 판단의 정식은 '만약 A가 있으면 B가 있다' 또는 'A의 존재는 자기 자신의 존재가 아니라 어떤 타자 즉 B의 존재다'(GW 12. 79)라는 것으로 제시되는 특수한 것인데, 그런 까닭에 이것을 어떻게 해석할 것인지가 문제가 된다. 『논리의 학』의 설명을 보면, '이 판단에서 정립된 것은 정언 판단에서는 아직 정립되어 있지 않았던 직접적 규정의 필연적 연관이다'라고 하며, 또한 '여기에는 두 개의 직접적인 실존 또는 외적이고 우연적인 존재가 있으며, 이것들은 정언 판단에서는 우선은 단 하나, 즉 주어가 있을 뿐이다'라고 한다. 이와 같은 설명으로부터 우리는 가언 판단의 정식을 어떻게 구체적으로 생각해야 할 것인가? 힌트가 되는 것은 정언 판단에서는 주어이었던 것이 가언 판단에서는 둘로 된다는 것인데, 정언 판단의 구체적 예 '장미는 식물이다'라면 '장미'가 여기서 말해지는 '직접적인 실존', '외적이고 우연적인 존재'이다. 그러나 그렇다면 '만약 장미가 있으면 어떠한 것이다'라는 것이 되고, 이것은 『논리의 학』에서의 추상적인 설명에서는 분명하게 확정될 수 없다. 사실 많은 해설서를 읽어도 정언 판단의 '장미는 식물이다'는 다루어져 설명됨에도 불구하고, 가언 판단에 대해 구체적인 예는 거론되고 있지 않으며, 『논리의 학』의 본문을 약간 손보는 것과 같은 설명이 이루어질 뿐이다. 그것도 그럴 것이 가언 판단의 구체적인 예는 헤겔 자신의 텍스트에서는 제시되어 있지 않으며, 필요에 따라 '자신의 기억으로부터 추출하여 그것을 완전하게 만든다'라고 하는 헤닝의 보론에서도 발견되지 않기 때문이다. 이로 인해 연구자들 가운데는 스스로 구체적인 예를 고안하여 제시한 자들도 있었지만, 논의가 착종되어 있었다.[14]

1831년의 칼 헤겔의 강의록에 헤겔 자신의 가언 판단의 구체적 예가 거론되어 있어 논의는 겨우 매듭지어진다. 그것은 '파랑이 있으면 노랑이 존재해야만 한다'와 '밝음은 어둠에서 나타나며, 어둠은 밝음에서 나타난다'(GW 23/2. 782)라는 것으로, 종과 종의 관계를 보여준 것이었다. 색의

••
14. '만약 A가 있으면 B가 있다'라는 정식에서 제시되는 헤겔의 독특한 가언 판단의 구체적 예에 대해서는 유형화하자면 '종이 있으면 유가 있다', '유가 있으면 종이 있다', '종이 있으면 종이 있다'라는 세 개의 안이 제출되어 있었다. 이 점에 대해 상세한 것은 다음의 것을 참조. 赤石憲昭, 「ヘーゲルの「假言判斷」の具體例をめぐって」『ヘーゲル論理學研究』 제9호, 2003년, 57–74쪽.

예에 맞추게 되면 정언 판단은 '파랑은 색이다'라고 할 수 있는데, 색이 없는 파랑은 존재하지 않듯이 파랑과 색의 관계는 필연적이다. 그러나 색은 파랑뿐만 아니라 그 밖에 노랑과 빨강도 존재한다. 이처럼 정언 판단에서는 제시되지 않았던 여러 종의 존재를 제시한 것이 가언 판단이었던 것이다. 전자의 예에 대해 헤겔은 '이 점은 우선 외적인 표상에는 나타나지 않지만, 노랑과 파랑은 색의 본성에 의해 결합되어 있다'라고 하여 이 판단의 근저에 '색'(유)이 놓여 있다는 것을 시사하고 있다. 그 근저에 놓여 있는 '색'(유)을 명시화하여 규정하는 것이 다음의 선언 판단인데, 이 선언 판단과의 관계도 이 색의 예에 의해 대단히 명료해진다.

헤겔은 선언 판단의 예로서 우선 '색은 파랑이든가 노랑이든가 빨강이든가 초록이다'를 들고, 색이 이런저런 종으로 분해되어 있다고 설명한다. 그러나 선언 판단은 이와 같은 '저것이든가 이것이든가'의 형식을 지니는 한편, '색은 이 모든 것이기도 하다. 색은 한편이기도 하고 다른 편이기도 하다'라고 하는 '저것도 이것도'의 형식도 지닌다고 한다. 이처럼 전자의 예에서는 색이 포함하는 자립적인 종들을 열거하지만, 이것은 무한히 계속해서 들지 않으면 완성되지 않는다. 이와 같은 결함을 극복하기 위해 후자의 예에서는 전체가 포괄되며, 그리고 이 양자의 통일에 의해 '색'이라는 유를 남김없이 나타내고자 한다. 이와 같은 상태를 보여주는 구체적 예는 강의록에서는 들고 있지 않지만, 『논리의 학』에서는 '색은 밝음과 어둠의 통일이다'(GW 12. 83)라는 표현이 보인다. 이렇게 '밝음과 어둠의 통일'로 표현함으로써 파랑과 노랑과 같은 종들을 열거하지 않고서 그로부터 모든 색을 원리적으로 도출하는 형태로 종의 전체가 제시되며, '색'이라는 주어의 내용에 술어가 일치하는 필연적인 판단이 완성되는 것이다. 또한 '또는'으로 연결되어 있던 가언 판단의 두 개의 정식은 동일한 것의 말 바꾸기가 아니라 두 종류의 구체적 예에 각각 대응하는 정식이라는 점도 밝혀진다. 이처럼 1831년의 강의록에 의해 비로소 제시된 가언 판단의 구체적 예에 의해 가언 판단의 내용은 물론이고 정언 판단, 선언 판단을 포함하는 '필연성의 판단' 전체의 이와 같은 논리 전개도 명확히 떠오르게 되는 것이다.

헤겔의 논리학을 이해하기 위해서는 『논리의 학』과 씨름하지 않으면 안 되지만, 『논리의 학』은 대단히 추상적인 까닭에 저도 모르는 사이에 헤겔의 의도와는 다른 해석을 하고 말 가능성이 대단히 많이 존재한다. 여기서 보았듯이 강의록에서의 헤겔 자신에 의한 구체적인 설명을 원용함으로써 그 추상적이고 난해한 논의를 좀 더 정확히 이해하는 것이 가능해진다. 강의록의 상세한 연구가 진전됨으로써 헤겔 논리학에 대한 이해를 심화시켜 주는 이와 같은 구체적인 예와 정보가 그 밖의 것들에서도 발견될 것이 크게 기대되는 것이다.

나가며

이 장에서는 처음에 『헤겔 전집』 제23권에 수록된 9개의 강의록에 대해 간단히 그 특징을 개관하고 헤겔의 사상 형성의 발자취를 살펴보았다. 다음으로 1823년의 호토 강의록과 헤닝의 보론을 비교, 대조함으로써 헤닝이 호토 강의록으로부터 어떻게 보론을 작성했으며, 또한 어떠한 편집상의 문제점이 있는지를 구체적으로 검토했다. 마지막으로 1831년의 칼 헤겔의 강의록에서 비로소 발견된 가언 판단의 구체적 예에 의해 『논리의 학』의 이해가 얼마나 깊어질 수 있는지를 고찰했다. 이것들은 강의록 연구가 지니는 의의의 일단을 보여준 데 지나지 않으며, 이후 강의록에 대한 상세한 검토가 진전되어 가면 그 밖에도 다양한 가능성과 발견이 찾아지게 될 것이다. 각각의 강의는 각자의 맥락을 지니고 있어 강의록을 단일한 개체로 이해해 가는 것도 중요하지만, 어떤 규정에 대해 각 연도의 설명을 비교하며 읽어 이해를 심화시키는 것도 가능하다. 새로운 강의록에 기반한 다양한 시도를 통해 헤겔 논리학 연구는 한층 더 전진할 것임이 틀림없다. 그러나 이것은 단지 연구에서의 의의를 지니는 것에 머물지 않는다. 헤겔의 논리학은 긍정 판단의 검토에서 보았듯이 우리가 평상시 아무렇지도 않게 사용하는 사유 규정이 '어느 정도나 진실인가'를 비판적으로 음미하는 것인바, 헤겔 논리학 연구에 대한 이해는 우리가 사유하는 데서도 대단히 유익할 뿐만 아니라, 사유가 인간과 동물을 구별하는 본질인 한에서 이 사유의 본성을 분명히 하는 것은 '우리가 무엇인지를 아는 것'으로 연결되는 중요한 의미를 지닌다(GW 23/2. 657). 추상적이고 난해한 헤겔 논리학이지만, 사실은 우리 자신과 이렇게 밀접한 관계를 지니고 있다는 것이 많은 구체적 예에 의해 제시되는 것도 학생들을 앞에 두고 이야기된 강의록이 아니고서는 볼 수 없는 매력이다.

제2장 논리학·형이상학 강의 — 「예비 개념」의 성립

사나다 미사眞田美沙

들어가며

헤겔 논리학·형이상학에 대한 새로운 강의록인 제23권의 제1부는 트록슬러(1801년 겨울 학기), 고트(1817년 여름 학기), 호토(1823년 여름 학기), 코르봉(1824년 여름 학기), 켈러(1825년 여름 학기), 저자 불명(1826년 여름 학기)의 여섯 개의 강의로 이루어진다. 그에 이어지는 제2부에는 1828년부터 1831년에 걸친 리벨트(1828년 여름 학기), 롤랭(1829년 여름 학기), 칼 헤겔(1831년 여름 학기)에 의한 강의록이 포함되어 있다. 논리학 강의는 가장 빈번하게 행해진 과목이며,[1] 논리학·형이상학에 관한 새로운 강의록의 간행은 특히 『논리의 학』「존재에 관한 학설[존재론]」의 제1판(1812년)으로부터 제2판(1832년)까지의 거의 20년에 걸치는 동안 어떠한 사상적 변화가

••
1. ウド・ラーマイル 編, カール・ヘーゲル 筆記, 『G. W. F. ヘーゲル論理學講義 ── ベルリン大學, 1831年』, 牧野廣義·上田浩·伊藤信也 譯, 文理閣, 2010년, 264쪽.

보이는가 하는 발전사적 관점에서도 중요하다. 더 나아가 『논리의 학』 「개념에 관한 학설[개념론]」(1816년) 출판 후의 헤겔 논리학의 변화에 대해서는 『엔치클로페디』 제1판(1817년), 제2판(1827년), 제3판(1830년)과 오랜 강의록을 주된 실마리로 하여 더듬을 수 있을 뿐이었지만, 이후에는 이 변천 과정에 대해 좀 더 상세히 연구하는 것이 가능해졌다고 말할 수 있다.

지금까지의 많은 선행 연구가 제시해 왔듯이 『엔치클로페디』의 개정에 관해 논의할 때 거론해야 할 문제는 「객관성에 대한 사상의 세 가지 태도」를 포함하는 「예비 개념」의 기술에서의 변화이다.[2] 왜냐하면 제1판과 제2판·제3판을 비교했을 때 「서론」과 「예비 개념」 부분의 확장을 분명히 알아볼 수 있기 때문이다.[3] 헤겔은 『엔치클로페디』 제2판의 논리학에로의 도입

· ·
2. 이 강의록의 편자인 안네테 젤은 강의록에서의 「예비 개념」에 주목하고 있다. Annette Sell, Der »Vorbegriff« zu Hegels enzyklopädischer Logik in den Vorlesungsnachschriften, in: »Vorbegriff« zur Wissenschaft der Logik in der Enzyklopädie von 1830, hrsg. von Alfred Denker, Annette Sell und Holger Zaborowski, Freiburg/München: Alber, 2010. 2011년 3월 15일에 히토쓰바시대학에서 있었던 안네테 젤의 강연 「강의록으로부터 본 헤겔 논리학」의 원고는 헤겔 논리학의 강의록 편집 작업에서의 문제와 개개의 강의록에 대한 소개를 담고 있는데, 후자는 2010년의 앞에서 제시된 젤의 논문에 기초하고 있다. アンネッテ·ゼル, 「講義録の中に見るヘーゲル論理學」, 牧野廣義 譯, 『阪南論集 ─ 社會科學 編』 제48권 제1호, 2012년, 67─76쪽. 또한 루카스는 예비 개념에 대해 중요성을 인정하지 않는 풀다에 맞서 강의록에서 예비 개념이 차지하는 비율이 『엔치클로페디』와 비교하여 커다랗다는 점을 지적하고 예비 개념의 중요성을 강조하고 있다. Hans─Christian Lucas, Hegels Vorlesungen über Logik und Metaphysik. Mit besonderer Berücksichtigung der Berliner Zeit, in: Hegel─Studien, Bd. 26, S. 40. (ハンス·クリスチャン·ルーカス, 「論理學·形而上學講義」, オットー·ペゲラー 編, 『ヘーゲル講義録研究』, 法政大學出版局, 2015년, 106쪽.)
3. 『엔치클로페디』 제2판·제3판에서는 「서론」(제1절─제18절)에 「예비 개념」(제19절─제83절)이 이어진다. 이 장에서 '예비 개념의 서두 부분'이라고 말할 때는 제2판·제3판의 제19절─제25절 내지는 1826년 이전의 강의록에서 그에 대응하는 부분을 가리킨다. 「객관성에 대한 사상의 세 가지 태도」는 제26절─제78절에서 전개된다.

역할을 하는 부분의 확장에 대해 프로테스탄트 신학자인 칼 다우프에게 보낸 1826년 8월 15일 자의 편지에서 다음과 같이 말하고 있다. '제가 거기서 구별한 입장들 [객관성에 대한 사상의 세 가지 태도]의 논술은 유행하는 관심에 적합하게 한다는 의도에 기초하고 있습니다. 그러나 제게 있어 이 도입은 한층 더 어려워졌습니다. 왜냐하면 이 도입은 곧바로 철학 그 자체 앞에 자리하지 그 속에 자리하는 것이 아니기 때문입니다.'[4] 이 편지에서는 '철학'(요컨대 「예비 개념」에 이어지는 논리학의 본론)에로의 '도입'[5](요컨대 「서론」·「예비 개념」 부분)의 자리매김에서 기인하는 딜레마 가 지적되고 있는 것을 알 수 있다. 철학에로의 도입을 위한 부분이 헤겔에게 있어 어려운 것이었다는 것은 도입 부분이 해마다 조급하게 계속해서 변화했 다는 사실로부터도 알아볼 수 있다.

그러면 어떻게 해서 「예비 개념」은 철학의 도입으로서 형성되었던 것일 까? 이하에서는 시계열에 따라 비교 검토해 보고자 한다. 『엔치클로페디』 제1판으로부터 제2판까지의 변화에 대해서는 1817년의 고트에 의한 강의록, 1823년의 호토에 의한 강의록, 1824년의 코르봉에 의한 강의록, 1825년의 켈러에 의한 강의록, 1826년의 필자 불명의 강의록을 볼 필요가 있다. 그리고 마찬가지로 제2판으로부터 제3판에 걸친 변화는 1828년의 리벨트의 강의록과 1829년의 롤랭의 강의록을 실마리로 하여 더듬어 나갈 수 있다. 최종적으로 『엔치클로페디』 제3판(1830년), 다음 해의 칼 헤겔의 강의록 (1831년), 『논리의 학』 「존재에 관한 학설[존재론]」 제2판(1832년)에서 이상

. .
4. *Briefe von und an Hegel*, hrsg. von Johannes Hoffmeister, Bd. 3, Hamburg, 1969, S. 125 ff. 칼 다우프는 헤겔의 친우인 동시에 하이델베르크대학에서의 동료이며, 『엔치클로페디』 제2판의 출판에 있어 헤겔을 도와주었다. 『G. W. F. ヘーゲル論理學講義 — ベルリン大學, 1831年』, 274쪽.
5. 「서론(Einleitung)」과 「예비 개념」의 대응 부분에 대해서는 각주 3에서 말한 대로지만, 헤겔은 「예비 개념(Vorbegriff)」을 '도입(Einleitung)'이라 부르고 있다. 『G. W. F. ヘーゲル論理學講義 — ベルリン大學, 1831年』, 304-305쪽.

의 변화가 도달한 종착점을 볼 수 있다.

그리하여 이 장에서는 우선 논리학의 도입에 대한 배경을 확인한 다음, 고트, 호토, 코르봉, 켈러의 강의록을 비교함으로써 「서론」과 「예비 개념」의 변천을 살펴 나가고자 한다. 그 후 1826년의 필자 불명의 강의록에서의 새로운 변화를 확인하고, 마지막으로 『엔치클로페디』 제2판 이후의 리벨트, 롤랭, 칼 헤겔의 강의록에서의 변화를 살펴보기로 한다.

제1절 논리학의 도입 부분

『논리의 학』 「존재에 관한 학설」 제1판 서문에서 『정신현상학』은 철학 체계의 제1부로 여겨지고 있었다. 후에 이 표제는 제거되고, 이에 이어지는 제2부 대신에 『엔치클로페디』가 출판되게 되었다. 이와 같은 경위에 관한 관심 아래 현상학이 헤겔 논리학의 도입이라는 자리매김에 놓여 있는지 아닌지의 문제가 풀다에 의해 지적되고, 그에 대해 플라흐와 루카스가 비판적 검토를 해왔다.[6] 그러면 헤겔은 『논리의 학』 제1판 서문에서 『정신현

---

6. 풀다는 어떻게 해서 엔치클로페디의 예비 개념과 체계에서의 현상학적 도입을 구별할 것인가라는 물음을 제기하고 있으며, W. 플라흐, H. C. 루카스, 누초 등도 역시 이 문제를 논의하고 있다. Hans Friedrich Fulda, *Das Problem einer Einleitung in Hegels Wissenschaft der Logik*, Frankfurt a. M. 1965. Hans Friedrich Fulda, Vorbegriff und Begriff von Philosophie bei Hegel, in: *Hegels Logik der Philosophie. Religion und Philosophie in der Theorie des absoluten Geistes*, hrsg. von Dieter Henrich und Rolf-Peter Horstmann, Stuttgart, 1984, S. 13–34. Werner Flach, Zum »Vorbegriff« der Kleinen Logik Hegels, in: *Der Idealismus und seine Gegenwart. Festschrift für Werner Marx*, hrsg. von Ute Guzzoni, Bernhard Rang und Ludwig Siep, Hamburg, 1976, S. 133–146. Hans–Christian Lucas, Der »Vorbegriff« der Enzyklopädischen »Logik« doch als Einleitung im empathischen Sinne?, in: *Hegel–Studien*, Bd. 26, 1991, S. 218–224. Hans–Christian Lucas, *Hegels enzyklopädisches System der Philosophoie von der »Wissenschaft der Logik« zur Philosophie des absoluten Geistes*,

상학』과 『논리의 학』의 연관을 어떻게 설명하고 있었던 것일까? 거기서는 양자의 관계가 '자연적이고 정신적인 생명'으로서의 '순수 본질'의 자기 운동이라는 개념을 사용하여 설명되고 있다. '순수 본질의 자기 운동은 그 정신적 생명이며, 그에 의해 학문이 구성되는 것이고, 그 서술이 학문이다. …… 확대된 기획 속에서 논리학은 정신현상학의 최초의 속편을 이룬 다.'(GW 11. 8) 한편 『논리의 학』「존재에 관한 학설」 제2판에서는 순수 본질 개념에 의한 설명은 사라지고, 거기에 언어가 지니는 사유 형식(GW 21. 10), 범주의 무의식적인 사용(GW 21. 13), 논리학의 직무로서의 범주의 순화(GW 21. 16)라는 새로운 관점이 등장한다. 거기서 관철되고 있는 것은 일상적인 인간의 활동 속에서 무의식적으로 사용되고 있는 언어의 사유 형식을 의식 아래로 가져와 대상화하고, 그 대상에 대해 외면성으로부터 구별되는 본질 내지 논리적인 것을 끌어낸다고 하는 이해이다. 인간이 평상시 의식하는 일 없이 사용하고 있는 것의 규칙과 법칙을 추출하는 것은 동시에 정신이 자기 자신을 아는 과정이기도 하다. 이러한 논리학의 본질에 대한 이해는 사유 형식을 소재에 대한 외적이고 주관적인 형식으로서 다루는 형식논리학에 대한 비판에 뿌리박고 있다. 『논리의 학』 서문의 도입에 해당하는 부분을 비교하는 것만으로도 그사이에 언어와 그 사용에서 의 무의식, 거기서의 논리학의 역할 등, 많은 관점이 새롭게 등장하고 있는 것을 알 수 있다. 더 나아가 제2판의 「학문의 시원은 무엇으로 마련되어 야만 하는가?」 부분에서는 직접성과 매개라는 두 가지 규정이 불가분하며, 양자의 대립은 하잘것없다는 것이 명확하게 기술되게 된다(GW 21. 54).

『논리의 학』 「존재에 관한 학설[존재론]」 제1판(1812년)으로부터 「존재에 관한 학설」 제2판(1831년)까지의 20년간의 변화 과정을 분명히 하기 위한 실마리로서 지금까지는 『엔치클로페디』의 제1판(1817년)으로부터 제3판(1830년)이 참조되었지만, 그럼에도 불구하고 1817년부터 1827년까지의

• •
    hrsg. von Burkhard Tuschling und Ulich Vogel, Stuttgart, 2004.

변화를 그로부터 좀 더 분명히 할 수는 없었다. 그러나 새롭게 간행된 강의록의 견지를 도입함으로써 공백 기간 중의 헤겔의 관심이 보여주는 추이를 밝히는 것이 가능해진다. 그리하여 다음 절부터는 구체적으로 새로운 강의록에서의 도입 부분에 초점을 맞추어 가기로 한다.

제2절 고트, 호토, 코르봉, 켈러에 의한 강의록들

1817년의 고트에 의한 강의록[7]은 『엔치클로페디』 제1판에 주석을 베푸는 의도에서 구상되어 있다.[8] 실제로 고트의 강의록은 『엔치클로페디』의 절에 대응하여 쓰여 있다. 그로 인해 이 강의록은 『엔치클로페디』의 보완적인 역할을 하며 공통점도 많다. 1817년 시점에서의 논리학의 도입 부분의 기술에서 우선 특징적인 것은 「예비 개념」의 서두 부분(제13절-제16절)에서 '논리적인 것의 세 측면'인 '(α) 추상적 내지 지성적 측면', '(β) 변증법적 내지 부정적-이성적 측면', '(γ) 사변적 내지 긍정적-이성적 측면'이 거론되고 있다는 점이다(GW 13. 24).[9] 이것은 『엔치클로페디』 제3판(제79절-제82

• •

7. 이미 출판되어 있던 고트의 강의록으로서는 아래의 것이 있다. G. W. F. Hegel, *Vorlesungen über Logik und Metaphysik, Heidelberg 1817, mitgeschrieben von F. A. Good*, hrsg. von Karen Gloy, Bd. 11. Hamburg, 1992.

8. Karen Gloy, Hegels Logik-Vorlesung aus dem Jahre 1817 in: *Hegel–Studien*, Bd. 26, 1991, S. 29. (カーレン・グロイ, 「論理學講義」, オットー・ペゲラー 編, 『ヘーゲル講義錄研究』, 法政大學出版局, 2015년, 92쪽.)

9. 누초가 지적하고 있듯이 '논리적인 것의 세 측면'에 해당하는 기술은 이미 1812년의 『김나지움에서의 철학적 예비학의 강연』(*Über den Vortrag der philosophischen Vor-bereitungs–Wissenschaften auf Gymnasien*)에서 볼 수 있다. Angelica Nuzzo, Das Problem eines »Vorbegriff« in Hegels spekulativer Logik, in: *Der »Vorbegriff« zur Wissenschaft der Logik in der Enzyklopädie von 1830*, hrsg. von Alfred Denker, Annette Sell und Holger Zaborowski, Freiburg/München: Alber, 2010, S. 112 f. G. W. F. Hegel, *Nürnberger Gymnasialkurse und Gymnasialreden (1808–1816)*, hrsg. von Klaus

절)에서는 「예비 개념」의 뒤쪽에 마찬가지 형식으로 제시되어 있다. 그 때문에 '논리적인 것의 세 측면'이 왜 뒤의 위치로 이동했는지 묻지 않으면 안 될 것이다.[10]

다음으로 『엔치클로페디』 제2판 이후에 등장하게 되는 「객관성에 대한 사상의 세 가지 태도」라는 표제는 1817년 시점에서는 아직 주어져 있지 않으며, 세 가지 태도 가운데 처음 두 가지 '오랜 형이상학'과 '경험주의' · '칸트 철학'이 있는 것에 그치고 있다. 『엔치클로페디』 제2판과 제3판을 염두에 두면, 1817년 시점에서는 제3의 태도인 '직접지'에 대한 기술이 전혀 존재하지 않는다.[11] 첫 번째 태도인 '오랜 형이상학'(제18절–제25절)이 대상으로 하는 것은 이성에 속하는 총체로서의 신 · 세계 · 영혼이라는 보편적인 것이다. 이것들은 교조주의에 지나지 않는다(GW 13. 26 f). 나아가 존재론 · 이성적 심리학 · 우주론 · 이성적 신학이라는 형이상학의 내적 구분에 대해 상세히 고찰된다. 이것에는 두 번째 태도에 해당하는 제1계기 '경험주의'(제26절)와 제2계기 '칸트 철학'(제27절–제34절)이 이어진다. 『엔치클로페디』 제2판에서는 이 비판 철학 부분이 칸트의 세 가지 능력, 요컨대 이론적 능력 · 인식 그 자체, 실천 이성, 반성적 판단력에 따라 논술이 진전되고 있는데 반해, 1817년 시점에서는 이론적 능력과 인식의 문제에 초점이 맞춰져 있다.[12]

· ·

Grotsch, in: *Gesammelte Werke*, Bd. 10/2, Hamburg, 2006, S. 830.

10. 이시카와 가즈노부에 따르면 역사적 과정으로서의 「예비 개념」은 그 뒤에 배치된 '세 측면'에 대해 도입의 역할을 한다. 또한 그 양자를 직접적으로 동일시하는 것의 어려움에 대해서도 지적되고 있다. 石川和宣, 「學への導入としての思惟の歷史 ―「思想(思惟)の客觀性に對する三つの態度」についての考察」, 『ヘーゲル哲學研究』 제16호, 일본 헤겔 학회, 2010년, 134쪽.

11. Birgit Sandkaulen, *Dritte Stellung des Gedankens zur Objektivität. Das unmittelbare Wissen*, in: *Der »Vorbegriff« zur Wissenschaft der Logik in der Enzyklopädie von 1830*, hrsg. von Alfred Denker, Annette Sell und Holger Zaborowski, Freiburg/München: Alber 2010, S. 172. 「예비 개념」의 본래 형태는 『야코비 비평』 이래의 것이지만, 그 시점에서는 직접지에 대한 설명이 빠져 있다.

'칸트 철학'에 이어지는 것은 학문의 입장에 서기 위한 전제의 단념이다. 거기서는 의식의 역사가 절대적인 단서가 아니라 철학의 원환의 요소이며, 회의주의가 도입으로 된다는 것이 제시되어 있다(GW 13. 34).

그리하여 세 가지 태도에 해당하는 부분과 그 전 단계 부분의 변화에 대해 시계열에 따라 비교해 보고자 한다. 여기서는 1823년의 호토에 의한 강의록, 1824년의 코르봉의 강의록, 1825년의 켈러의 강의록을 다룬다. 이것들은 모두 1817년의 『엔치클로페디』에 기초하여 행해진 강의이다.

호토의 강의록 자체는 레오폴트 폰 헤닝이 베를린 판 『헤겔 전집』[13]을 편집할 때 제시하고 있는 것으로 1823년의 강의로는 알려지지 않았지만, 헤겔 연구 가운데서는 이미 알려져 있다고 말할 수 있다.[14] 이 강의록의 단편은 「예비 개념」에 대응하는 부분(제12절–제31절)만을 담고 있으며, 존재에 관한 학설·본질에 관한 학설·개념에 관한 학설을 포함하고 있지 않다. 「예비 개념」 서두 부분에서는 1817년 시점에 그 부분에 놓여 있었던 '논리적인 것의 세 측면'은 언급되지 않으며, 객관적인 사상에 이르기까지의 세 계기가 설명된다. 사상은 처음에는 자의적·우연적인 것이지만, 사상에 의해서야말로 신의 본성에 도달할 수 있다. 헤겔은 이와 같은 사상의 발걸음에 세 개의 단계를 설정한다. 첫 번째 단계는 '주관적 활동'이며, 두 번째 단계는 '추사유', 세 번째 단계는 '객관적 사유'이다(GW 23/1. 160 f.).

첫 번째 단계인 '주관적 활동'이란 학문으로서 습득되는 사유의 활동인데, 이 단계에서 사유는 아직 유한한 사유이다. '단순한 주관적 활동으로서의 사유를 이제 우리는 알아야만 한다. 관심, 즉 그 상세한 규정은 규칙과 법칙, 규정성, 사유의 형식이며, 이러한 규정들을 알기에 이르는 것은 학문의

••
12. 고트 강의록에서는 제28절 중간부터 제30절까지가 누락되어 있다.
13. *G. W. F. Hegel's Werke. Vollständige Ausgabe durch einen Verein von Freunden des Verewigten*, Berlin, 1840.
14. Annette Sell, Der »Vorbegriff« zu Hegels enzyklopädischer Logik in den Vorlesungs-nachschriften, S. 69.

관심과 목적인바, 즉 제약을 경험으로부터 알기에 이르는 것과 같은, 사유의 제약에 대한 올바른 지식일 것이다. …… 학문에서의 관심은 그 경험에서 유한한 사유를 알기에 이르는 것이며, 학문은 그 전제된 대상에 대응하는 것에 의해 올바르다. 따라서 사유는 여기서는 유한한 사유이다. 일반적인 논리학은 그 형식에 몰두하며, 그리고 그 논리학은 그 유한성을 지닌다.'(GW 23/1. 161 f.) 여기에서 전제된 것은 아리스토텔레스의 형식논리학이다.

두 번째 단계인 '추사유'는 '단순한 형식적 사유의 객관에 대한 관계'라고도 바꿔 말해진다. '추사유'에는 그로부터 더 나아가 세 개의 계기가 주어져 있다. 추사유의 첫 번째 계기는 보편적인 것이 특수한 것으로부터 인식되는 것이다. 예를 들면 이것은 어린이가 언어가 지니는 규칙을 생각해 내고, 특수한 경우를 규칙에 따르게 하는 능력이다. 추사유는 대상의 관찰에서 특수한 경우를 지배하고 있는 보편적인 것으로서의 규칙을 가져온다. '지속적인 것은 추사유를 가져온다. …… 추사유는 우리에게 항상적으로 머무르는 공통의 것을 가져온다.'(GW 23/1. 163) 감각적 물체의 운동에 대한 법칙들도 이 추사유에 의해 주어진다. 이처럼 추사유는 언어의 규칙이나 자연법칙 등의 보편적인 것을 특수한 대상으로부터 끌어내는 능력이다. 추사유의 두 번째 계기는 추사유의 활동에 의한 직접적인 감각적 개물의 변화·매개이다. 추사유에 의해 초래된 산물은 보편적인 것이지만, 정신과 사상에 의해 포착되기 때문에 직접적이고 외적인 것이 주관적인 것으로 변화하게 된다. 추사유의 세 번째 계기는 추사유에 의한 변화를 통한 참된 것으로의 도달인바, 여기에는 객관적인 것과 주관적인 것의 통일이 놓여 있다. 이상이 추사유가 지니는 세 계기이다.

사상의 세 번째 단계는 '객관적 사유'이다. 앞의 추사유에 의해 본질적인 것, 요컨대 객관적 사상이 초래되지만, 인간은 이 사상에 의해 자연적인 것, 요컨대 동물로부터 구별된다(GW 23/1. 167). 헤겔은 여기서 '누스가 세계를 지배한다'라는 아낙사고라스의 말을 증거로 삼는다. '사상 일반의 보편적인 것, 즉 누스는 객관적임과 동시에 주관적이다.'(GW 23/1. 168)

이 누스는 자연에 의해서는 의식에 주어지지 않으며, 인간에 의해 비로소 이 보편적인 것이 보편적인 것에 대해 있다고 하는 식으로 이중화되게 된다. 이리하여 우리는 논리학 속에서 순수하게 자기 자신 곁에 존재하는 사유를 고찰하는 것이라고 한다(GW 23/1. 172).

앞에서 거론한 세 개의 단계에서는 주관적 활동에서 사용되고 있었던 것으로부터 법칙 등의 보편적인 것이 추출되고, 객관적인 것이 주관적인 것으로 변화되는 것을 통해 양자의 통일이 실현되는 과정이 그려지고 있다. 여기서는 『논리의 학』 제2판의 서문에서 전개되고 있는, 일상적으로 무의식 적인 방식으로 사용되고 있는 사유 규정을 순화한다고 하는, 도입 시도의 맹아를 읽어낼 수 있다. 다만 이 강의록의 시점에서는 확실히 어린이의 언어 규칙의 예가 거론되고 있기는 하지만, 아직 전체적으로 언어 사용과 그로부터 학문적으로 논리적인 것을 추출한다고 하는 관점으로부터 전개되 고 있는 것은 아니다.

이상의 주관적 활동, 추사유, 객관적 사유의 세 단계 뒤에는 『엔치클로페 디』 예비 개념의 '객관성에 대한 사상의 세 가지 태도'에 대응하는 내용이 이어진다. 그러나 아직 이 1823년 시점에서는 1817년 시점과 마찬가지로 『엔치클로페디』 제2판 이후에 등장하게 되는 '객관성에 대한 사상의 세 가지 태도'라는 표제는 주어져 있지 않으며, 또한 세 가지 태도 가운데 처음 두 가지, 요컨대 오랜 형이상학과 경험주의·칸트 철학의 입장만이 논의되고 있다. 나아가 본래대로라면 제34절까지 칸트 철학이 논의되겠지 만, 제31절에서 중단되고 있다. 이러한 단편적 성격을 지니는 호토의 1823년 강의록에 반해, 1824년과 1825년의 강의록에서는 세 번째 태도에 해당하는 내용이 서서히 논의되게 된다.

1824년의 코르봉에 의한 강의록은 논리학의 전체적 내용을 담고 있으며, 제33절부터 세 번째 태도 '직접지'에 해당하는 입장이 언급된다. 그러나 그 강의의 밑받침이 아직 『엔치클로페디』 제1판인 점을 고려하면, 본래 제34절까지는 칸트 철학이 논의되어야 했다. 그럼에도 불구하고 1824년 강의록에서는 칸트 철학만이 아니라 야코비와 피히테도 언급되고 있다. 그때 칸트와 야코비의 철학은 동일한 문제 계열 아래 논의된다. '신에 대한 직접지, 즉 보편적인 것에 대한 직접지는 최고의 것이라고 후에 말해지며, 불완전한 것이 최고의 것이라고 하는 칸트적인 견해의 개량으로 간주되었다. 인식하는 것에 관한 규정들은 부분적으로 칸트 철학에 속하고, 부분적으로 야코비 철학에 속한다. 이 규정들은 칸트 철학에서는 인식하는 것이란 주관적인 어떤 것이라고 하는 것이다. 이것은 인식하는 것에 관한 특히 칸트적인 규정이다. …… 야코비 철학에서는 범주의 이러한 규정들은 그 자체로 유한적이다. 범주의 규정들은 소재를 필요로 하고, 따라서 제약된 관계들이다. 범주의 규정들은 그 보편성 자체에서는 다시 특수적인 것이다. 인식하는 것, 규정하는 것에 의해 우리는 바로 보편적인 것을 유한으로 만들고 유한화하는 것이다. …… 이것은 주로 야코비의 측면이다.'(GW 23/1. 244 f.)[15] 이 내용은 『엔치클로페디』 제2판 이후에는 '직접지'의 입장(제62절)에서 논의되는 내용이다.

다음 해의 켈러 강의록(1825년)은 강의록이 전해지는 상황으로 인해 '직접지'에 해당하는 내용에서 시작되고 있다.[16] 켈러 강의록의 직접지에 해당하는 부분에서는 주로 신앙과 실재의 연관이 제시되어 있다(GW 23/1.

• •

15. 이시카와 가즈노부에 따르면 『신앙과 앎』(1802년)에서는 술어화되어 있지 않았던 '직접지' 개념은 후년의 야코비 재평가에 수반하여 사용되게 되었다. 또한 미슐레 판 『철학사 강의』(1836년, 1840년)에서는 야코비가 칸트 이전의 철학자로서 자리매김하고 있는데 반해, 가르니론/예슈케 판 『철학사 강의』(1825/26년)에서는 칸트·피히테 이후, 셸링 이전의 철학자로서 배치되어 있다는 것이 지적되고 있다. 石川和宣, 「<時代と個人の精神的教養形成の轉換點>としてのヤコービ —— ヘーゲル哲學における <直接知>論の展開」, 『宗教學研究室紀要』 제6권, 2009년, 54-88쪽.

16. 젤에 따르면 1825년의 여름 강의는 4월에 시작되었지만, 강의록 자체는 6월 2일부터 시작되고 있다. 철학적인 이유에 의해 '직접지'로부터 개시되었던 것은 아니다. Annette Sell, Der »Vorbegriff« zu Hegels enzyklopädischer Logik in den Vorlesungs-nachschriften, S. 73.

311). '신앙이 믿는 다른 것은(첫 번째 것은 무한한 것, 즉 신에 존재가 부수한다고 하는 것이었다) 외적인 사물들이 실재성을 지닌다고 하는 것이다. 야코비는 "나는 내가 하나의 신체를 지니며, 다른 사물들이 있고, 그리고 실재성은 필연적으로 내가 표상하는 것과 결합해 있다"라고 말했다.'(GW 23/1. 311) '감각적 사물들을 사람들은 직접적으로 아는바, 요컨대 보고 느낀다. 그러나 그것은 정신적 대상들에서는 다르다. 직접지는 신에 대한 확신이며, 사람들은 대상과 사상에 익숙해져 있는 한에서 그것에 대해 직접적으로 안다고 하는 것이 덧붙여질 수 있다.'(GW 23/1. 315) 이처럼 켈러의 강의록은 직접지에 관한 상세한 설명을 담고 있지만, 과연 이 1825년의 강의에서 비로소 직접지의 입장이 체계적으로 논의되었는지는 명확하지 않다.

제3절 필자 불명의 강의록

여기서는 1826년의 필자 불명의 강의록을 다루고자 한다.[17] 이 강의록은 「예비 개념」 전체에 관한 내용을 담고 있다. 이 강의록에서 다시 주목하고 싶은 것은 예비 개념의 서두 부분이다. 이 부분에서는 1817년의 『엔치클로페디』 제1판과 고트의 강의록에서는 '논리적인 것의 세 측면'이 제시되고, 나아가 1823년의 호토 강의록에서는 '주관적 활동', '추사유', '객관적 사유'의 세 단계가 제시되어 있었다. 그러나 1826년의 필자 불명의 강의록에서는 이러한 두 개의 논리학 도입을 위한 틀이 예비 개념의 서두 부분에서

• •
17. 1826년의 필자 불명의 강의록은 동일한 필자에 의한 1826년의 미학 강의록과 함께 묶여 있다. Annette Sell, Der »Vorbegriff« zu Hegels enzyklopädischer Logik in den Vorlesungsnachschriften, S. 74. アンネッテ・ゼル,「講義錄の中に見るヘーゲル論理學」, 牧野廣義 譯, 74쪽.

채택되어 있지 않으며, 그 대신에 이전 강의록에는 없었던 '사유의 세 가지 양식'이 제시되어 있다. 사유의 세 가지 양식이란 '1. 사유가 싸여 담긴 양식 또는 감각적 지각', '2. 반성의 양식', '3. 논리적 사유, 논리학과 철학의 관계'(GW 23/1. 414)이다.

'1. 사유가 싸여 담긴 양식 또는 감각적 지각'에 대해 '사유는 우리의 감각, 경향, 의지 속에 포함되어 있다'(GW 23/1. 414)라고 말하고 있듯이, 이 단계에서 사유는 확실히 존재하는 것이긴 하지만, 아무래도 그 감각에 의해 얻어진 내용은 다양하게 규정된 것에 지나지 않으며, 보편적 규정을 지니지 않는다. 그 때문에 '사유 그 자체는 감각적 행동 그 자체 속에서는 아직 거기에 없다'(GW 23/1. 415)라고 언급된다. 나아가 이 부분에서는 『세계사의 철학 강의』의 영향(중국·인도)이 읽힌다(GW 23/1. 414). 그 때문에 헤겔은 이 시기에 논리학의 도입 속에서 예로부터의 그리스보다도 좀 더 소급되는 세계사적 단서와 철학 이전의 단서와의 대응 관계도 염두에 두고 있었을 가능성이 생각된다.

이어지는 '2. 반성의 양식'에서 다루어지는 것은 '감각하고 있는 의식, 좀 더 설명된 사유, 반성의 단계, 우리의 의식의 통상적인 상태'(GW 23/1. 414)이다. 이것은 둘로 나뉘어 있다. 첫 번째는 감각으로부터 취해진 내용, 요컨대 좀 더 쾌적한 것, 좀 더 불쾌한 것이다. 이에 반해 두 번째는 보편적 규정을 산출하는 사유 규정 그 자체이다. 첫 번째 것은 감각적 내용과 사유 규정의 혼합인바, '직관할 때 생겨나는 사유를 사람들은 자연적 논리라고 부른다.'(GW 23/1. 414) 이것은 아직 사유의 산물인 보편성이나 유, 법칙, 필연성을 처리하는 단계에 놓여 있다. 그러나 이 첫 번째 것에 반해 '두 번째 것은 우리가 알지 못하는 사유, 알아차리지 못한 채로 개입하고 있는 사유, 우리의 표상으로부터 본질적인 것으로 되는 사유이다'(GW 23/1. 415)라고 언급되고 있으며, 이 '자연적 형이상학'(GW 23/1. 416)을 모든 인간이 지닌다고 한다. 개념적인 대응 관계로부터는 이 '사유의 세 가지 양식'의 '반성의 양식'과 '객관성에 대한 사상의 세 가지 태도'의 두 번째 태도인 경험주의·칸트 철학과의 연관을 읽어낼 수 있다. 그리고 그것이 보편적 규정과 법칙을 다루는 사유의 단계라는 것을 고려하면 여기서는 1823년의 호토 강의록에서 다루어진 '추사유'와의 대응 관계를 확인할 수 있다.

그러나 '추사유'라는 개념은 실제로는 '3. 논리적 사유, 논리학과 철학의 관계'의 단계에서 다루어지게 된다. 이 단계는 '추상적 규정들을 대상으로 하는 논리적 학문'(GW 23/1. 416)의 입장이라고 생각된다. 예를 들어 존재, 생성, 양과 질 등은 너무나도 잘 알려진 것으로서 나타나지만, 사상의 본성은 우리에게는 알려지지 않았다. '사상의 본성은 우리가 아주 익숙해져 있는 것과 익숙해져 있지 않은 것에 관한 연구와 추사유에 의해 비로소 알려진 것으로 된다.'(GW 23/1. 416) 이 추사유에 의해 점차로 '자연적인 사물, 신, 인간, 정신' 등의 '보편적인 것의 지식, 어떤 대상의 실체적인 것, 원인 내지 근원적 사태, 보편적 본성'(GW 23/1. 418)이 알려지게 된다. 이러한 영위야말로 논리학이다. 또한 여기서는 호토 강의록에서의 '객관적 사유' 부분과 마찬가지로 누스에 대해서도 언급된다. 새로운 점은 여기서는 경험이 '모든 시대에서의 법칙들로 간주되어야 한다'(GW 23/1. 418)라고 여겨지고 있다는 점일 것이다. '경험은 바로 사물들의 보편적인 것이며, 모든 시대에서의 법칙들로 간주되어야 한다. …… 오직 사유만이 경험을 이룬다. 인간은 경험으로부터 출발한다.'(GW 23/1. 418) 이렇게 경험의 중요성이 언급되고 있는 것은 『엔치클로페디』 제2판의 세 번째 태도 '직접지'(제67절)에서 종교와 인륜에서 교육과 교양이 매개로서 필요하다고 생각되고 있는 것과도 공통된다.

'사유의 세 가지 양식'에서의 논리학의 역할에 대한 설명은 『논리의 학』 제2판 서문에서 이야기되고 있는, 논리학에 의해 일상생활에서의 범주 사용이 학문적으로 대상화되기 전의 상태를 '무의식'으로 하는 내용을 선취하고 있다. 이 점은 1823년의 호토 강의록에서의 예비 개념의 서두 부분과 마찬가지이다.

이상의 '사유의 세 가지 양식'에는 이전의 강의록과 마찬가지로 '객관성에 대한 사상의 세 가지 태도'에 대응하는 내용이 이어진다. 여전히 첫 번째 태도와 두 번째 태도가 '1. 볼프의 형이상학, 2. 칸트의 철학'(GW 23/1. 419)으로 제시되는 데 그치고, '직접지'는 항목으로서 제시되어 있지 않다. 그러나 내용으로서는 새롭게 데카르트의 '코기토 에르고 숨'과의 연관이라는 논점이 덧붙여지고 있다. '근세에 데카르트는 다시 사유를 순수하게 전제했다. 모든 것을 소멸시키고 사유로부터 시작해야만 한다. 코기토 에르고 숨, 사유와 존재는 직접적으로 결부되어 있다. 데카르트는 사유로부터 존재를 추론한다. 원인은 작용에 직접적으로 결부되어 있으므로, 원인으로부터 작용 일반을 추론하는 것은 본래 가능하지 않으며, 더욱이 어떤 규정적 원인으로부터 어떤 규정적 작용을 추론하는 것조차도 가능하지 않은바, 따라서 코기토 에르고 숨은 하나의 추론이라고 말할 수도 없다.'(GW 23/1. 431) 이 부분에서는 『엔치클로페디』 제2판·제3판(제76절–제77절)에서 전개되고 있는 야코비와 데카르트의 공통점과 차이점까지는 명확하게 논의되고 있지 않지만, 여기에는 세 번째 태도로서의 양자가 지니는 연관의 출발점이 놓여 있다고 할 수 있다.

더 나아가 1824년까지는 「예비 개념」 서두 부분에 자리하고 있던 '논리적인 것의 세 측면'이 1826년의 강의록에서는 세 번째 태도의 뒤에 배치되고 있다. 루카스가 지적하듯이 헤겔이 1826/27년도 겨울 학기 이래로 『엔치클로페디』 제2판의 견본쇄를 소수의 제자에게 배포했다고 한다면, 1826년 여름 학기까지는 기본적으로 『엔치클로페디』 제1판에 기초하여 강의가 진행되었다고 할 수 있다.[18] 하지만 「예비 개념」의 '객관성에 대한 사상의 세

---

18. Hans–Christian Lucas, Hegels Vorlesungen über Logik und Metaphysik. Mit besonderer Berücksichtigung der Berliner Zeit, S. 37. (ハンス・クリスチャン・ルーカス, 「論理學・形而上學講義」, オットー・ペゲラー 編, 『ヘーゲル講義錄研究』, 法政大學出版局, 2015년, 102쪽.)

가지 태도'의 성립이라는 관점에서는 1826년 여름 학기 시점에는 거의 그 완성에 다가가고 있었다.

제4절 리벨트, 롤랭, 칼 헤겔의 강의록들

우선 『엔치클로페디』 제2판의 「서론」 부분(제1절–제18절)과 「예비 개념」 (제19절–제83절)에서 볼 수 있는 새로운 변화로서는 첫째로, 추사유 개념이 새로운 형식을 가지고서 설명된다는 점, 둘째로, '칸트 철학'의 기술이 이론적 능력·인식, 실천 이성, 반성적 판단력에 따른 방식으로 상세하게 된다는 점, 셋째로, '직접지'가 세 번째 태도의 항목으로서 성립하고 체계적으로 서술되고 있다는 점, 넷째로, '논리적인 것의 세 측면'의 '(β) 변증법적 내지 부정적–이성적 측면' 속에 자리매김하고 있었던 회의주의가 『엔치클로페디』 제2판에서는 세 번째 태도의 끝부분에 짜 넣어져 있다는 점이 거론된다.[19]

첫 번째 점에 대해 말하자면, 우선 서론 부분 속에서 '추사유' 개념에 기본적인 설명이 주어져 있다는 점에 주목해야만 한다. 이 서론에서는 두 개의 '추사유'가 있다고 말하고 있다(GW 20. 35). 첫 번째 추사유는 경험적 학문 속에서 작용하는 추사유다. 경험적 학문에서는 일반 법칙이나 유개념과 특수한 사례는 우연적인 관계에 놓여 있고 필연성의 형식을 충족시킬 수 없다. 그에 반해 두 번째 추사유란 이 필연성 형식의 충족을 완수하는 것을 지향하는 철학적 사유, 요컨대 사변적 사유인데, 이 두 번째 추사유는

••
19 '논리적인 것의 세 측면' 부분에서는 일관되게 두 번째 측면인 '(β) 변증법적 내지 부정적–이성적 측면' 속에 회의주의 계기가 놓여 있다. 1817년 시점에서는 '세 측면' 의 두 번째 측면에 대응시키는 형태로 두 번째 태도로서의 칸트의 입장에 대한 설명 직후에 회의주의에 대한 설명이 있었던 것이라고 추측된다(제36절).

개념이라는 형식을 지닌다. 이 서론에서의 기본적 설명에 더하여 예비 개념의 서두 부분(제20절–제23절)에서는 새롭게 '추사유' 개념에 네 개의 단계가 설정된다. 그 네 가지를 정리하면, (α) 주관적 사유, (β) 추사유, (γ) 변화를 매개로 한 추사유, (δ) 사유하는 주체로서의 정신에 의한 참된 본성의 출현이다. 추사유의 네 단계에 대한 설명은 1823년 이후 전개되고 있던 내용을 답습하고 있으며, 추사유의 두 개의 구분과 네 단계에 대한 설명은 『엔치클로페디』 제3판에서도 등장한다(제20절–제23절).

이 『엔치클로페디』 제2판에 기초하여 리벨트와 롤랭이 대상으로 한 강의가 행해졌다. 리벨트에 의한 강의록(1828년)에서는 「예비 개념」이 전체의 절반을 차지한다. 「예비 개념」 서두 부분에서의 추사유에 관한 네 단계는 이 강의록에서는 『엔치클로페디』 제2판보다 대단히 상세한 내용을 담고 있으며, (β) 추사유 단계에서 직접지 비판이 전개되고 있다(GW 23/2. 450 f.). 또한 예비 개념은 제59절까지의 칸트 철학에 관한 기술에서 중단되어 그 직후의 직접지에 대한 부분 4쪽 분량이 빠져 있는 것을 알 수 있다. 『엔치클로페디』 제2판 '직접지'의 마지막 절(제78절)에 해당하는 부분에서부터 다시 개시되고 있는데, 거기서는 학문이 회의주의로써 시작된다는 것이 데카르트의 방법적 회의가 끌려 나와 이야기된다(GW 23/2. 477).

다음 해의 롤랭의 강의록(1829년)에서는 논리학 전체에 대한 기록이 이루어지고 있으며, 칸트 철학의 입장이 『엔치클로페디』 제2판에서 보이는 것과 같은 포괄적인 내용을 담고 있다.

또한 '직접지'의 마지막 절(제78절)에서의 회의주의에 대한 언급이 대폭적으로 늘어나고 있다는 것을 알 수 있다. 거기서는 고대 회의주의와 데카르트적 회의가 학문의 시원 문제와 결부되어 긍정적으로 논의된다(GW 23/2. 577 f.).

1830년에는 『엔치클로페디』의 제3판이 출판된다. 이에 기초하여 행해진 1831년의 강의에 관해서는 헤겔의 아들인 칼 헤겔에 의한 강의록이 남아 있다.[20] 『엔치클로페디』 제3판과 비교했을 때 이 강의록에서 우선 눈길을

끄는 것은 「예비 개념」 서두 부분에서 논리학의 기원을 이야기할 때 아리스토 텔레스의 철학을 이야기하고 있다는 점이다. 거기서는 아리스토텔레스가 경험으로부터 출발하였으며, 그것을 기초로 하여 사유의 개념으로 옮겨갔다 고 말하고 있다(GW 23/2. 655).

다음으로 주목해야 할 것은 '논리적인 것의 세 측면'의 세 번째 측면인 '사변적 내지 긍정적—이성적 측면'이다. 거기서는 규정들의 추이 과정에 대한 파악이 사변적인 것이라고 여겨지는데, 스피노자가 '우리는 사물들을 영원의 상 아래에서, 즉 그것들의 영원의 형식에서 파악해야만 한다'(GW 23/2. 714)라고 한 것을 언급하고 있다. '우리가 냉정하게 내용을 그것 자신으로서 보고 싶어 하게 되어 냉정하게 그것 자신에 입각하여 고찰하게 되면, 참으로 영원한 것은 영원의 과정이다'(GW 23/2. 714)라는 표현은 '직접지'(제75절)에서의 '신은 참된 것, 직접적인 것이지만, 그것은 영원히 매개로 전화한다. 요컨대 영원의 과정이다'(GW 23/2. 708)라는 기술과도 연동되어 있다.

이상과 같은 「예비 개념」의 변천이 보여주는 최종적인 귀결에 대해서는 『논리의 학』「존재에 관한 학설」 제2판에서 볼 수 있을 것이다. 이 제2판은 1830년 여름 학기의 종료 후 및 학장직의 취임 후에 집중적으로 몰두하여 이루어졌다고 추측되고 있다.[21] 제2판 서문의 말미에는 '1831년 11월 7일, 베를린'이라고 적혀 있어 그때까지 개정 작업이 계속되었다는 것을 알 수 있다. 그 서문에서는 특히 논리학에서 언어가 수행하는 역할을 다른 곳에서는 볼 수 없을 정도로 상세하게 논의하고 있다. 더욱이 이 일상에서

• •
20. 이미 출판되어 있던 칼 헤겔의 강의록과 그 번역에는 이하의 것이 있다. G. W. F. Hegel, *Vorlesungen über die Logik, Berlin 1831. Nachgeschrieben von Karl Hegel*, hrsg. von Udo Rameil, in: *Vorlesungen*, Bd. 10, Hamburg, 2001. ウド・ラーマイル 編, カール・ヘーゲル筆記, 『G. W. F. ヘーゲル論理學講義 ─ ベルリン大學, 1831年』, 牧野廣義・上田浩・伊藤信也 譯, 文理閣, 2010년.
21. 『G. W. F. ヘーゲル論理學講義 ─ ベルリン大學, 1831年』, 283쪽.

무의식적으로 사용되고 있는 언어가 논리학으로 고양되는 과정은 이미 살펴본 추사유의 네 단계와의 연관 속에서 파악될 수 있다. '사유의 형식'은 우선 '인간의 언어' 속에 비축되어 있는데, 논리학은 그리하여 '정신을 본능적으로 그리고 무의식적으로 관통하고 있는' 사유 규정을 문제로 삼는다. 더욱이 논리학은 '반성에 의해 끄집어내어져 그에 의해 주관적인, 즉 소재와 내실에 외적인 형식들로서 고정된 사유 규정들의 재구성'을 하려고까지 한다(GW 21. 17 f.). 이것은 추사유가 단지 관찰의 대상들로부터 법칙들을 끌어낼 뿐만 아니라 매개를 통해 변화시키는 것으로 생각되고 있는 것과 통한다. 이것은 다시 말하면 사유의 '조형적 태도'(GW 21. 19)이다.

나가며

위에서는 새로운 강의록들의 비교를 통해 「예비 개념」의 변천을 더듬어보았다. 거기서의 커다란 변화는 첫째로, 「예비 개념」 서두 부분의 변화, 둘째로, 세 번째 태도로서의 '직접지'의 도입, 셋째로, 그에 수반되는 회의주의의 자리매김의 세 가지로 집약될 수 있다.

첫 번째 점인 추사유 개념의 기술은 『엔치클로페디』 제1판(1817년)의 시점에서는 존재하지 않으며, 그 대신에 '논리적인 것의 세 측면'이 제시되는 것에 머물러 있었다. 1823년의 호토 강의록에서 추사유 개념의 세 단계가 처음으로 보이며, 이것은 『엔치클로페디』 제2판에서 최종적으로 경험과학에서의 추사유와 철학에서의 추사유라는 기본적 구분, 나아가 추사유에 관한 네 단계로 변화한다. 그리고 두 번째 점인 '객관성에 대한 사상의 세 가지 태도'의 '직접지' 항목이 비로소 독립된 것으로서 제시되는 것은 『엔치클로페디』 제2판인데, 그 성립 과정은 코르봉, 켈러, 필자 불명의 강의록들을 비교함으로써 밝혀진다. 세 번째 점인 회의주의의 자리매김 문제는 '논리적인 것의 세 측면'과 '객관성에 대한 사상의 세 가지 태도'라는 양자의 대응 관계에도 관계된다. 회의주의는 본래 일관되게 '논리적인 것의 세 측면'의 '(β) 변증법적 내지 부정적—이성적 측면' 안에 집어넣어져 있는 까닭에, 양자에게 어떻게든 대응 관계가 있게 되면 회의주의의 입장은 본래 두 번째 입장에서 전개되어야 할 것이다. 이러한 대응 관계를 만드는 시도는 1817년 시점에서는 어느 정도 성공하고 있었다고 말할 수 있다. 왜냐하면 1817년 시점에서는 '논리적인 것의 세 측면'의 두 번째 측면에 대응되는 형태로 두 번째 입장인 '칸트 철학'에 대한 설명 직후에 회의주의에 대한 설명(제36절)이 놓였기 때문이다. 그러나 1827년 『엔치클로페디』에서는 세 번째 입장 '직접지'의 마지막 부분에 회의주의 입장을 집어넣었기 때문에 '논리적인 것의 세 측면'과의 대응 관계가 무너지게 되었다고 생각된다.

본래 이상과 같은 세 가지 점은 서로 연관되어 있다. '논리적인 것의 세 측면'이 이미 1812년에는 제시되어 있었다는 점을 고려하면, 추사유 개념(특히 1826년의 필자 불명의 강의록)과 '객관성에 대한 사상의 세 가지 태도'는 '논리적인 것의 세 측면'을 원형으로 하고 있다고 생각된다. 그러나 다른 한편으로 각각의 개념적 대응 관계는 지금 말했듯이 특히 회의주의의 자리매김이라는 관점으로부터도 완전한 것에는 이르지 못했다.

논리학·형이상학의 새로운 강의록들에서의 「예비 개념」 부분을 비교해 보았을 때, 각각의 강의의 내용 변화는 주로 철학의 시원 문제로 향해 있다. 다우프에게 보낸 편지에서는 도입이 철학 앞에 위치하지, 철학 속에 위치하는 것이 아니라는 점에 『엔치클로페디』 제2판의 철학 도입의 어려움이 있었다고 말하고 있었지만, 『논리의 학』 「존재에 관한 학설」 제2판의 「학문의 시원은 무엇으로 마련되어야만 하는가?」에서도 시원에서의 직접성과 매개의 불가분성에 대한 해명을 학문적으로 행하는 것의 필요성이 표명되어 있다. '그러나 학문에 앞서 이미 인식에 대해 순수한 인식에 도달하고자 하는 것은, 인식이 학문 외부에서 논의되어야 한다고 바라는 것을 뜻한다. 학문 외부에서 이러한 것은 최소한 여기서 유일하게 문제가 되는 학문적인 방식으로는 성취될 수 없다.'(GW 21. 54) 『엔치클로페디』에서 이 논구는 어디까지나 잠정적으로 행해졌던 데 지나지 않는 데 반해, 『논리의 학』에서는 학문적으로 행해지게 되는 것이다.

제3장 자연철학 강의 — '자연철학은 자유의 학문이다'

오코치 다이쥬大河內泰樹

들어가며

오늘날 헤겔 철학이 긍정적으로 참조되고 그 현대적 의의가 이야기되고 있는 경우에도 자연철학에 대해서는 그 철학적 의의를 주장하는 일이 거의 없다고 해도 좋다. 헤겔이 참조하고 있던 18세기 말부터 19세기 초의 자연과학은 오늘날의 자연과학에서 보면 많은 잘못을 담고 있었으며, 헤겔은 거기서 더 나아가 그것을 황당무계한 철학적 구축물로 만들어냈다고 하는 것이다.

그러나 최근 교정판 『헤겔 전집』으로서 간행된 『자연철학 강의』를 읽어 보게 되면, 자연철학을 잘라내 버리고서 헤겔 철학을 그 이외의 곳에서 구제하고자 하는 전략은 그다지 설득력 있는 것이 아니라는 점이 이해된다. 예를 들어 1818/19년 여름 학기 강의에서 헤겔이 '자연법칙'에 대해 다음과 같이 말할 때, 헤겔이 자연철학을 시작하는 데서 『정신현상학』 지성 장에서 획득한 인식을 전제로 하고 있다는 것을 알 수 있다.

이러한 법칙들, 자연법칙이 의미하는 것은 자연의 행동의 보편적인 존재 방식 이외의 아무것도 아니다. 외화는 개별적인 것이다. 힘은 이 개별적인 외화를 통합한 것이다. 우리는 특수한 것으로부터 보편적인 것으로 나아간다. 그러나 보편적인 것은 바로 사유의 자연[본성]이기도 하다. 사유란 그것에 있어 보편적인 것이 존재하는 곳을 가리킨다. 사유는 보편적인 것을 파악하든가 만들어낸다. 자연의 힘은 우리가 그것을 내 것으로 하게 됨으로써 우리의 지식이 된다. 우리는 그 속에서 우리 자신의 형식을 본다. …… 우리는 이 형식을 밖으로부터 받아들이지만, 우리는 그 속에서 우리의 것을 받아들이고 있다. (GW 24/1. 5)

이 부분에서는 『정신현상학』 지성 장에서 언급했던 것이 어휘를 바꿔 압축된 형태로 제시되어 있다. 논증하기 위해서는 좀 더 상세한 검토가 필요하겠지만, 헤겔이 자연철학의 서두에서 말하는 이 자연 인식의 자세와 『정신현상학』에서 가장 많이 연구되고 있는 장의 하나인 「지성 장」이 내용적으로 연관된다는 것은 부정할 수 없다. 그러나 지성 장의 내용은 본래 힘과 법칙과 같은 자연철학에 관계되는 내용을 다루고 있음에도 불구하고, 그 내용이 자연철학과 결부되어 논의되는 일은 거의 없었다. 양자가 동일한 인식에 기초하여 전개되고 있다고 한다면, 어떻게 우리가 『정신현상학』의 지성 장만을 옹호하는 것이 가능할 것인가?[1] 역으로 말하면 우리는 헤겔의 다른 텍스트에서 다른 형태로 말해진 자연 또는 그 인식에 관한 기술에 대한 이해를 '자연철학'을 통해 심화시킬 수 있을 것이다.

이하에서는 헤겔의 「자연철학 강의」에 대해 우선 『헤겔 전집』 제24권

----

1. 이 점은 예를 들어 『정신현상학』 이성 장 A나 『논리의 학』 「본질에 관한 학설[본질론]」의 '현상', 「개념에 관한 학설[개념론]」의 '객관성', '인식의 이념' 등에 대해서도 말할 수 있을 것이다.

제1분책·제2분책의 간행을 맞이하여 먼저 현재 우리가 접근할 수 있는 헤겔 자연철학 강의에 관한 자료 상황을 확인한다. 다음으로 이 『헤겔 전집』의 텍스트를 사용하여 지금까지 지적되고 있던 두 개의 문제에 대해 검증을 시도한다. 하나는 하이델베르크 시대의 『엔치클로페디』(1817년)로 부터 베를린 시대의 『엔치클로페디』 제2판(1827년)으로의 자연철학 체계의 변경이 언제 일어났는가 하는 것이다. 또 하나는 자연철학 강의 도입부의 자연에 대한 '이론적 태도'와 '실천적 태도'에 대한 언급이 늦어도 1828년에 후퇴했다고 하는 본지펜의 주장이다. 이 두 가지 문제를 검증한 다음, 마지막으로 필자가 생각하는 한에서 있을 수 있는 이후의 자연철학 강의 연구의 방향성을 제시한다.

제1절 자연철학 강의의 자료 상황

헤겔은 그의 자연철학의 체계를 온전한 형태로 출판할 수 없었다. 그가 출판한 자연철학에 관한 텍스트는 1801년의 취직 논문과 그의 체계 전체의 대강을 제시한 강의용 교과서 『엔치클로페디』(1817년, 1827년, 1830년)의 「자연철학」으로 한정된다. 그러나 또한 그의 체계 속에서 자연철학이 그가 일관되게 몰두하고 있었던 중요한 부문이었다는 것은 자연철학이 1803/04 년부터 1805/06년까지의 세 개의 『예나 체계 초고』 속에서 유일하게 빠짐없이 다루어지고 있는 부문인 동시에 가장 많은 분량을 차지하고 있다는 점으로부터도 엿볼 수 있다.[2]

· ·
2. 그가 자연철학에 관해 써 놓은 것은 이 예나 시대 이후의 것밖에 남아 있지 않지만, 그가 예나로 옮기고 나서 갑자기 자연철학에 몰두하기 시작했다고는 생각하기 어렵 다. 예슈케는 2014년 4월에 빈대학에서 행해진 제30회 국제헤겔학회의 기조 보고에서 이 점을 지적하고 있었다. 그러나 유감스럽게도 이에 대해서는 아무런 자료도 남아 있지 않다.

생애에 걸쳐 헤겔은 자연철학 내지는 그것을 포함하는 강의를 적어도 12회 행하고 있다.

예나 시대(1801–07년)에는 1803년 여름 학기, 1803/04년 겨울 학기, 1804년 여름 학기, 1804/05년 겨울 학기, 1805년 여름 학기의 다섯 학기에 철학의 체계 전체에 대한 강의를 예고하고 있으며,[3] 최초의 것을 제외하고 그것이 '형이상학과 논리학metaphysica et logica', '정신철학philosophia mentis'과 더불어 '자연철학philosophia naturae'을 포함하는 것이라는 점이 명기되어 있다. 그러나 그 가운데 실제로 행해진 것이 확인되는 것은 1803/04년 겨울 학기, 1804년 여름 학기, 1804/05년 겨울 학기, 1805년 여름 학기의 4회인데, 나아가 마지막 것에서는 논리학밖에 강의가 이루어지지 않았다는 것이 확인되고 있다. 나머지 3회에 대해서도 자연철학이 실제로 강의가 있었는지는 명확하지 않지만, 남아 있는 체계 초고가 그것을 위해 준비된 것이라고 한다면, 실제로 강의가 이루어졌을 가능성은 크다.[4]

1805/06년 겨울 학기부터 1807년 여름 학기까지 4회「자연 및 정신의 철학philosophia naturae et mentis」이 예고되어 있지만, 1806/07년 겨울 학기 이후의 강의는 나폴레옹 전쟁으로 인해 행해지지 못했다. 『예나 체계 초고 Ⅲ』은 1805/06년 강의를 위한 초고인데, 1806년 여름 학기에 강의가 행해졌던 것만큼은 확인된다.[5]

헤겔 사후에 출판된 『헤겔 전집』의 『엔치클로페디』 제2부 『자연철학 강의』를 편집한 미슐레는 예나에서 1804년과 1806년 사이에 한 번 헤겔이 자연철학 강의를 했다고 하고 있지만, 그것은 아마도 1806년 여름 학기의 일일 것이다. 미슐레는 그 자연철학 강의의 '4절판의 헤겔의 완전한 노트를

• •
3. Kimmerle, Dokumente zu Hegels Jenaer Dozententätigkeiten (1801–1807), in: *Hegel–Studien*, Bd. 4, 1967, S. 54. ペゲラー 編, 『ヘーゲル講義錄研究』, 法政大學出版局, 2015년, 79쪽.
4. ペゲラー 編, 『ヘーゲル講義錄研究』, 80쪽.
5. ペゲラー 編, 『ヘーゲル講義錄研究』, 81쪽.

소유하고 있다'[6]라고 말하고 있지만, 유감스럽게도 이것은 없어져 버린 듯하다.

헤겔이 김나지움 교장을 맡고 있던 뉘른베르크 시대(1808-16년)에 자연철학이라는 제목이 붙은 강의는 행해지지 않는다. 그러나 「상급반을 위한 엔치클로페디」 강의에서는 제2부에 '자연의 학Wissenschaft der Natur/ Naturwissenschaft'(GW 10/1. 80 ff., 86 ff., 311 ff.)을 포함하는 '특수 학문들의 체계' 내지 '엔치클로페디'의 강의가 이루어졌다.

하이델베르크 시대(1816-18년)에는 1816/17년의 겨울 학기와 1818년의 여름 학기에 「철학적 학문들의 엔치클로페디」에 대한 강의가 예고되었고, 적어도 후자는 행해졌다. 이 후자 강의의 참가자에 의한 것으로 생각되는 메모가 있는 1817년의 『엔치클로페디』가 한 책 남아 있다. 이것은 메모를 위해 백지 쪽을 끼워 넣어 제본된 것인데, 거기에 강의를 받아쓴 것으로 생각되는 것이 적혀 있다.[7] 그 대부분이 논리학에 대한 것이지만, 단 하나만 적힌 자연철학에 관한 메모(GW 13. 593 f.)는 이하에서 상세하게 언급되듯이 자연철학의 구성과 관련해 중요한 내용을 담고 있다.

「자연철학 강의」는 『헤겔 전집』 제24권으로서 간행되고 있으며, 4분책으로 이루어진다는 것이 예고되어 있다. 지금까지 출판된 제1분책(2012년)과 제2분책(2014년)에 수록된 것들은 어느 것이든 베를린 시대(1818-31년)의 자연철학 강의이며, 현존하는 것이 확인되는 필기록 모두를 사용하여 편집되어 있을 것이다. 다만 『헤겔 전집』에서는 하나의 필기록을 저본으로 하여 다른 필기록에서의 다름을 난외에서 보여준다고 하는 방침이 취해지고 있는 까닭에, 모든 필기록의 텍스트가 빠짐없이 수록된 것은 아니다. 제3분책

· ·
6. C. L. Michelet, Vorrede des Herausgebers, in: *Hegel, Werke*, Bd. 7, Abt. 1, *Vorlesungen über die Naturphilosophie als zweiter Teil der Encyklopädie der philosophischen Wissenschaften im Grundrisse*, hrsg. von C. L. Michelet, Berlin, 1847.

7. Erläuternde Diktate zur »Encyclopädie« (GW 13. 581 ff.). 이 텍스트의 성립 등에 관해서는 같은 권의 편자 해설을 참조(GW 13. 709 ff.).

은 직접적인 필기록은 남아 있지 않지만, 과거에 무언가의 형태로 전해지고 있던 강의 내용이 수록되며,[8] 제4분책에는 이상의 세 개 분책의 주와 편자에 의한 해설이 게재될 것이다.

1991년에 본지펜은 당시 확인되어 있던 「자연철학」 강의록에 대해 보고하고 있다.[9] 그러나 『헤겔 전집』 제24권의 제1분책과 제2분책의 편집에 1991년에는 확인되어 있지 않았던 강의록이 사용되고 있는 것은 분명하다. 해설이 게재될 예정인 제4분책이 출판되어 있지 않기 때문에 아직 발견의 경위 등 그 상세한 사항은 분명하지 않지만, 이하에서는 이미 간행된 제1분책과 제2분책의 표제를 토대로 연도마다 현존한다고 생각되는 필기록을 확인해 두고자 한다.

1. 1819/20년 겨울 학기 — 1991년에 본지펜이 확인하고 있었던 것은 고트프리트 베른하르디에 의한 필기록 하나뿐이었지만 그 신빙성은 의심스러운바, 실제의 헤겔 강의가 아니라 헤닝에 의한 복습 강의의 노트가 아닌가 하는 추측이 이루어지고 있었다.[10] 그러나 『헤겔 전집』에 수록된 이 학기 강의록의 저본이 된 것은 요한 루돌프 링기에에 의한 필기록인데, 베른하르디에 의한 필기록에서의 다름이 제시되는 형태로 되어 있다. 링기에 필기록이 언제 어떻게 해서 발견된 것인가 하는 것은 명확하지 않다. 다만 링기에 필기록에 의해 베른하르디 필기록이 같은 학기의 헤겔에 의해 이루어진 강의에 대한 것이라고 하는 확증이 얻어진 것으로 생각된다.

2. 1821/22년 겨울 학기 — 이 강의에 대해서는 1991년에 이미 소개되어

8. 아마도 미슐레 판 『자연철학』의 '보론'도 여기에 수록될 것이다.
9. W. Bonsiepen, Hegels Vorlesungen über Naturphilosophie, in: *Hegel–Studien*, Bd. 26, 1991. ペゲラー 編, 『ヘーゲル講義錄研究』, 109–127쪽.
10. ペゲラー 編, 『ヘーゲル講義錄研究』, 113–114쪽.

있던 것과 동일한 보리스 폰 윅스퀼의 강의 필기록과 필기자 불명의 두 개의 필기록이 사용되고 있다.

3. 1823/24년 겨울 학기 — 이 강의에 대해 저본으로 되어 있는 것은 칼 구스타프 폰 그리스하임의 필기록인데, 1991년의 본지펜의 보고에 따르면 이는 완전히 갖추어진 필기록이다.[11] 나아가 『헤겔 전집』 제24권에서는 거기서는 언급되지 않았던 로무알트 후베에 의한 필기록도 참조되고 있지만, 후자의 상세한 내용에 대해서는 명확하지 않다.

4. 1825/26년 겨울 학기 — 저본이 되어 있는 것은 모리츠 에두아르트 핀더에 의한 필기록이지만, 이 강의에 대해서도 1991년에는 보고되어 있지 않았다. 하인리히 빌헬름 도페에 의한 필기록이 참조되고 있다.

5. 1828년 여름 학기 — 이 강의에 관해 새로운 강의 노트는 확인할 수 없다. 저본을 이루고 있는 것은 '완전한 구술필기'[12]라고 생각되고 있던 알렉산더 프리드리히 폰 휘크에 의한 필기 노트이며, 카를 리벨트 필기록에서의 다른 것들이 제시되어 있다.

이상과 같이 『헤겔 전집』에서는 1991년 시점에서 확인되어 있지 않았던 세 개의 필기록이 이용되고 있다. 특히 1819/20년 겨울 학기의 링기에 필기록은 베른하르디의 노트를 대신하여 저본으로서 사용될 정도로 신빙성이 높은 것이었다는 것을 알 수 있다. 그러나 1847년에 미슐레가 『엔치클로페디』「자연철학」의 '보론'을 편찬할 때 보고한 필기록 가운데는 1991년의 본지펜에 의한 보고에서도 언급되지 않고 『헤겔 전집』에서 참조되고 있지도 않은 것이 포함되어 있는데, 그것들은 그 후 없어져 버린 것으로 생각된다.

- -
11. ペゲラー 編, 『ヘーゲル講義録研究』, 117쪽.
12. ペゲラー 編, 『ヘーゲル講義録研究』, 119쪽.

헤겔에 의한 「자연철학 강의」와 필기록(뉘른베르크 시대/베를린 시대)

학기	1847년 미슐레의 보고에서 현존하지 않는 것	1991년 본지펜의 보고	『헤겔 전집』이외의 간행	『헤겔 전집』24권에서 이용되고 있는 필기록(밑줄은 저본)
1818년 「철학적 학문들의 엔치클로페디」(?)				『하이델베르크 엔치클로페디』에의 기입(필기자 불명『헤겔 전집』제13권 수록)(GW 13. 581-596)
1819/20년 「자연철학」		베른하르디	G. W. F. Hegel, naturphilosophie, Bd. 1. Die Vorlesung von 1819/20, hrsg. von Gies, Neapel 1982. (베른하르디)	링기에* 베른하르디
1821/22년 「자연철학」	미슐레	윅스퀼 필기자 불명① 필기자 불명②	W. Bonsiepen: Hegels Raum-Zeit-Lehre. Dargestellt anhand zweiter Vorlesungs-Nachschriften, in: Hegel-Studien, 20 (1985).	윅스퀼 필기자 불명① 필기자 불명②
1823/24년 「자연철학」	호토 미슐레	그리스하임	G. W. F. Hegel. Vorlesung über Naturphilosophie Berlin 1823/24. Nachschrift von K. G. J. von Griesheim, hrsg. von Gilles Marmasse, Frankfurt a. M., 2002. (그리스하임)	그리스하임 후베*
1825/26년 「자연철학」		핀더		핀더 도페*
1828년 「자연철학」		리벨트 휘크		휘크 리벨트
1830년 「자연철학」	가이어			

*는 본지펜에게서 언급되지 않은 필기록.

제2절 『자연철학』의 구성 변화와 수학의 소멸

『헤겔 전집』제24권에 수록된『자연철학 강의』는 어느 것이든『엔치클로페디』를 교과서로서 사용하여 그에 따라 전개되고 있다. 그러나 확인해 두지 않으면 안 되는 것은 현재 필기록이 남아 있는 강의와 관련해 오늘날 우리가 가장 안목에 두고 있는 제3판『엔치클로페디』를 사용한 강의는 한 번도 없었다는 점이다.[13] 제3판과 커다란 차이가 없는 제2판을 사용하여 행해진 강의도 1828년 여름 학기의 한 차례뿐이며, 그 이외의 1818년 여름 학기부터 1825/26년 겨울 학기까지의 강의에서는 1817년의 이른바『하이델베르크 엔치클로페디』(『헤겔 전집』제13권)가 사용되고 있었다. 이『하이델베르크 엔치클로페디』는 그 내용에서나 분량에서 제2판 · 제3판과는 크게 다르다.

그 점에서 한 가지 대단히 흥미로운 것은 자연철학의 구성 변화이다. 위에서 말했듯이『하이델베르크 엔치클로페디』에서 자연철학은 제1부「수학Die Mathematik」, 제2부「물리학Die Physik」 내지는「비유기적인 것의 물리학Physik des Unorganischen」, 제3부「유기적 물리학Organische Physik」 내지는「유기적인 것의 물리학Physik des Organische」으로 구분되어 있으며, '역학Mechanik'은「물리학」의 하위 구분의 제1장에 자리매김해 있었다. 그러나 그에 반해『엔치클로페디』제2판에서는 표제어로부터는 수학이 사라지고 제1부「역학Die Mechanik」, 제2부「물리학Die Physik」, 제3부「유기적 물리학Organische Physik」 내지는「유기체학Organik」으로 구분하게 되었다.

예나 시대『체계 초고』에서의 자연철학에서는 수학이 자연철학 안에서 다루어지고 있었다는 흔적은 없다. 그러나 '엔치클로페디'를 김나지움에서 처음으로 강의한[14] 1808/09년에는 수학을 자연철학 안에 자리매김하고 있으

13. 1830년 여름 학기 강의에서 제2판과 제3판 가운데 어느 쪽이 사용되었는지는 명확하지 않다.

며, 수학에서 자연철학을 시작한다고 하는 구상은 '엔치클로페디'의 구상과 동시에 생겨났다고 생각해도 좋을 것이다. 헤겔이 수학에서 우선 다루고 있는 것은 공간과 시간이다. 이 점은 칸트가『순수이성비판』에서 공간과 시간이라는 두 개의 직관 형식을 다루는 감성론이 수학의 근거 짓기가 된다고 이해하고 있었다는 점에서 일단은 이해할 수 있다.

그러나 뉘른베르크 시대의 '엔치클로페디'에서는『하이델베르크 엔치클로페디』보다 더 명확하게 수학을 자연철학의 제1부에 자리매김하고자 하는 의도가 보인다. 시간·공간과 나란히 거기서는 공간 내지 연속적 정량에 대응하는 것으로서 기하학, 비연속적인 단위인 '1Eins'을 지니며 시간에 대응하는 것으로서 산술, 그리고 무한을 다루는 미적분학이 체계적 서열 아래 자리매김하고 있다(GW 10. 81 f., 88 f., 314 ff.).

그에 반해 헤겔이『하이델베르크 엔치클로페디』에서 '수학'하에 다루고 있는 것은 기본적으로는 공간과 시간이며, 수학의 각 분야에 대해서는 제203절의 주해에서 언급하는데 지나지 않는다. 따라서 수학에 관한 기술은 내용적으로 이미 후퇴하고 있었다고 말할 수 있다. 그러나 칸트에게서 공간과 시간이 직관 형식으로서 주관의 사유 형식의 조건을 이루는 것으로 생각되고 있었던 한에서 사유 형식으로서의 수학을 거기에 대응시키는 것에 일정한 설득력이 있었던 데 반해, '정신의 타자 존재'인 자연을 다루는 부문으로서의 자연철학에서의 공간·시간론을 수학으로 부르는 것에는 무리가 있었다고 말하지 않을 수 없다. 실제로 헤겔은 이미 1812년의 『논리의 학』「존재에 관한 학설[존재론]」의 양론과 도량론에서 수학적 내용을 다루고 있었다.『하이델베르크 엔치클로페디』에서도 '양론으로서

---

14. 여기에서의 '엔치클로페디'는 저작으로서의『엔치클로페디』가 아니라 당시 바이에른에서 김나지움 상급반의 철학에서 강의하기로 정해져 있던 '엔치클로페디'이다. 헤겔은 이것을 '특수 학문들의 체계'로서 스스로 구성하여 그것을 수업하고 있었다. 역사적 경위에 대해서는 大河內泰樹,「世俗化された日曜日の場所 — ヘーゲルにおける<哲學>と<大學>」(西山雄二 編,『哲學と大學』, 未來社, 2009년)을 참조.

의 수학의 참으로 철학적인 학문은 도량의 학문일 것이다'라고 말하고 있는 것은 이 점을 시사하고 있을 것이다(GW 13. 122; GW 19. 195). 그리고 1821/22년 겨울 학기의 윅스퀼의 필기 노트에서는 '수학으로 불리고 있는 이 제1부'의 '올바른 이름은 역학'이라고까지 말하게 된다(GW 24/1. 219).

그러나 『헤겔 전집』 제13권의 편자가 1818년 여름 학기 헤겔의 강의에서 유래한다고 추측하고 있는 「『엔치클로페디』의 해설 필기」[15]에서 이미 헤겔은 자연철학을 '역학, 물리학 및 유기체학 또는 생리학'으로 구분하고 있어 수학은 역학으로 대체되고 있다.[16]

1819/20년 여름 학기의 강의에서도 자연철학의 세 부문은 '1. 역학(수학만이 아니라), 2. 물리학 및 3. 유기체학'으로 구분되어 있다(GW 24/1. 12). 1989년에 출판된 『전집』 제13권, 『엔치클로페디』 제2판의 편자도 이 강의에 대해 언급하고, 제1부의 「역학」에 대해 헤겔이 자연철학의 제1부인 '수학'과 제2부 A의 '역학'을 하나로 하는 결단을 하고 있지 않았다고 결론을 내리고 있다(GW 19. 465). 그것은 당시 입수 가능했던 베른하르디의 강의 노트에서 제2부가 A의 '역학'에서 다루어지고 있는 '천체의 체계'를 포함하고, A '역학'의 내용은 그대로 제2부 「물리학」에 남아 있었다고 추측되었기 때문이다.

그러나 위에서 언급했듯이 링기에의 노트를 저본으로 한 『헤겔 전집』 제24권의 「1818/19년의 강의 필기」에는 해당 부분에 대해 다음과 같이 적혀 있다. '여기서 세 번째 것은 총체로서의 무게[중력]이다. 무게[중력]는 여기서 전개되어 있다. 세 번째 것은 스스로 운동하는 물질이다. 여기에

---

15. Erläuternde Diktate zur »Encyclopädie« (GW 13. 581 ff.).
16. 다만 여기에 적혀 있는 질·양·도량에 대응하도록 한 「역학」의 하위 구분은 다른 곳에서는 보이지 않는바, 헤겔의 말을 충실하게 받아쓴 것인가 하는 것은 의심스럽다 (GW 13. 593).

천체의 체계도 속한다.'(GW 24/1. 13) 여기서는 본지펜이 제2부에 대한 기술로 삼고 있었던 것이 실제로는 '세 번째 것'에 대해 언급되고 있다. 문제는 여기서 '세 번째 것'이 무엇을 가리키는가 하는 것이다. 바로 앞에서는 공간과 시간 및 무게를 지니는 물질에 대해 말하고 있으며, 나아가 바로 뒤에서는 단락이 바뀌어 '두 번째 것'에 대해 말하기 시작하지만, 이것이 '특정한 물체의 영역'으로 언급되고 있다. 「자연철학」의 '두 번째 단계'에서 는 '물질적인 것이 특수화되어 있다'(GW 24/1. 12)라고 말하고 있다는 점에서도 여기서 제2부의 「물리학」에 대한 기술이 시작되고 있다고 생각하 는 것이 타당할 것이다. 그렇게 생각하게 되면 위에서 인용한 '세 번째 것'은 제1부의 하위 구분에서의 세 번째 것으로 생각하는 것이 이치에 합당하다.[17]

실제로 링기에의 강의록을 좀 더 검토하게 되면 『하이델베르크 엔치클로 페디』제2부 「물리학」, A '역학'의 마지막 절인 제218절과 대응하는 부분에서 는 다음과 같이 말하고 있다.[18]

> 우리가 이제 고찰하고 있는 것은 물질의 특수화이다. …… 물질의 개념
> 안에는 형식이 포함되어 있다. 그러나 무게 그 자체 속에서는 개념의 이러한

----

17. 『헤겔 전집』제19권의 편자들(본지펜 등)이 1989년에 언급하고 있던 '천체의 체계'에
    대해 말하고 있는 해당 부분(GW 19. 465)은 베른하르디에 따르면 '두 번째 영역'에
    대한 설명에서 등장하지만, 제24권에서는 '세 번째 것'에 이어지는 부분의 다름으로
    서 제시되어 있다(GW 24/1. 13). 이것이 그들이 당시 의거하고 있던 기스의 편집에
    의한 텍스트(G. W. F. Hegel, *Naturphilosophie*, Bd. 1, *Die Vorlesung von 1819–20*,
    hrsg. von M. Gies, Neapel, 1982)의 잘못에 의한 것인지, 그렇지 않으면 실제로
    노트에는 '두 번째 것'으로 적혀 있었던 것이 편자에 의해 잘못으로서 판단되었던
    것인지는 알 수 없다.
18. 링기에가 적고 있는 절 번호와 『헤겔 전집』제13권에서 대응하는 절의 절 번호가
    어긋나는 것은 1817년의 제1판에서의 절 번호 부여에 혼란이 보이기 때문에 편자가
    이것을 수정했기 때문이다. 제13권의 편자 해설을 참조(GW 13. 615 f.).

90

규정은 아직 그것에 걸맞은 상태에 이르러 있지 않다. 그러한 규정은 물질화되어 있지 않다. 무게는 이 내적인 실체이다. 제2부는 다음에 이 형식의 발전을 포함한다. (GW 24/1. 46)

요컨대 여기서 겨우 제2부로 이행하는 것인데, 천체의 운행에서 작용하는 중력은 아직 그것이 지니고 있어야 할 형식을 전개하고 있지는 않다. 링기에의 노트도 베른하르디의 노트도 텍스트에서 절 번호 이외의 구분을 보여주고 있지 못하며, 각각의 구분의 제목을 보여주고 있지 않다. 그러나 아마도 앞에서 말한 것과 같은 링기에의 노트의 내용을 근거로 하여 편자는 제1부에 '1. 역학'이라는 제목을 부여했을 것이다(GW 24/1. 14). 그 범위는 제198절로부터 제218절에 해당하는 부분까지로 생각되고 있다.[19] 따라서 편자인 본지펜 자신이 링기에 필기록의 발견을 맞이하여 1819/20년 시점에 헤겔은 '역학'의 범위를 『하이델베르크 엔치클로페디』의 「물리학」의 제1장으로까지 확장하지 않았다고 하는 이전의 주장을 철회한 것으로 생각된다.

제3절 자연에 대한 '이론적 태도'와 '실천적 태도'

『하이델베르크 엔치클로페디』에서 자연철학은 자연을 '타자 존재 형식에서의 이념'으로서 규정하는 제193절로부터 시작되고 있다(GW 13. 113). 제2판 이후에는 '자연의 개념'이라는 표제가 덧붙여지게 되는 이 부분(제247절)에 들어서기에 앞서(GW 19. 182; GW 20. 237) 강의에서는 비교적 긴

––
19. 1823/24년 겨울 학기 그리스하임의 노트에서는 분명하게 이렇게 말하고 있다. '나는 이 역학이라는 부문에 나의 엔치클로페디보다 더 커다란 범위를 부여하며, 제197절부터 제217절[실제로는 제198절부터 제218절]에서 다루어지고 있는 것을 여기서 다루고자 한다.'(GW 24/1. 530)

'도입'이 덧붙여져 있는데, 거기서는 자연의 고찰 방식으로서 '이론적'과 '실천적'이라는 의식의 자연에 대한 두 가지 '관계 방식·태도Verhalten'가 검토되고 있다. 1991년에 본지펜은 1823/24년 강의의 그리스하임에 의한 필기록과 1828년 강의의 휘크에 의한 필기록을 비교하면서 '헤겔은 늦어도 1828년에는 지금까지처럼 이론적 태도와 실천적 태도의 통일에 대해 이야기 하는 것은 청강자에게 있어 부담이 지나치게 크다는 것을 깨닫기에 이르렀다'라고 하여 '이론적 태도와 실천적 태도를 상세하게 논의하는 것을 포기했다'라고 주장한다.[20] 그는 그렇게 추측하는 이유로서 그러한 논의가 '능력 심리학적 사고법에 사로잡혀 있다'라는 것을 들고, 이 변화의 '정신철학'의 발전과의 연관을 지적하고 있다.

그러나 본지펜은 여기서 강의록에만 눈을 돌리는 나머지 중요한 것을 보지 못하고 말았다. 요컨대 『엔치클로페디』 제2판에서는 위에서 언급한 193절에 해당하는 제247절 앞에 자연에 대한 실천적 태도와 이론적 태도를 각각 다루는 두 개의 절(제245절과 제246절)을 덧붙이고 있다고 하는 것이다. 따라서 본지펜이 말하듯이 '1828년의 강의에로의 도입에서 자연에 대한 두 가지 태도가 이전과는 다른 방식으로 좀 더 간략하게 다루어지고 있다' 하더라도, 그때 청강하고 있던 학생은 바로 그 점에 대해 쓰여 있던 텍스트를 앞에 두고 그 강의를 듣고 있었던 것이다.

이하에서 그 본지펜 자신의 편집으로 우리가 읽을 수 있게 된 각 강의록의 해당 부분을 검토함으로써 앞에서 언급한 본지펜의 주장을 재검토하고자 한다. 또한 그에 의해 동시에 헤겔이 자연에 대한 어떠한 의식의 태도를 자연철학의 출발점으로써 생각하고 있었는지를 명확히 하고자 한다.

우선 확인할 수 있는 것은 1828년 이전의 어떤 강의에서든 헤겔은 무언가의 방식으로 이 자연에 대한 두 가지 태도에 대해 언급하고 있다는 점이다.

· ·
20. W. Bonsiepen, Veränderungen in der Einleitung zur Naturphilosophie 1823/24−1828, in: *Hegel−Studien*, Bd. 26, 1991, S. 216−218.

그러나 그것이 논의되는 방식, 강조가 놓이는 방식은 크게 다르다. 1819/20년 겨울 학기의 링기에 필기록에서는 서두부터 곧바로 이 두 가지 태도가 다루어지고 강조되고 있는 것으로 보이지만, 그 기술은 정돈되어 있지 않다. 1821/22년 겨울 학기의 욱스퀼 필기록에서는 다른 학문과 자연철학의 인식 방법의 차이로부터 이야기가 시작되며(GW 24/1. 187), 상당히 길게 논의된 후 최종적으로 이론적 태도와 실천적 태도에 대해 언급하고서 자연의 개념이라는 화제로 옮겨 간다(GW 24/1. 202 ff.). 그러나 가장 정돈된 형태로 자연에 대한 이론적 태도와 실천적 태도를 취급하고 있는 것은 1823/24년의 그리스하임의 필기록이다. 역으로 말하면 본지펜은 이 필기록과 1828년의 휘크에 의한 필기록을 비교했던 까닭에, 후자에서는 이 논점이 후퇴하고 있는 것 같은 인상을 받았을 것이다. 그러나 그것은 오히려 필기록의 질의 차이로 돌려야 한다.

그래서 간단히 그리스하임의 필기록에서의 이론적 태도와 실천적 태도에 관한 논의를 확인해 두고자 한다. 여기서는 '자연이란 무엇인가?'라는 물음에 대한 대답이 추구되고 있다. 그러나 헤겔은 이 자연의 이념에 관한 물음에 직접적으로 대답하는 것이 아니라 우리의 자연에 대한 관계 방식의 계열을 더듬어 갈 필요가 있다고 말한다. 우리의 그러한 자연에 대한 관계 방식으로서 생각되는 것이 실천적 태도와 이론적 태도이다.

헤겔은 우선 실천적 태도부터 다룬다. 그것은 자연에 대한 실천적인 관계 방식 쪽이 좀 더 직접적이라고 생각되기 때문이다. 그 태도는 '욕망에 의해 규정되어 있다.'(GW 24/1. 478) 그것은 자연을 자신의 소용을 위해 이용하는 것인데, 단적으로 말하자면 '먹는' 것이다. 그때 의식이 마주 대하고 있는 것은 개별적인 자연인바, 보편적인 자연을 우리는 스스로의 소용을 위해 이용할 수 없다. 다음으로 여기서 목적을 지니는 것은 우리 측이며, 자연 그 자체가 아니다. 우리는 자연을 '수단으로서' 이용하는 것이다. 그때 자연 또는 자연에서의 사물의 규정은 사물 그 자체가 지니는 것이 아니라 우리가 부여하는 것이게 된다. 그러나 또한 동시에 그때 자연이 그 주어진 규정을 지닐 수 있는 것은 그것이 폐기되고 마모되고 멸망되는 것에 의해서이다. 나는 욕망이라는 부정성을 지닌다. 그리고 그것을 성취할 때 다른 것인 자연은 나와 일체가 되고 '동일적'인 것이 되며 사라지는 것으로 된다. '나는 사물을 희생시킨다'(GW 24/1. 479)라는 것이다. 이것이 실천적 태도이다.

그에 반해 이론적 태도는 실천적 태도와는 반대로 '사물로부터 물러서서' 자연을 '있는 그대로 보는' 태도이다(GW 24/1. 479). 거기서는 '사물의 규정은 이미 우리 속에서가 아니라'(GW 24/1.479) 사물 측에 놓여 있다. 그러한 이론적 태도로서 전형적인 태도는 사유하는 것, 요컨대 보편적인 것으로서의 자연과 관계하는 것이다. 그때 '우리는 대상을 우리의 이념 안에 지니며, 대상은 자신의 공간과 시간을 떠나 우리의 사상의 시간, 우리의 사상의 공간으로 옮겨진다.'(GW 24/1. 480) 그러나 보편적인 것은 그것 자체로서 존재하는 것이 아니다. 존재하는 것은 언제나 특수하고 개별적인 것이다. 헤겔에 따르면 그리하여 '사유는 풍부한 자연을 가난하게 한다. 봄은 죽음으로, 떠들썩한 소리는 침묵하여 사상의 정적으로 화하고, 자연의 풍부함은 무미건조한 모습으로 바싹 말라버리고 형태가 없는 보편성이 된다.'(GW 24/1. 481)

이처럼 헤겔에게서 실천적 태도는 개별적인 사물에 관계하는 것, 이론적 태도는 사물을 보편적인 것으로서 다루는 것이라고 이해된다. 그리고 이 두 가지 태도 사이의 '대립'과 '모순'의 해소를 통해 '개념 파악'으로서의 자연철학의 방법이 이해되게 된다. 이미 실천적 태도와 이론적 태도의 각각의 규정을 분명히 하기에 앞서 헤겔은 다음과 같이 말하고 있었다.

> 이론적 태도에서 모순이 보일 것이다. 이 모순은 우리를 우리의 목적에 다가가게 한다. 그리고 이 모순의 해소가 가능한 것은 이론적 태도가 실천적 태도를 그 이론적 태도로부터 구별하고 있는 것과 통일되는 것에 의해서일 뿐이다. (GW 24/1. 478)

요컨대 자연에 대한 이론적 태도는 자신의 모순을 통해 실천적 태도와의 구별을 해소함으로써 실천적 태도와 하나가 된다는 것이 시사되는 것이다. 그리고 이 모순의 해소는 이론적 태도 그 자체 속에 놓여 있다. 본지펜이 이 주제의 후퇴를 지적한 1828년의 강의록에서 다음과 같이 언급되고 있을 때, 오히려 좀 더 명확히 이론적 태도의 실천적 성격이 언명되고 있다.

> 따라서 목적은 우리의 인식 그 자체와는 다른 욕구 안에 놓여 있다. 그러나 우리 안에는 자연에 대해 알고 싶어 한다는 또 하나의 욕구가 있다. ― 그리고 이 욕구야말로 호기심[앎의 욕망]이다. ― 이 목적은 보편적인 것에서 신체적 욕구의 경우와 마찬가지로 자연 대상을 우리에게 동화시키고자 하며 자연 대상을 우리의 것으로 하고자 한다. (GW 24/2. 937)

이론적 태도도 역시 앎에의 욕망으로서의 호기심이라는 목적 지향적인 태도의 하나로서 그 자신이 실천적 성격을 지닌다. 관찰이라는 이론적 태도는 거기에 나의 욕구를 끼워 넣지 않는 것, 요컨대 '사심이 없는 것'이며, 자연에 개입함이 없이 '있는 그대로 방치'하고 있다고 생각되고 있었다. 그러나 헤겔에 따르면 '그 경우 인간이 사심 없이 행동하고 있다고 말할 수 없다. 왜냐하면 관찰은 호기심과 관계를 지니기 때문이다.'(GW 24/2. 938)

인식의 이론적 태도 배후에 이러한 실천적 관심이 포함되어 있으며, 이론적 인식은 실천적 태도로 이행하지 않으면 안 된다. 이에 대해서는 이미 『논리의 학』「개념에 관한 학설[개념론]」의 '인식의 이념'에서 논의되고 있었다. 거기서는 최초에 주어진 대상을 받아들이는 것으로부터 출발한 이론적 인식의 입장을 그리면서 근대적인 경험과학의 방법론을 비판하고, 실천적 입장으로 이행해야만 한다는 것이 제시되어 있다. 객관적 진리를 인식하고자 하는 인식의 '충동'은 대상에 침투하고자 하는 실천적 입장(헤겔은 이것을 '선의 이념'이라고 부른다)으로 이행한다(GW 12. 199 ff.). 그리고 1828년의 강의에 따르면 그것은 자연의 정신과의 관계 그 자체를 설명하는 것이다. 자연도 역시 정신의 자유 속에서 이해될 때 비로소 '개념 파악'되었다고 말할 수 있다.

정신에 대해 문제인 것은 단적으로 자기 자신이다. 그리고 사물은 실천적 태도에서 그러하듯이 그 존재에 관해서가 아니라 그 본질적 규정의 내용과 관련하여 정신의 것으로 되어야 하는바, 이러한 일종의 이기적인 존재 방식은 정신의 최고의 규정인 자유에 관계된다. 자유는 정신이 모든 것 안에서 자신을 발견하고, 모든 것에서 자신을 자기 곁에 있는 것으로서 보여주기를 요구한다. 이 점이 정신을 이 욕망에서 만족하지 않는 것으로서 만드는 것이다. (GW 24/2. 938)

이처럼 헤겔은 1828년의 강의에서 이론적 태도와 실천적 태도에 관한 기술을 후퇴시키고 있기는커녕 좀 더 명확히 이 두 가지 태도와 정신과 자연과의 관계를 결합해 말하고 있다.

나가며 ─ 자연철학 강의록 연구의 전망

위에서는 『헤겔 전집』 제24권의 간행을 근거로 하여 헤겔 「자연철학 강의」의 자료 상황을 정리함과 동시에 『헤겔 전집』에 수록된 강의록에 기반하여 두 가지 논점에 대해 검증을 시도했다.

헤겔 자연철학 강의에 본격적으로 몰두하기 위해서는 여기서 다룬 구성과 도입부뿐만 아니라 본문에서의 풍부한 자연철학의 기술을 검토할 필요가 있을 것이다. 그러나 그 경우에도 오늘날의 자연과학의 지식과 견해를 전제로 하여 헤겔의 자연철학에 대해 졸속한 진단을 내리는 것은 삼가야만 한다. 확실히 헤겔이 획득할 수 있었던 자연과학의 지식과 견해는 제한된 것이었다. 물리학이나 생물학 등은 19세기 이후에 커다란 발전을 이루었으며, 헤겔이 그 이전의 과학에 기반한 한에서 이미 그의 자연철학은 그 의의를 지니지 않는 것으로 보인다. 그러나 우선은 헤겔이 알게 된 자연과학의 지식과 견해를 근거로 하여 헤겔이 왜 그와 같은 자연철학을 구축했는지를 검토하는 것이 필요하다. 그렇게 함으로써 우리는 현대에 있어 자명한 것으로 받아들여지고 있는 과학적 사유를 재검토할 수 있기 때문이다. 예를 들어 19세기에 발견된 '전자'에 대해 우리 가운데 다수는 그 존재를 믿고 있지만, 그것은 우선은 다양한 관측과 실험의 결과를 정합적으로 이해하기 위한 이론적 대상인바, 과연 그것이 실재하는지는 적어도 논의될 수 있다.[21] 마찬가지의 것을 헤겔은 '힘'이라는 개념에 대해 지적했다. 현상의 배후에서 우리는 '힘'이 존재한다고 생각한다. 그러나 거기서 우리가 경험하는 것은 언제나 힘 그 자체가 아니라 그 '외화'인 데 지나지 않는다. 이 점에 의해 헤겔이 힘의 비실재를 주장하는 것은 아니다. 그런 것이 아니라 경험을 원리로 하는 과학 자체가 이미 사유의 영역, 형이상학의 영역에 발을 들여놓고 있다는 것을 헤겔은 지적하는 것이다.[22]

링기에의 필기록에 따르면 헤겔은 '자연철학은 자유의 학문이다'(GW 24/1. 8)라고 말했다고 한다. 그것은 이미 논의했듯이 자연을 안다는 것은 정신의 욕구 실현이며, 또한 동시에 정신 자신을 아는 것이기 때문이다. 스스로가 행하는 것을 알지 못하는 정신은 부자유다. 우리의 자연 인식을 우리 정신의 활동으로서 반성적으로 다시 파악하는 것, 그것이야말로 헤겔

· ·
21. 戸田山和久, 『科學哲學の冒險 ── サイエンスの目的と方法を探る』, NHKブックス, 2005년. 다만 도다야마는 모종의 실재론을 옹호하는 입장에서 이 논의를 소개하고 있다.
22. 헤겔은 물리학이 형이상학을 전제로 하고 있다는 것을 강의에서 되풀이하여 지적하고 있다(GW 24/1. 490 f.; GW 24/2. 764, 939 f.).

자연철학으로부터 자연과학의 시대라고도 여겨지는 우리 시대가 배워야
할 바로 그것이다.

제4장 정신철학 강의 ― '주관 정신의 철학'이란 무엇인가?

이케마쓰 다쓰오池松辰男

들어가며

헤겔의 '주관 정신의 철학' 강의가 다루는 것은 『엔치클로페디』의 제3부 「정신철학」 제1편 '주관 정신'(『엔치클로페디』 제1판의 제307절–제399절, 제2판의 제387절–제481절, 제3판의 제387절–제482절)이다.

2015년 현재, 그에 대응하는 주요한 동시에 입수하기가 쉬운 강의록으로서는 1822년 여름 학기의 호토 강의록, 1825년 여름 학기의 그리스하임 강의록 및 1827년 겨울 학기의 에르트만/슈톨첸베르크 강의록을 들 수 있다. 여기에 보우만에 의한 『엔치클로페디』 제3판에 대한 '보론'을 덧붙일 수 있을 것이다.[1] 자료에 한정하여 보면 '주관 정신의 철학'은 이미 텍스트와

---

1. 호토와 그리스하임의 강의록은 『헤겔 전집』 제25권 제1분책, 에르트만의 강의록은 『시행판』 제13권, 슈톨첸베르크의 강의록과 보론은 『헤겔 전집』 제25권 제2분책에 수록되어 있다. 또한 1827년의 강의록에는 어느 것이든 발터의 강의록이 이본으로서

강의록 양쪽이 거의 모두 나와 있다고 말할 수 있다.

이 장은 이상의 '주관 정신의 철학'의 자료에 기초하여 우선 이 영역의 근본 문제인 자유와 주체에 대한 물음을 설명한 다음, 그것의 주요한 논점들 가운데 하나인 '자기감정' 개념에 초점을 맞추어 강의록과 텍스트의 변천을 더듬어가고자 한다. 그렇게 함으로써 주관 정신의 철학에서 문제로서 다루어지고 있는 사태, 요컨대 정신에서의 주체성의 시작을 둘러싼 헤겔 사유의 역동성에 다가가고자 한다.

제1절 '주관 정신의 철학'의 의의

헤겔의 철학 체계 가운데서도 '주관 정신의 철학'은 아마도 마이너한 부류에 속할 것이다. 실제로 투슐링이 지적하고 있듯이[2] '주관 정신의 철학' 및 그 강의록에 관한 연구사에서의 관심은 결코 충분하지 않았다. 하지만 그 투슐링이 시사하고 있듯이[3] 본래 이 영역에 대한 헤겔 자신의 관심은 적어도 '정신철학'의 다른 부분('객관 정신의 철학', '미학', '종교철학', '철학사')과 비교하더라도 결코 덜한 것이 아니다.

• •

덧붙여져 있다. 부연하자면, M. J. 페트리의 「주관 정신」의 영독 대조역(M. J. Petry, *Hegel's Philosophy of subjective Spirit*, vol. 1–3, Boston: Reidel, 1978)에는 '보론'을 보완하는 것으로서 앞에서 언급한 그리스하임의 강의록에 더하여 켈러의 강의록(1825년)이 덧붙여져 있다.

2. '주관 정신의 철학'과 그 강의록을 둘러싼 연구사의 개관에 대해서는 ブルクハルト・トゥシュリング, 「主觀的精神の哲學講義」(オットー・ペゲラー 編, 『ヘーゲル講義錄研究』, 法政大學出版局, 2015년, 129쪽 이하)를 참조. 이 장은 이 투슐링의 선행 연구를 전제로 하고 있다.

3. トゥシュリング, 「主觀的精神の哲學講義」, 130쪽. 예를 들면 헤겔이 『법철학 요강』과 나란히 하는 형태로 '주관 정신의 철학'의 단행본 간행을 계획하고 있었던 것도 이것을 뒷받침할 것이다.

왜 헤겔에게 '주관 정신의 철학'이 중요했던 것일까? 그에 대해 알기 위해서는 우선 '주관 정신의 철학'을 꿰뚫고 있는 두 가지 물음을 확인해 둘 필요가 있다.

첫 번째 물음은 본래 '정신이란 무엇인가?'라는 것이다. 대답 그 자체는 자명하다. 정신의 본질이란 '자유'이다(GW 19/3. 382), 하지만 당연히 이것만으로는 설명이 되지 않는다. 정신이 일반적으로 '자유'라고 하는 것은 어떠한 의미에서 어디에서 나와서 어떻게 알려지는 것일까?

바로 그것이야말로 '정신철학' 전체가 '정신의 사명[규정, Bestimmung]이란 무엇인가?'(GW 25/2. 559)라는 것에서 참으로 문제로 삼는 것이다. 헤겔에게 '정신이란 무엇인가?'라는 물음은 '정신은 어떻게 해서 자신을 그 본질인 자유로서 내어주는 것인가?'라는 물음, 자유의 생성 과정을 둘러싼 물음과 동일하다. 요컨대 자유라는 '정신의 규정'을 둘러싼 물음은 정신의 '근원적 존재 방식'을 둘러싼 물음임과 동시에 오히려 바로 성취되어야 할 '목표'인 '정신의 사명Bestimmung'을 둘러싼 물음이기도 한 것이다(GW 25/2. 559). '따라서 정신의 행위, 정신의 과업, 정신의 사명이란 스스로를 자유롭게 하는 것이다.'(GW 25/2. 560)

이 가운데 자유의 실현 과정에 관한 서술이 잘 알려진 대로 '객관 정신의 철학'(『법철학 요강』)의 영역을 이룬다. 거기서는 자유가 우리의 눈앞의 세계에 '인륜'이라는 형태로 현실이 된다. 그에 반해 자신을 자유라고 자각하는 과정, 다시 말하면 자신이 무엇인가(자신의 본질)를 아는 과정에 관한 서술, 그것이 '주관 정신의 철학'이다.

여기에 두 번째 물음이 관련된다. 그것은 '정신에 있어 일반적으로 주체라고 하는 것은 어떠한 것인가'라는 것이다. 여기서도 헤겔의 대답 자체는 명쾌하다. 그리고 바로 그 대답에 이르는 과정이야말로 문제인 것도 첫 번째의 그것과 마찬가지이다. 요컨대 정신이 주체라고 하는 것은 정신이 '자기 자신에 대한 관계라는 형식'(GW 19/3. 383)에 놓여 있다고 하는 것이다. 이는 어떠한 것일까?

'주체'라는 개념 그것 자체는 근대 이래의 철학에 있어 어떤 의미에서 아주 친숙한 문제이다. 하지만 그것을 '자기 관계'와 결부시키는 것은 어째서 일까? 예를 들어 '자기의식'을 지니는 것은 분명히 하나의 '주체'이다. 일반적으로 눈앞의 대상을 의식할 때 또한 언제나 동시에 자기 자신에 대해서도 의식할 수 있는 것과 같은 존재가 자기의식이라고 불린다. 하지만 그것은 다시 말하면 눈앞의 대상과 관계하는 가운데 언제나 동시에 자기에게서 자기에게 관계할 수 있는 존재라고 하는 것이다. 그런 의미에서 자기의식이란 하나의 자기 관계라고도 말할 수 있게 된다. 헤겔은 이러한(철학사에서는 칸트와 피히테가 우선 문제로 삼은) 관점으로부터 주체의 개념을 새삼스럽게 문제로 삼고자 하는 것이다.

그렇지만 자기의식만으로는 헤겔이 말하는 자기 관계로서의 주체를 충분하게는 설명할 수 없다. 자기의식은 눈앞의 다른 대상이라는 다른 것과의 관계를 전제로 하고 있기 때문이다. 역으로 말하면 눈앞의 대상 그 자체가 다름 아닌 자기 자신인 것과 같은 그러한 관계야말로 가장 뛰어난 의미에서의 자기 관계가 되는 것은 아닐까?

그리고 '자유'가 자각될 수 있다면, 그것은 이러한 가장 순수한 의미에서의 자기 관계에서만 있을 수 있다.

> 나는 집을 보고 있다. 그 집은 실제로 있다. 이러한 것을 우리는 집이
> 자립적이라든가 그것만으로 존재한다고 한다. 그렇지만 집의 내용 전체는
> 나의 표상이다. 내가 여러 가지 내용의 담지자이고, 따라서 오로지 나만이
> 자립적이다. (GW 25/2. 570)

만약 자기 관계가 충분히 성취되어 있다면, 그때 주어진 모든 직관 대상은 실제로는 나의 표상 작용에 의해 매개된 것이게 된다(덧붙이자면, '집'이라는 예는 아마도 칸트를 본보기로 했을 것이다). 그렇다면 나는 자립적·실재적으로 그것만으로 존재하는 것처럼 보이는 주어진 어떠한 대상에서도

언제나 동시에 그것을 매개하는 한에서의 나 자신과 관계하고 있는 것이게 된다. 여기에 나타나는 활동, 즉 눈앞의 대상의 자립성·실재성을 부정하고 매개에 기초하는 비자립적·비실재적인 단순한 계기로서만 지니는 이러한 활동을 헤겔은 '관념성'이라고 부른다. 그때 '나는 나의 의식에서 관념적으로 행동한다.'(GW 25/2. 570)

위와 같은 의미에서의 '관념성'은 그대로 '자유'의 별명이 된다. '자유란 또한 동시에 우리가 관념성이라고 부르는 것이다.'(GW 25/2. 570) 왜냐하면 '정신의 근본적인 본질로서 우리가 주장하는 것은 자유, 요컨대 자연으로부터의, 그리고 동시에 자연에서의 자유'(GW 25/2. 574)이기 때문이다. 대상의 총체로서의 자연에서 바로 그 대상을 언제나 이미 자기 자신이 정립한 것으로서 관계하는 한에서, 나는 바로 그 대상으로부터 해방되어 있는바, 오히려 바로 그 대상과의 관계에 있어 해방되어 있다.

지금까지 논의한 것을 총괄해 보자. 정신이 주체라는 것은 무엇보다도 우선 눈앞의 대상에서 언제나 동시에 자기 자신과 관계한다(자기 자신이 정립한 것으로서 관계한다)는 의미에서 자기 관계이다. 게다가 그러한 자기 관계를 지닐 수 있는 바로 그것이 정신의 본질로서의 자유(=관념성)의 나타남인바, 그 나타남에서 정신은 자기가 자유라는 것을 자각한다.

따라서 '주관 정신의 철학'을 꿰뚫고 있는 두 번째 물음, 즉 '주체란 무엇인가'라는 물음은 '정신은 어떻게 해서 이와 같은 자기 관계에 이르는 것인가'라는 물음, 곧 자기 관계의 생성 과정을 둘러싼 물음이 된다. 그리고 이 물음에 어떻게 접근할 것인가 하는 것이 '주관 정신의 철학' 전체의 안목이다.

제2절 '주관 정신의 철학'이 제기하는 문제

'주관 정신의 철학'은 '정신철학' 전체를 꿰뚫는 문제의 이를테면 기초이다. 일반적으로 객관 정신이 자기 자신의 세계로서의 '인륜'의 세계를 형성할 때는 그 전제로서 대상이 자기 자신이 정립한 것이라고 하는 조건 그 자체가 우선 전제되어 있을 필요가 있기 때문이다. 따라서 헤겔의 '정신철학' 전체에서 '주관 정신의 철학'은 역시 중요한 의의를 지닌다. 그것만이 아니다. 주체가 자기 관계로서 생성된다고 하는 이 문제 설정 그 자체가 일반적으로 철학적 사유 그 자체에 있어 어떤 중요한 문제 제기를 담고 있다.

'주관 정신의 철학'은 정신의 그때그때의 형태에 따라 세 개의 단계를 지닌다. '인간학(영혼)', '정신현상학(의식)', '심리학(정신)'이다. 1807년의 『정신현상학』이 바로 의식 경험의 서술로부터 출발했듯이 우리는 우선은 대체로 '의식'이라는 형태로 다른 것으로서의 눈앞의 대상과 관계하고 있다('정신현상학(의식)'). 이미 언급했듯이 정신은 여기서 이미 자기의식이라는 형태로 주체의 이를테면 반쪽을 얻고 있지만, 눈앞의 대상이라는 '다른 것'에 제약되어 있다. 그 눈앞의 대상이 어떻게 해서 자기 자신의 것으로서 정립되어 있는지를 묻는 것이 이어지는 '심리학(정신)'이다. 다른 한편 '인간학(영혼)'의 물음은 오히려 '의식 그 자체가 어떻게 해서 생성되는가' 하는 것이다. 요컨대 거기서는 우리가 의식을 지니고 있다는 그 자체가 아니라 '왜 본래 우리는 일반적으로 의식을 지니는 그러한 주체로서 생겨나는가', 그 조건의 성립을 묻고 있다.

다시 말하면 '심리학'이 정신의 주체의 완전한 의미를 묻는 것이라면, '인간학'은 정신에서의 주체의 시작을 묻는 것이라고 할 수 있다. 그 경우 후자의 물음은 분명히 시작을 묻는다는 점에서 주체와 주체가 아닌 것의 이를테면 경계에 자리하는 것이게 된다. 따라서 '주관 정신의 철학'은 그러한 문제 설정의 결과로서, 근대 이후의 철학이 문제로 삼아 온 이른바 '주체'의 물음과 겹쳐지는 것과 넘어서 있는 것 둘 다를 포함하는 것이게 된다.

그런 의미에서 그것은 우리에게 일반적으로 '주체란 무엇인가'라는 물음 그 자체를 바로 그 시작으로부터 철저하게 다시 묻는 발판을 제공하는 것이 되기도 할 것이다. 자료는 거의 다 나와 있는 현재, '주관 정신의 철학'에 잠재해 있는 문제 제기를 새삼스럽게 논의하는 것은 단지 헤겔 철학 연구사의 빠져 있는 페이지를 메우는 것에 그치지 않고 광범위하게 철학 일반에게 있어 매력적인 시도가 될 것이다.[4]

그런데 여기까지의 논의는 엄밀하게는 '주관 정신의 철학'의 자료 가운데 『엔치클로페디』 제3판(1830년) 및 제2판(1827년)에 따르는 1827년 겨울 학기의 강의록에 기초하는 것이다. 하지만 여기서 주의해야 할 것이 있다.

'주관 정신의 철학'의 텍스트는 모두 다 해서 두 차례 개정되었는데, 그때마다 그사이의 강의 성과를 받아들여 분량이 늘어났다. 결과적으로 우선 한편으로는 그 최종적 성과인 제3판의 텍스트는 그 내용의 충실함으로 인해 그것만으로 통일적이고 체계적인 독해를 부여할 수 있는 것이 된다.

그렇지만 다른 한편으로는 바로 이 증보 개정의 경위야말로 텍스트 이해에서의 문제가 되는 경우도 자주 있을 수 있다. 특히 제1판(1817년)으로부터 제2판(1827년)에 걸친 '주관 정신의 철학'에 관한 구성과 내용의 변화 몇 가지는 대단히 근본적인 문제를 담고 있어 결코 무시할 수 있는 것이 아니다. 확실히 헤겔의 다른 강의록의 예와 마찬가지로 '주관 정신의 철학'의 강의록도 '교수의 의도가 무엇이었는지를 아는 데 도움을 줄 수 있는 것과 같은, 원전에 입각한 기록'[5]이 아니다. 그럼에도 이상과 같이 적어도 무언가 근본적인 변화가 보이는 논점을 주제로 할 때는 역시 텍스트 사이의 공백을 메우기 위해 강의록을 참조하지 않을 수 없다.

· ·
4. 예를 들어 일본어 역이 있는 이하의 논고 등은 '주관 정신의 철학'의 해석에 관한 대단히 중요한 시사를 담고 있다. ジャック・デリダ, 『哲學の余白』(高橋允昭 外 譯, 法政大學出版局, 2007년), カトリーヌ・マラブー, 『ヘーゲルの未來 ― 可塑性・時間性・弁証法』(西山雄二 譯, 未來社, 2005년), ロバート B. ピピン, 『ヘーゲルの實踐哲學 ― 人倫としての理性的行爲者性』(星野勉 監譯, 法政大學出版局, 2013년), マルクス・ガブリエル/スラヴォイ・ジジェク, 『神話・狂氣・哄笑 ― ドイツ觀念論における主體性』(大河内泰樹・齋藤幸平 監譯, 堀之内出版, 2015년).
5. トゥシュリング, 「主觀的精神の哲學講義」, 141쪽.

이 장에서는 이하에서 구체적으로 바로 그러한 변화의 와중에 놓여 있던 개념들 가운데 하나를 다루고자 한다. 그것은 '인간학'에서의 '자기감정' 개념이다. 이 개념을 포함하는 '인간학'의 제2구분(『엔치클로페디』 제3판의 '느끼는 영혼')은 텍스트 전체를 통해서 가장 크게 변화된 부분들 가운데 하나인데, 그중에서도 '자기감정' 개념은 『엔치클로페디』 제1판과 제2판·제3판에서 그 자리매김을 전적으로 달리하고 있다. 따라서 강의록에 따라 일련의 이러한 변화 경위를 다시 살펴보는 것은 그 자체로 어떤 논점을 둘러싼 헤겔 사유의 역동성에 다가가는 것으로 이어질 것이다. 그 논점이란 결국 앞에서 이야기한 '인간학'의 물음의 핵심 그 자체, 즉 '정신은 어떻게 해서 의식에 선행하는 수준에 있으면서 더 나아가 자신을 주체로서 시작하게 하는 데 이르는 것인가'라고 하는 것이다.

덧붙이자면, '주관 정신의 철학'에 관한 형성사적·발전사적 해석의 선례로서는 슈테데로트[6]에 의한, 각 판의 텍스트 및 강의록을 망라한 대단히 상세한 연구가 있다. 이것은 현재 '주관 정신의 철학' 연구에서 반드시 읽어야 할 문헌들 가운데 하나이다. 이 장에서의 숙고 역시 이 문헌의 성과에 많은 것을 빚지고 있다는 것을 미리 밝혀 둔다.

제3절 '자기감정' 개념의 형성과 그 의의

느끼는 전체는 개체로서 본질적으로 자기 자신에서 자기를 구별하고,
또한 자기 속에서 판단[근원 분할]으로 자각하는 것이다. 전체는 판단에
따르는 한에서 특수적인 감정을 소유하고, 감정의 규정에 관한 주체로 된다.

• •

6. Dirk Stederoth, *Hegels Philosophie des subjektiven Geistes*, Berlin: Akademie, 2001,
   S. 188–235.

주체는 그와 같은 것으로서, 감정의 규정을 자기의 감정으로서 자신 속에
정립한다. …… 주체는 이러한 방식으로 자기감정이다. 또한 주체는 동시에
오로지 특수적인 감정 속에 있을 때만 자기감정이다. (GW 20. 411 f.)

위와 같은 『엔치클로페디』 제2판·제3판의 '자기감정'을 둘러싼 규정을
느닷없이 한번 읽고서 그 의미를 이해하기는 어려울 것이다. 예를 들어
'느끼는' '감정'이란 여기서는 어떠한 의미일까? 또한 그러한 감정의 규정을
'자기의 감정'으로서 지니는 한에서의 '주체'의 모습이 '자기감정'이라고
불리는 것은 어째서일까? 독해를 위해서는 텍스트의 문맥과 더불어 텍스트
그 자체의 성립 배경으로까지 헤치고 들어갈 필요가 있을 것이다.

최초의 실마리는 제2판과 제3판의 다름에 놓여 있다. 제2판과 제3판의
이 부분의 문면은 거의 공통되지만, 바로 그러한 까닭에 그 세부적인 차이가
실마리가 될 수 있다. 첫째로, '주체는 그와 같은 것으로서, 감정의 규정을
자기의 감정으로서 자신 속에 정립한다'라고 하는 부분이 제2판에서는
'주체는 그와 같은 것으로서, 감각의 규정(이것은 좀 더 후에 외적인 것으로서
규정된다. 또는 어떤 내적으로 규정된 것, 어떤 충동에 관계되는 결과
및 충족으로서 규정된다)을 자기의 감정으로서 스스로 속에 정립한다'라고
되어 있다. 둘째로, 서두의 '느끼는 전체'가 제2판에서는 '감각하는 전체'로
되어 있다.

이로부터 이미 최소한 다음의 것들이 언급될 수 있을 것이다. 첫째로,
'자기감정' 개념이 본래는 '충동'과 '충족'의 문제와 결부되어 있었다는
것이다. 둘째로, 헤겔은 제2판 시점에서는 '감각'과 '감정' 규정과 관련하여
아직 동요하고 있었다. 역으로 말하면, 후에 특별히 그것을 수정한 것에서
보자면 당연히 당시의 헤겔에게서는 바로 그 둘의 구별이야말로 문제였다고
하는 것이다.

결론을 선취하여 말하자면, 첫 번째 점은 '자기감정'이라는 말의 출처와
결부되어 있다. 왜냐하면 앞에서 말했듯이 제1판과 제2판·제3판에서 '자기

감정'이라는 말은 그 자리매김을 전적으로 달리하고 있고, 후자와 동일한 자리매김에서의 '자기감정'이라는 말이 명시되는 것은 1822년 강의부터지만, 그것은 우선 충동의 충족에 수반되는 어떤 전체의 감각으로서 놓여 있었기 때문이다. 그에 반해 두 번째 점은 그렇게 해서 명시된 '자기감정'이라는 말이 이번에는 어떻게 해서 제2판·제3판에서의 서술에 따른 형태로 이를테면 착지하게 되었는가 하는 그 경위와 결부되어 있다. 왜냐하면 제1판에서나 1822년 강의에서 '감정' 개념은 아직 정착해 있지 않았기 때문이다. 그것이 명시적으로 형태를 취하기 시작하여 '자기감정' 개념과 결부되는 것은 일러도 1825년 강의 이후이다.

'자기감정' 개념 배경에는 그것을 둘러싼 사유의 변화가 겹쳐져 있다. 따라서 그것을 텍스트와 강의록의 변천에 따라 풀어헤치는 것은 바로 그 개념의 전체상을 파악하는 데서 최종적으로는 '제3판'의 텍스트에 입각한 독해를 한다고 하더라도 공통의 전제가 될 것이다. 이하에서는 그 변화를 구체적으로 살펴보고자 한다.

1. 『엔치클로페디』 제1판(1817년)

먼저 『엔치클로페디』 제1판에 따라서 문제의 전제를 확인해 보자.

'인간학'의 물음은 바로 정신이 '의식'으로 발전하는 가운데 정신의 주체가 비로소 주어지는 장면을 추적하는 것에 놓여 있었다. 다시 말하면 주체가 자기 관계인 한에서 주체가 자기 관계를 어떤 장면에서 발견하는지가 문제였다.

헤겔은 이를 위해 자기 관계가 전혀 생겨나 있지 않은 장면, 요컨대 자기 자신이 정립한 것이 아닌 것의 모든 것으로서의 '자연'에 매몰된 상태('실체')를 논의의 출발점에 둔다. 그런 다음 이러한 '실체'로부터 어떻게 해서 문제의 '주체'가 나타나는 것인가 하는 것을 문제로 삼는 것이다.

그런데 실체 속에서 어떠한 장면이 주체의 시작이 될 수 있을까? 우리를 형성하는 다양한 주어진 자연의 존재 방식들 가운데 예를 들어 신체에서 일어나는 '감각'은 언뜻 보아 그 후보가 될 수 있는 것으로 보이기도 한다.

> 영혼의 자기 내로의 반성으로서의 현실적인 개별성은 그 영혼에 있어,
> 완결된 유기적인 신체에서 자각한, 그것만으로 있는 존재이다. 즉, 그것
> 자체로 자립한 것으로 규정되고, 더욱이 그 신체와 동일적인 자기감정인바,
> 즉 외적·내적인 감각이다. (GW 13. 187)

일반적으로 이른바 오감을 비롯한 감각 일반이 생겨나 있는 것은 확실히 그것이 다름 아닌 이 신체에서 일어나는 한에서, 다른 것으로는 환원되지 않는, 그것만으로 존재하는 어떤 개별적인 것의 존재(=개체로서의 정신)를 특정하는 열쇠가 될 수 있다. 그러한 개체로서의 정신의 존재 방식을 또한 제1판에서의 헤겔은 '자기감정'이라고도 명명한다.

하지만 감각(또한 그것을 지니는 정신의 존재 방식으로서의 여기에서의 '자기감정')은 그것만으로는 결코 주체로 될 수 없다. 왜냐하면 감각은 지금·여기서 그때마다 단편적으로 생겨나는 것, 시간과 더불어 끊임없이 나타나고서는 지나가 버리는 것에 지나지 않기 때문이다. 정신은 거기서는 감각 내용의 시간적 현전에 대해 단적으로 수동적이고 무력하다.

주체가 발견된다고 한다면 그것은 감각의 단순한 수용이라는, 그 자체로 여전히 실체에 속하는 존재 방식과 결별하지 않으면 안 될 것이다. 바로 그것을 다루는 것이 제1판에서의 '인간학' 제2구분 '주체적 영혼과 그 실체와의 대립'의 과제이다.

> 영혼은 우선은 직접적으로 자기의 실체적인 동일성 속에서 생겨나 있는
> 것이지만, 그 영혼이 자기의 개체 속에 놓여 있을 때는 실체로서의 자기와의
> 부정적 관계[대립]이며, 또한 자기의 주체와 자기의 실체적 삶과의 분할이다.
> (GW 13. 188)

감각에 관여하는 개체로서의 정신이 이제 자신 속에서 실체와 주체로 '분할'되어야만 한다. 그러나 여기서 문제가 생겨난다. 제1판의 텍스트는 구체적으로 어떠한 형태로 주체가 실체에 맞서 '분할'되어 가는 것인가라는 이 중요한 점을 적어도 충분하게는 명시하고 있지 않다. 바로 그 점을 보완하기 위해 후년의 1822년 강의 속에서 헤겔의 구체적인 접근 흔적을 찾을 필요가 있다.

2. 1822년의 강의

> 감각하는 영혼은 우선 직접적으로 감각하고 있어 아직 감각의 규정과 주체와의 대립을 감각하고 있지는 않다. 그에 대해 여기서 영혼은 그것 자신에서 모순이며, 자기 속에서의 제한에 관한 감각이다. 영혼에 있어 모순에 관계하는 이 규정이 하나의 제한이 된다. 이 규정이란 요컨대 보편적인 것과 제한된 것의 그것인바, 이 대립을 철폐해야만 할 필요 및 그 상태가 우선은 충동이라는 상태이다. (GW 25/1. 84)

정신이 감각의 단순한 수용에의 매몰(실체)로부터 스스로를 떼어놓고 오히려 그것을 자기 자신의 것으로서, 즉 자기 속에서 계기로서 지니는 그러한 존재 방식(주체)으로서 '분할'되어 가는 장면을 생각해 보자. 이 분할에 의해 일어나는 사태는 본성상 언제나 이중적일 것이다. 한편으로는 실체와 주체, 그때마다 변화하는 개별적 감각에의 매몰과 그것을 꿰뚫어 존재하는 보편적인 것이 서로 대립하는 두 개의 항으로서 추출된다. 다른 한편으로는 이러한 분할에 의한 대립은 보편적인 것이 개별적인 것을 말하자면 포섭하는 형태로, 요컨대 주체가 실체를 관념적으로만 지니는 형태로 해소되어야만 할 것이다.

1822년 강의에서 헤겔은 이러한 분할은 바로 내가 모종의 '충동' 감각을 지니고 또한 그것을 충족시키고자 할 때 일어나는 것이라고 말한다. 본래 일반적으로 내가 충동의 감각을 지니는 것은 내게 무언가가 결여되어 있기 때문이다. 결여되어 있는 그 무언가는 나라는 하나의 전체에 대해 이를테면 다른 것이면서 바로 나의 일부로서 보충되어야만 하는 것이다. 그런 한에서 내가 충동 감각을 지닐 때는 언제나 나 자신이 이를테면 두 개의 항으로 분열되어 있고(더욱이 그 분열 그 자체가 이제 '자기의 제한'으로서 감각되고 있고), 게다가 그것을 해소해야만 할 필요가 생겨난다.

따라서 반대로 그것이 해소될(=충족될) 때, 정신은 이제 자기 자신을 결여하는 것이 없는 하나의 전체로서, 또는 개별적인 것을 자기 속에서 계기로서 지니는 그러한 존재 방식으로서 느끼게 될 것이다.

> 감각하는 주체는 이러한 충족 속에서 자기 자신을 감각한다. 충족이
> 감각되는 것에 의해 하나의 자기감정이 생긴다. (GW 25/1. 88)

충동의 감각에 의해 개별적인 것과의 대립이 추출되면서 해소될 때 나는 비로소 자기를 그러한 개별적인 것에 대해 그것만으로 존재하는 보편적인 것, 전체적인 것, 주체로서 발견한다. 요컨대 1822년 강의에서의 헤겔은 단순한 감각 일반이 아니라 특별히 충동의 충족 감각에 수반되어 일어나는 바로 이 정신의 존재 방식을 가리켜 '자기감정'이라고 명명하는 것이다. 이것은 확실히 위에서 말한 '분할'의 문제에 대한 하나의 설명 방식으로서 충분히 이치에 합당한 것으로 보인다.

3. 1825년의 강의

1822년 강의에서의 '자기감정' 개념은 한편으로는 1817년의 제1판 제318절에서의 '감각' 일반에서의 정신의 존재 방식에 대한 명칭에서 출처를 지니지만, 다른 한편으로는 문제의 장면을 '충동'과 '충족'의 그것으로 수렴시킴으로써 실체로부터의 주체의 '분할'에 특유한 개념으로서 다시 자리매김하고 있다. 이러한 변경의 의의는 결코 적지 않다. '자기감정'은

그 이후 감각에서의 직접적인 자연적 개체가 아니라 오히려 단적으로 정신의 주체의 시작을 가리키는 말이 되기 때문이다.

그렇지만 여기서 주의해야 할 것은 이 시점에서 '자기감정'에서의 '감정'이라는 부분에는 아직 고유한 규정이 없다는 점이다. 후자가 명시적인 형태로 고유한 규정을 지니기 시작하고 전자와 결부되게 되는 것은 적어도 맹아적으로는 1825년 강의부터이다. 1825년 강의에서의 헤겔도 1822년 강의와 마찬가지로 충동·충족이라는 형태하에서 이루어지는 '자기감정'에 대한 설명을 계승하고 있다. 하지만 거기에 어떤 새로운 규정 방식이 덧붙여지고 있다.

> 어떤 것이 느껴지는 것과 더불어 나는 이리하여 자기 자신 속에서 반성하고 있다. 규정은 일반적으로 느껴지는 것과 더불어 자기감정 속에 놓여 있다. (GW 25/1. 305)

어떤 것을 '느낄' 때 나는 언제나 동시에 그것을 느끼는 바로 그 나 자신도 '느낀다'. 충동·충족과는 다른 이러한 대단히 추상적인 규정 방식은 도대체 무엇을 의미하는 것일까?

앞에서 말했듯이 만약 정신이 감각의 단순한 수용에 머무르게 되면, 정신은 수동적이고 무력하다. 그렇지만 동일한 그 정신에 대해서는 또한 감각이 지나가 버리더라도 그것을 여전히 붙들어두는 활동도 인정되는 것이 아닐까?

> 구체적인 인간이 자기의 경험 세계를 지각할 때는 이 세계의 모든 것은 그 사람 속에 보존되어 있다. 그가 보존을 통해 형성한 것에 대해 그는 단순한 주체로서 존재하게 된다. 자아란 이러한 자기 속에 모든 것을 보존해 두는 깊은 수직 갱도이다. 그것은 영혼의 단순한 실체이며, 그리하여 충실하고 주체적인 느끼는 영혼이다. (GW 25/1. 306)

시간과 더불어 나타나서는 지나가 버리는 그때그때의 감각을 그 시간적 현전이라는 형식을 제거하고서 자기 속에 무시간적·비현전적으로 붙들어 둘 때, 정신은 적어도 감각의 단순한 수용과는 다른 존재 방식을 취하고 있다. 거기서 감각 내용은 그것 자신이 지니는 형식을 부정당하고 언제나 이미 정신 자신이 그 보존 활동에 의해 '형성한 것', 정신 자신의 활동에 의해 매개된 비자립적·비실재적인 것으로 되기 때문이다.

이런 한에서의 감각 내용을 가리켜 헤겔은 '감정'이라고 부른다(역어로 인해 헷갈리는 경향이 있지만, 여기에는 우리말에서의 이른바 '감정', 요컨대 희로애락 등의 뉘앙스는 전혀 담겨 있지 않다. 오히려 이른바 '기억'에 가까운 것이 상정되어 있다). 지금 보았듯이 단순한 감각 내용에 대해 감정이 구별되는 것은 후자가 정신 자신에 의해 정립된 비자립적·비실재적인 것이라고 하는 점, 요컨대 '관념성'에 관여하고 있다는 점이다. 후년의 서술이 단적으로 규정하고 있듯이 '느끼는 개체는 단순한 관념성, 감각의 주체성'(GW 20. 401)인 것이다.

그런데 헤겔에 따르면 정신은 여기서 단지 감각 내용을 이를테면 질서 없이 보존해 두는 단순한 장('영혼의 단순한 실체')에 그치는 것이 아니다. 우리가 (보통은 잊고 있다 하더라도) 자기 속에 느끼고 있는 감각 내용을 바로 자기의 것으로서 생각해 내는 것이 가능하듯이, 감정으로서의 감각 내용은 언제나 정신 자신을 하나의 전체로 보았을 때 그 부분으로 되는 것과 같은 방식으로 서로 결부되어 정신 자신의 것으로서 보존되어 있을 것이다(그렇지 않으면 그것은 결국 감각 내용이 끊임없이 단편적으로 나타나서는 사라지는 본래의 감각 활동과 다르지 않게 된다).

그렇다면 정신이 감정을 자기 속에 붙들어 매고 결합하여 관계할(어떤 것을 '느낄') 때, 정신은 언제나 동시에 자기 자신도 바로 그것을 결합하여 '수직 갱도'로 붙들어두는 하나의 전체로서 발견하게(자기 자신 속에서 반성하게) 된다. 감정의 규정을 지닐 때 언제나 동시에 나타나는 정신의 이러한 존재 방식이 이제 무엇보다도 우선 '자기감정'으로 불린다.

충동의 충족에 수반하여 일어나는 '자기감정'이 논의되는 것은 그 뒤에서다. '느끼는 주체는 자기를 현실화하고 활동적으로 되며 생명의 단순한 통일로 나오게 된다. …… 느끼는 주체는 대립을 자기 자신 속에 불러일으키는 것이지만, 또한 그 대립을 폐기하고 그에 의해 자기를 계속해서 보존하며, 자기에게 자기감정을, 즉 어떤 현존재를 부여한다.'(GW 25/1. 360) 정신은 여기서 자기감정을, 자기 속에 보편적인 것과 개별적인 것의 대립을 불러일으키면서 해소하는 활동에 의해, 말하자면 실천적인 방식으로 주고자 한다. 이러한 자기 자신의 내면에서 발단하는 활동이야말로 다름 아닌 '충동'이다.

여기서 주의해야 하는 것은 이미 충동의 충족과 자기감정의 결부가 아니다. 그것은 자기감정이 미리 '느끼는 주체'의 구조에, 즉 감정이라는 독자적인 개념에 결부되어 있다는 점, 그리고 충동의 충족에 수반되는 자기감정은 그로부터 파생되는 활동으로 간주되고 있다는 점이다.

4. 1827년의 강의와 『엔치클로페디』 제2판·제3판

위에서 제시된 설명은 엄밀하게는 조금 단순화의 경향이 없지 않다. 제1판 및 1822년 강의 시점에서도 이 '감정' 영역에 해당하는 구체적 내용 그 자체의 일부가 이미 다루어져 있었다. 그렇지만 제1판에서는 감각에서의 정신의 존재 방식에서 그리고 1822년의 강의에서는 충동의 충족(의 감각)에서의 정신의 존재 방식에서 각각 출발하고 있었던 '자기감정'이라는 말이 독자적인 '감정' 규정에 의해 명시적으로 다시 자리매김하게 되는 것은 적어도 형식상으로는 역시 1825년의 강의 이후라고 말할 수 있다.

다른 한편으로 또한 1825년의 강의 그 자체는 물론 상세하게 보면 다양한 변화가 있지만,[7] 여전히 1822년의 강의와 동일한 텍스트, 동일한 큰 틀에 따르고 있다. 그에 반해 1827년의 제2판 및 그에 기초하는 1827년의 강의,

• •

7. Stederoth, *Hegels Philosophie des subjektiven Geistes*, S. 230 ff.

그리고 거기에 세부적인 수정을 가한 제3판은 모두 다 순수하게 이러한 동일한 계통에 따라 '인간학'의 제2구분 그 자체를 다시 보고,[8] 그 가운데서 사태를 좀 더 명시적으로 논의하고자 하고 있다고 말할 수 있다(앞에서 말했듯이 제2판에는 아직 '감각'과 '감정'의 구별을 둘러싼 동요가 있지만, 큰 틀의 이해는 공통적이라고 말할 수 있으며, 여기서는 이미 문제로 삼지 않는다). 그런 한에서 이제 우리는 새롭게 제2판·제3판에서의 저 난해한 '자기감정'을 둘러싼 서술을 풀 수 있는 단계에 도달해 있다. 이를 위한 보조선으로 1827년 강의에서의 설명 방식에 대해서도 언급해 두고자 한다.

> 자기감정 그 자체, 개체가 자기를 느낀다고 하는 것. 여기에 속하는 것은 자기감정이 특수적인 것을 물리침으로써 자기를 느끼고, 자기 곁에 있다고 하는 것이다. 자기감정은 자기의 내용 속에 있으면서 동시에 자기를 감정으로부터 해방하고 자기 자신에게로 귀환하고 있다. …… 이러한 자기가 개체의 추상적인 통일점인 것이다. (GW 25/2. 702)

여기서 이루어진 설명을 제3판에서의 '자기감정' 개념을 둘러싼 서술과 겹쳐 놓게 되면, 사태는 다음과 같이 이해될 수 있을 것이다. 요컨대 '느끼는 영혼'으로서의 정신은 특수한 감정과 관계하면서도 바로 그 관계하는 것 그것에서 감정에 대해 언제나 하나의 전체로서, 즉 감정을 자기 속에 계기로서 지니는(따라서 감정으로부터 해방된) 주체로서 자기 자신과도 관계하고 있다('자기 곁에 있음'). 다시 말하면 정신은 거기서 감정들을 결합하는 하나의 이를테면 유대, 즉 '개체의 추상적인 통일점'으로서 기능하고 있는 자기 자신을 발견하는 것이다. 그러한 사태를 정신에서의 '실체'로부터

---

8. 가장 알기 쉬운 것은 표제일 것이다. 제2판·제3판의 '자기감정'은 '인간학' 제2구분 내부의 하위 구분으로서 독립된 표제를 부여받고 있다. 또한 제3판에서는 '인간학'의 제2구분의 표제 자체가 '느끼는 영혼'으로 변해 있다.

‘주체’의 ‘근원적인 분할[판단]’로 간주할 수도 있을 것이다(이것이 제2판·제3판 해당 부분에서의 ‘판단’이라는 말의 대강의 의미이다).

이상과 같은 의미에서의 자기감정을 헤겔은 또한 ‘이론적인 자기감정’(GW 25/2. 705)이라고도 부른다. 그것은 ‘실천적인 자기감정’에 대치해 있다. ‘실천적인 자기감정이란 우리의 경향 및 욕구의 충족으로부터 나오는 것이다.’(GW 25/2. 705) 요컨대 ‘충동의 충족하에서 이제 나의 특수화[‘모순’, ‘부정’]가 극복된다. 그리하여 나는 내가 거기로 침잠해 있던 바로 그 특수한 규정으로부터 나의 전체로 귀환한다.’(GW 25/2. 705 f.)

대강의 의미에 대한 해석은 이미 필요 없을 것이다. 중요한 것은 여기서도 ‘자기감정’의 개념이 우선 내가 감각 내용을 ‘감정’으로서 지닌다고 하는 것에 기초하여 제시되어 있다고 하는 것이다. 그 후에야 비로소 ‘실천적인’ 방식으로, 즉 (단순한 ‘감각’ 일반이 아니라 ‘감정’의 영역에서 유래하는 것으로서의) 충동의 충족이라는 형태로 동일한 그 개념의 또 하나의 측면이 설명되는 것이다.

나가며

위와 같은 변천에는 어떠한 의미가 있는 것일까? 마지막으로 필자 자신의 견해를 말해두고자 한다.

본래의 출발점은 정신이 어떻게 해서 ‘실체’를 넘어서서 ‘주체’로 생성되는가 하는 것이었다. 『엔치클로페디』 제1판은 이 문제에 대한 구체적 접근의 명시를 결여하고 있었다. 그에 반해 1822년 강의에서의 헤겔은 충동의 충족이라는 ‘실천적인’ 형태로 같은 문제에 달라붙고 있다. 한편 1825년의 강의를 거친 제2판·제3판의 헤겔은 같은 문제에 대해 감각 내용을 보존한다고 하는 ‘이론적인’ 활동으로부터 출발하여 그 활동에서 나타나는 정신의 존재 방식에서 정신에서의 주체의 시작을 보고자 했다.

후자가 전자에 비해 만약 무언가의 점에서 우위에 있다고 한다면, 그것은 '감정'의 영역이 의식 없는 수준에서의 정신의 영역을 제시하고자 한다는 점이다. 의식의 구조에서는 감각 내용이 모두 나의 객체로서, 내게 대해 내 눈앞에 존재하는 것으로서 주어져 있다. 그에 반해 여기에서의 정신은 오로지 무시간적·비현전적으로, 요컨대 눈앞에 존재하지 않는 형태로 보존된 것에 관계하고 있다. 거기서의 정신은 단적으로 의식 없는 '모든 것을 실존하게 하는 일 없이 보존하는 무규정적인 수직 갱도'(GW 20. 401)인 것이다.

그에 반해 충동의 충족으로부터 출발하는 설명은 의식의 발생 전후 및 유무를 가리지 않고 통용될 수 있다. 사실 말투야말로 미묘하게 다르지만, 헤겔은 나중의 '심리학'에서 '의지' 및 '충동', '경향', '정열' 등에 대해 다시 언급하게 된다. 또한 잘 알려져 있듯이 1807년의 『정신현상학』(및 『엔치클로페디』 내부의 '정신현상학')에서의 헤겔의 자기의식론은 의식의 경험의 틀 내에서 대상에 대한 욕구와 그 충족의 문제로부터 구성되어 있다. 그뿐만 아니라 같은 형태의 설명은 「자연철학」의 유기체론으로까지 거슬러 올라간다.

한편 '인간학' 자신은 어디까지나 「정신철학」 내부에 있으면서 여전히 의식에 선행하는 수준, 그런 한에서 정신에서의 의식 없는 수준을 전제로 하고 있다. 그 수준에서 정신에서의 주체의 시작을 생각한다고 하는, 이 특이한 문제 설정에 있어 충동의 충족으로부터 출발하는 설명에 의해서는 그 고유성이 떨어져 나갈 수 있다. 반대로 제2판·제3판 이후의 헤겔의 '감정' 및 '자기감정'의 개념으로부터 출발하는 설명에는 이 문제 설정에 적어도 좀 더 다가설 여지가 있다. 그것은 확실히 의식에 선행하는 수준에서의, 최소한의 의미에서의 자기 관계의 시작, 요컨대 나는 몰의식적인 형태로 '감정'에 관계할 때 그것을 느끼는 나 자신과도 관계하고 있다고 하는 것에 관한 하나의 유효한 설명이 될 수 있는 것이다.

그렇지만 헤겔의 '자기의식' 개념이 본래는 충동의 충족 문제에서 발단하고 있다는 것은 여전히 중요한 의의를 지닌다. 왜냐하면 슈테데로트가 지적하듯이 후년의 '자기감정' 개념에는 이번에는 '이 이론적인 측면 일반에서 이미 의미를 지니고서 어떤 <자기감정>에 대해 말해진다고 하는 것이 어떻게 해서 가능한 것인가'[9]라는 문제가 따라붙을 우려가 있기 때문이다. 일반적으로 어떤 감정적인 것이 있고, 또한 그 감정의 형식에서 언제나 동시에 자기감정이 생겨난다고 하는 일련의 설명 그 자체가 도대체 정당한 것인가에 대해서는 여전히 '반론이 가능하다.'[10] 다시 말하면 후년의 '자기감정' 개념은 도대체 어떻게 해서 정신에 있어 실체로부터의 주체의 분할이 생겨나는 것인가라는 문제의 핵심에 대해 실은 충분히 대답하고 있지 못한 (또는 대답을 선취해 버리고 마는) 것이 아닐까 하는 의문이 남을 수 있는 것이다. 그에 반해 충동의 충족으로부터 출발하는 설명은 앞에서 말한 대로 적어도 '분할'의 구체적인 존재 방식에 관해서는 좀 더 알기 쉬운 견해를 주고 있는바, 그렇게 단순히 기각될 수는 없다.

문제는 또 하나 있다. '주체는 동시에 단지 특수적인 감정 속에서 있을 때만 이러한 자기감정이다.'(GW 20. 412) 자기감정은 언제나 특수한 감정과 하나가 되어 나타난다. 다시 말하면 자기감정은 그 특수한 감정으로부터 거리를 취할 수 없다. 그것은 자기 관계이긴 하면서도 자기 자신이 정립한 규정에 이를테면 '홀려' 있다.[11]

그런 의미에서 정신에서의 주체의 시작은 결국 아직은 단순한 시작에 불과하다. 정신은 '습관'에 의해 이러한 주체를 '그것만으로 존재하는 보편성'(GW 20. 414 f.)으로, 요컨대 객체를 자기에게 대치시켜 지닐 수 있는 그러한 '의식'으로 되어야만 한다.

반대로 만약 한 사람의 인간이 의식을 얻고서도 여전히 이 주체의 시작

· ·
9. Stederoth, *Hegels Philosophie des subjektiven Geistes*, S. 234.
10. Stederoth, *Hegels Philosophie des subjektiven Geistes*, S. 234.
11. マラブー, 『ヘーゲルの未來 — 可塑性·時間性·弁証法』, 67쪽.

단계에 계속해서 머무르게 되면, 요컨대 '그가 자기감정의 형식 속에 정체해 있다고 하는 것, …… 스스로의 지성적 현실에 대립하여 자기의 자기감정 속에만 머무르고 있다는 것'은 '광기'로 될 것이다.[12] 그리하여 그는 의식에 의해 조직된 전체를 일탈하여 특수적인 감정과 일체화되어 있는 존재 방식으로 '고정'되고(=홀리고) 말기 때문이다.

정신은 어떻게 해서 습관을 통해 자기를 의식으로 성취하는 것인가? 또한 자기감정은 어떻게 해서 특수한 감정과 하나일 수밖에 없으며, 또한 어떻게 해서 그 상태에 머무르는 것이 특별히 '광기'인 것인가? 후년의 '자기감정' 개념에 여전히 남겨지는 물음에 대답하기 위해서는 '자기감정' 개념을 둘러싼 형태로 마찬가지로 극적으로 변화해온 '습관'과 '광기'라는 두 가지 논점에 관해서도 다시 강의록에 기초한 재구성이 필요할 것이다. 그리고 그 경우에 다시 관건이 되는 것은 역시 충동의 충족 문제이다.[13]

그렇지만 위와 같은 일련의 분석만으로도 '주관 정신의 철학' 텍스트의 곳곳에 거기에 이르기까지 강의에서의 몰두에서 이루어진 성과가 보이지 않는 형태로 응축되어 있다는 것은 충분히 엿볼 수 있을 것이다. 거기에 놓여 있는 것은 다름 아닌 주체 그 자체를 언제나 그 생성의 모습에서 파악하고자 시행착오를 거듭하는 헤겔의 사유의 역동성이다. 그리고 그 시행착오에 다가설 때 우리 자신도 역시 주체를 둘러싼 결코 완결되지 않는 물음을 향해 열리게 될 것이다.

··
12. G. W. F. Hegel, *Vorlesungen. Ausgewählte Nachschriften und Manuskripte*, Bd. 13, S. 108.
13. Stederoth, *Hegels Philosophie des subjektiven Geistes*, S. 226–235.

제5장 **법철학 강의**

스즈키 료조鈴木亮三

들어가며

로젠크란츠는 헤겔 사후에 편집 출판된 최초의 『헤겔 전집』의 부록으로서 『헤겔의 생애』(1844년)를 쓰고, 그 속에서 헤겔의 『법철학 요강 또는 자연법과 국가학 강요』를 다음과 같이 평가했다.

> 이상에 대해 사려 깊지 못하게 큰소리치는 것, 모호한 당위, 나아가서는 이것에 결부시켜 현존하는 것을 근거도 없이 경시하는 것, 이러한 것에 헤겔이 저항하고, 경험적인 현실 속에 이미 현전하는 이성을 타당화하며, 이와 같은 관점으로부터 역사적인 것을 존중하도록 인상 지은 것은 확실히 옳았다.
>
> 그러나 국가의 관념으로부터 보아 헤겔의 정당한 논의가 가져오는 유익한 귀결을 두 가지 점에 의해 헤겔은 망치고 말았다. 첫째로, 『법철학 요강』 서문에서 불평을 뒤섞은 말로 헤겔이 정치를 위해 수립한 교설에 의해서이

다. 그것은 '현실적인 것은 이성적이고, 이성적인 것은 현실적이다'라는 것이다. …… 저 서문에서 사람들의 마음을 헤겔로부터 이반시킨 두 번째 까닭은 선동적인 당파에 대해 반대의 뜻을 표명했을 뿐만 아니라 어떤 인물의 이름을 자기의 논의 속에서 증거로 삼은 것 때문이기도 하다.[1]

여기에는 오늘날까지 이어지는 『법철학 요강』을 둘러싼 수용의 쟁점이 이미 나타나 있다. 『법철학 요강』의 수용의 역사를 보면, 서문에 담겨 있는 이러한 두 가지 문제가 특히 두드러지게 논의되어 오늘날에 이르고 있다.[2] '사람들의 마음을 헤겔로부터 이반시키는' 데 그치지 않고 역으로 문제를 불러일으킴으로써 한층 더 그 이름을 유지했다고 말해도 좋을 정도이다. 이러한 문제들은 20세기 전반에는 헤겔 철학을 비판하는 안성맞춤의 재료가 되었으며, 강의록이 발견되고 공간公刊되는 가운데 1970년대 이후부터 현재에 이르기까지 헤겔 자신이 남긴 구체적인 증거에 의한 검증이라는 수준에서 이를테면 다시 불타오르게 되었다. 그리하여 이 장에서는 법철학 강의에 근거하여 로젠크란츠가 거론한 두 가지 문제에 초점을 맞추어 논의해 가고자 한다.

제1절 『법철학 요강』의 프리스 비판이라는 문제

1. 헤겔과 자유주의

로젠크란츠가 거론한 두 번째 점에 대해 먼저 고찰하기로 하자. 여기서

1. カール・ローゼンクランツ, 『ヘーゲル伝』, 中埜肇 譯, みすず書房, 1983년, 290쪽(Karl Rosenkranz, *Hegels Leben*, Berlin, 1844, S. 335)
2. Herbart Schnädelbach, *Hegels praktische Philosophie. Ein Kommentar der Texte in der Reihenfolge ihrer Entstehung*, Frankfurt a. M.: Suhrkamp, 2000, S. 327 ff., 333 ff.

이야기되고 있는 '어떤 인물'이란 프리스를 가리키는데, 헤겔이 인정한 바에 따르면 '선동적인 당파'인 부르셴샤프트[전독일학생연맹]가 주재한 1817년의 발트부르크 축제에서 이 단체를 지지하는 연설을 행한, 칸트 철학의 에피고넨이다. 이름을 들어 이루어진 헤겔의 비판은 부르셴샤프트가 내건 자유주의 그 자체에 대한 반대 의견으로서 받아들여지고 말았다.

그러나 문제는 단순하지 않다. 한편으로는 헤겔도 역시 공식적으로는 1819년 2월과 5월에 부르셴샤프트 축제에 참여한 일이 알려져 있다.[3] 다른 한편으로는 부르셴샤프트 활동에 관여한 학생을 학문의 길로 다시 이끌어 자기의 학파를 형성한 일, 투옥된 학생이 강변의 감옥에 수용되었을 때, 헤겔 자신도 학생들과 함께 배를 타고 가서 라틴어로 이야기를 나누고 소크라테스식의 농담으로 분위기를 누그러뜨렸다고 하는 미소 짓지 않을 수 없는 삽화 등이 로젠크란츠에 의해 소개되고 있기도 하다.[4] 헤겔은 여기서는 이를테면 학생을 위험으로부터 보호하는 교원처럼 보이기도 한다. 그러한 가운데 점점 더 자유주의 탄압이 격화되어 간 것이 1819년 8월의 칼스바트 결의이다. 이때 헤겔은 『법철학 요강』의 출판에 즈음하여 검열이라는 어려움에 직면해 있었다.

『법철학 요강』은 이 검열을 무사히 통과했다. '국가 조직의 특수한 요소에 관해 헤겔이 행한, 정신으로 가득 채워진 파악은 부르셴샤프트적인 정치학이 보여줄 수 있었던 주관적인 보편성과는 전혀 다른 국가상을 산출하게 되었다. 열광적인 연설의 동경으로 채워진 파토스가 기대하게 하는 것 그 이상의 자유와 실천 이성이 이미 현재 속에 놓여 있다는 것을 알고서

· ·

3. 그 밖에도 부르셴샤프트와의 친밀함을 보여주는 에피소드가 여럿 있다. 예를 들어 부르셴샤프트의 칼 잔트가 반자유주의자인 코체부를 살해한 사건(1819년 3월)에서 잔트의 어머니에게 사건의 정당성을 전함으로써 대학에서 면직당한 데 베테에게 헤겔은 슐라이어마허와 함께 원조금을 내고 있다. ジャック・ドント, 『ヘーゲル伝』, 飯塚勝久 譯, 未來社, 2001년, 378쪽 이하를 참조.

4. ローゼンクランツ, 『ヘーゲル伝』, 292-293쪽(Rosenkranz, *Hegels Leben*, S. 338 f.).

사람들은 기분 좋은 놀라움을 느꼈다.'[5] 로젠크란츠에 의한 이 기록에는 당시의 모종의 일반적 이해가 제시되어 있다고 말할 수 있다. 또한 프리스라는 한 지식인을 몰아붙이는 모습에는 헤겔 자신이 '프로이센의 어용학자'라는 말을 듣더라도 어쩔 수 없다고 하는 면도 있다.[6] 그러나 프리스 비판에는 실제로 몇 가지 문제가 복잡하게 중첩되어 있다.

프리스 비판으로 인해 신문 지상에서 헤겔에 대한 비난이 거칠게 불어댔을 때, 헤겔 자신이 취한 행동에 대해 그 정도로 단순하게 받아들일 수는 없다. 1821년 12월에 『법철학 요강』이 출판되고, 다음 해에는 『할레 학예신문』과 『하이델베르크 연보』에 그에 대한 혹평이 게재되었다. 당시의 문교 장관이었던 알텐슈타인에게 헤겔은 비호를 요구했다. 이것이 헤겔의 이미지를 착종시키는 원인이 되었다. 로젠크란츠조차 이 사실을 두고서 헤겔은 '국가 권력을 문예에 개입시키는 과실'을 범했다고 인정한 것이다.[7] 그러나 헤겔을 보호한 알텐슈타인과 재상 하르덴베르크가 자유주의적이었던 것 등, 당시의 상황 증거를 쌓아 나가게 되면, 『법철학 요강』이 출판되었을 때 평가를 받은 것들 가운데 헤겔의 것 이상으로 자유주의적인 저작은 없었다는 것을 알 수 있다.[8] 따라서 로젠크란츠가 말하는 헤겔이 제시한 '다른 국가상'이란 적어도 보수주의적 국가상은 아니다. 자유주의를 표방하는 것이 어려웠던 시대에 헤겔은 자유주의의 복수의 가능성 가운데 하나를 취함으로써 자유주의 그 자체를 사수하고 있었다고도 생각된다. 헤겔의

• •
5. ローゼンクランツ, 『ヘーゲル伝』, 292쪽 이하(Rosenkranz, *Hegels Leben*, S. 338).
6. Schnädelbach, *Hegels praktische Philosophie*, S. 329.
7. ローゼンクランツ, 『ヘーゲル伝』, 292쪽(Rosenkranz, *Hegels Leben*, S. 337).
8. ジャック・ドント, 『ヘーゲル伝』, 366쪽 이하, 393쪽. 또한 『법철학 요강』과 강의록의 차이를 둘러싼 논쟁사로서 간편한 해설에 대해서는 다음의 것을 참조. G. W. F. Hegel, *Die Philosophie des Rechts. Vorlesung von 1821/22*, hrsg. von Hansgeorg Hoppe, Frankfurt a. M.: Suhrkamp, 2005, S. 7–13. 『法の哲學 ― 「法の哲學」第四回講義錄 1821/22年 冬學期, ベルリン, キール手稿』, 尼寺義弘 譯, 晃洋書房, 2009년, i –viii쪽. 덧붙이자면, 그 밖의 문헌에 관해서는 이 책의 제6장을 참조.

말과 행동 일반에서 보고 알 수 있는 헤라클레이토스식의 어두움이라고도 말해지는 것을 상기하게 되면, 여기서도 역시 헤겔 자신의 정치적 행동의 함의에 관해 종래의 틀에 의해 비판하는 것을 삼가야만 할 것으로 생각되는 것이다.

2. 프리스와 슐라이어마허에 대한 같은 시기에 이루어진 비판

그러한 가운데 헤겔은 프리스의 연설에 관해 학문과 국가라는 건축물을 '<심정과 우정 그리고 감격>이라는 죽으로 뒤엉키게 만드는 것'이라고 말하고 있었다(GW 14/1. 11). 본래 이러한 감정 개념은 헤겔 자신에 의해 청년 시대에는 애착을 갖고서 사용된 것이다. 이 개념은 '인간의 하위 욕구로부터 시작된 나의 교양 형성에서 나는 학문으로 내몰릴 수밖에 없었으며, 청년기의 이상은 반성 형식으로, 즉 하나의 체계로 변모할 수밖에 없었다네. 나는 지금도 그러한 것에 몰두하면서 이제 인간의 삶으로 들어갈 수 있는 어떠한 귀로가 발견될 수 있는지를 자문하고 있다네'라고 셸링에게 써 보낸 이래로[9] 헤겔 철학의 근본 개념으로 될 수는 없었다.

프리스에 대한 비판을 적은 것과 거의 같은 시기에, 요컨대 1822년 5월, 헤겔은 그에게 사숙하고 있던 힌리히스의 요청을 받아들여 그의 저작에 「서문」을 저술하고, 그 이전부터 계속해서 지녀왔던 슐라이어마허의 감정 신학에 대한 비판을 공개했다.[10] 감정이라는 개념은 선으로도 악으로도

. .

9. 1800년 11월 2일 자의 이 유명한 편지를 프랑크푸르트에서 예나로 이주하기 3개월 정도 전에 헤겔은 셸링에게 보냈다. Hegel, *Briefe von und an Hegel*, Bd. 1, hrsg. von Johannes Hoffmeister, Hamburg: Meiner, 1969, S. 59–60. 덧붙이자면, 욕구란 헤겔의 분류에 따르면 감정이다.

10. ローゼンクランツ, 『ヘーゲル伝』, 295쪽 이하(Rosenkranz, *Hegels Leben*, S. 341 ff.). 로젠크란츠는 헤겔 『법철학 요강』의 「서문」에 있는 프리스 비판이 지상에서의 헤겔의 비방을 불러일으킨 것과 슐라이어마허에 대한 헤겔의 비난과의 연결을 지적하고 있다. '『할레 학예 신문』의 공격과 관련된 분노가 헤겔을 계속해서 어지럽히고, 저 서문[슐라이어마허를 비판한 『힌리히스 종교철학에 대한 서문』]은 여전히 이러

될 수 있는 애매한 것인바, 이와 같은 개념을 학문의 기초로서 사용할 수는 없다고 헤겔은 항의한 것이다. 그렇다면 헤겔에게 있어 이러한 일련의 사건들은 서로 얽혀 있다고 보는 쪽이 타당하며, 거기에는 감정 개념과의 대결이라는 측면이 존재하고, 따라서 청년 시대의 자신과의 대결이라는 측면도 발견해 내는 것이 가능하다고 하는 것을 확인해 두지 않으면 안 된다.[11] 헤겔에게 있어 감정을 이성의 하위에 두는 것은 국가를 종교의 상위 개념으로 하는 것이었다. 이러한 자리매김을 둘러싼 사유는 엄밀하게 완수되어야만 했다.

문서로서의 검열을 거쳐 공간된 『법철학 요강』과는 달리 강의에서는 비교적 자유롭게 말한 흔적이 보이긴 하지만, 프리스의 이름은 거론되고 있지 않다.[12] 1817/18년에 하이델베르크대학에서 개시된 법철학 강의는 단락마다 구술한 후에 해설하는 스타일을 취하며, 그 후 강의 텍스트인 『법철학 요강』의 출판 이전인 1818/19년 겨울 학기에는 이미 그와 같은

• •

한 감정의 지배 아래 쓰였다. 이 감정에 의해 기백이 깃들인 분노의 말이 지니는 커다란 아름다움을 그 서문은 그 일부에 갖추게 되었다.' 덧붙이자면, 해당 서문에는 슐라이어마허가 거명되어 있지 않다. 분열된 교회가 합동함으로써 국가에 대한 영향력을 지니는 것에 대해 헤겔은 불안을 지니고, 그 운동을 추진하는 슐라이어마허에게 원리적인 대결을 도발하고 있었다는 것, 1822년 여름 학기의 『종교철학 강의』에서의 슐라이어마허 비판과 그 배경 및 이 논쟁의 경과에 대해서는 이하의 것을 참조. 山崎純, 『神と國家 ─ ヘーゲル宗教哲學』, 創文社, 1995년, 제2장.

11. オットー・ペゲラー, 「序文」(ヘーゲル 『自然法と國家學講義 ─ ハイデルベルク大學 1817・1818年』, 高柳良治 監譯, 法政大學出版局, 2007년) 310쪽. 따라서 프리스 비판에서의 감정 개념에 대한 비판은 검열을 의식하는 가운데 부르셴샤프트가 내거는 자유주의를 추진하는 데서 감정이라는 불확실하고 사유가 들어갈 여지가 없는 열광을 쉽게 양성할 가능성, 즉 헤겔이 혐오한 테러를 유발할 가능성이 있는 요소를 제거하는 것이 안목에 놓여 있었다고 말할 수 있을 것이다.

12. 이 점에 대해서는 早瀨明, 「ハイデルベルクならびにベルリン時代の法哲學講義聽講 ノート」(加藤尙武 編, 『ヘーゲルを學ぶ人のために』, 世界思想社, 2001년), 169-186쪽을 참조. 호페가 편집하여 2005년에 출판한 1821/22년 겨울 학기의 필기록(이 장의 각주 8을 참조)에도 프리스의 이름은 나오지 않는다.

구술필기를 그만두었다고 한다.[13] 학생들의 손에 1820년 6월 25일의 날짜가 기재된 「서문」을 지닌 책이 도달한 후에도 프리스라는 이름이 강단의 헤겔의 입으로부터 나오는 일은 없었다. 예를 들면 1821/22년 겨울 학기의 강의에서, 요컨대 『법철학 요강』 간행 직후의 강의에서 다음과 같이 말하고 있을 뿐이다.

> 감각, 충족된 심정, 건전한 지성과 같은 것으로부터 사람들은 모든 것을 평가할 수 있다고 생각한다. 그러나 법철학은 그와 같은 참칭을 인정할 수 없다. 철학은 개념과 사태의 필연성에 따라서 인식과 관계하는 것이다.[14] (GW 26/2. 596)

여기에 놓여 있듯이 학문의 원리로서 주관적인 것이나 감정을 기초로 삼을 수 없다고 하는 것은 『법철학 요강』의 「서문」에 놓여 있는 프리스 비판과 동일한 취지이기는 하다. 다만 여기에는 「서문」에 있는 것과 같은 격렬함은 없다. 손에 쥐고 있는 텍스트에 기재되어 있는 까닭에 일부러 입에 올릴 필요를 느끼지 않았던 것인지, 프리스는 거명되고 있지 않다. 그렇지만 그 이유도 판연하지 않을 뿐만 아니라 법철학이라는 영역에서 이처럼 철학의 있어야 할 모습을 이야기하는 것은 한층 더 보수적인 '절대적인 정치적 정관주의'[15]를 상기시킬지도 모른다. 그러나 그렇다고 해서 아래에서 보듯이 강의 속의 헤겔은 결코 보수적으로는 보이지 않는다. 왜냐하면 국가 체제의 붕괴와 변용 속에서 이성이 수립되어 가는 모습을 말하고

• •
13. ヴァルター・イェシュケ, 『ヘーゲルハンドブック』, 神山伸弘 外 監譯, 知泉書館, 2016년, 466쪽(Walter Jaeschke, *Hegel-Handbuch*, Stuttgart: Metzler, 2003, S. 364 f.). 덧붙이자면, 『법철학 요강』의 출판은 1820년 10월이다.
14. ヘーゲル, 『法の哲學 ― 「法の哲學」 第四回講義錄 1821/22年 冬學期, ベルリン, キール 手稿』, 尼寺義弘 譯, 晃洋書房, 2009년, 2쪽.
15. ローゼンクランツ, 『ヘーゲル伝』, 290쪽(Rosenkranz, *Hegels Leben*, S. 335).

있기 때문이다.

제2절 이중 명제를 둘러싼 논쟁

1. 하이네의 회상 속의 비굴한 헤겔과 그의 거동

여기서 로젠크란츠가 들고 있던 첫 번째 점으로 돌아가 보기로 하자. 그것은 '현실적인 것은 이성적이고, 이성적인 것은 현실적이다'라는 헤겔의 명제이다. 다만 로젠크란츠의 이 인용은 정확하지 않다. 본래는 헤겔에 의해 다음과 같이 적혀 있다.

이성적인 것은 현실적이고, 현실적인 것은 이성적이다Was vernünftig ist, das ist wirklich; und was wirklich ist, das ist vernünftig. (GW 14/1. 14)

이 명제는 전반과 후반에서 반전되고 있는, 이른바 '이중 명제'이다. 로젠크란츠에 의한 인용 기억의 다름은 잘 알려진 시인인 하이네의 삽화에서도 발견할 수 있다. 헤겔을 정관주의로 간주하는, 또는 그렇게 간주하고 싶어 하는 인물들에게 공통된 것인지도 모른다. 하이네는 『법철학 요강』을 접하고 헤겔의 몇 개의 강의에도 출석했으며, 헤겔을 둘러싼 사교 동료들이 모일 때 헤겔과 이야기를 나눈다든지 하고 있었다.[16] 시인은 그때의 모습을 다음과 같이 말하고 있다.

⋅ ⋅
16. 하이네의 회상에 있는 헤겔과의 대화는 1821년부터 23년 사이의 사건이라고 하며, 그로부터 이십몇 년을 거쳐 1845년에 『독일에 관한 서한』에서 공표되었다. 하이네는 1820/21년 겨울 학기의 학기 말에 미학 강의의 청강자로서 기록되어 있다고 한다. シュナイダー, 「美學講義」, ペゲラー 編, 『ヘーゲル講義錄研究』, 法政大學出版局, 2015년, 180쪽.

자기의 이야기가 청취되고 있다는 공포에서 헤겔이 불안한 듯 주위를 살피는 것을 나는 몇 차례인가 본 적이 있다. 그는 나를 마음에 들어 했으며, 그는 내가 배신하지 않는다고 확신하고 있었다. 나는 그 당시 헤겔이 비굴하게 되었다고 생각하고 있었다. '존재하는 모든 것은 이성적이다Alles, was ist, ist vernünftig'라는 말에 내가 불만을 품고 있었을 때, 그는 기묘한 웃음을 짓고서 '그것은 이렇게 말해도 좋았을 것입니다. <이성적인 것 모두가 존재해야만 한다Alles, was vernünftig ist, muß sein>'고 말했다. 그는 당황해서 주위로 눈을 돌렸지만, 곧바로 침착함을 되찾았다. 그 말을 듣고 있던 것은 하인리히 베어뿐이었기 때문이다.[17]

기억 속의 이미지이기는 하지만, 강의록과는 달리 헤겔의 거동이 묘사되고 있는 것도 흥미롭다. 이 삽화를 전하고 있는 하이네가 불만을 보인 명제에 관해 『법철학 요강』 속의 출판된 본래의 문장 형태로부터 보자면, 하이네의 기억도 역시 정확하지 않았다. '비굴하게 되었다'라고 느낀 것은 불안해한 헤겔의 거동 때문이 아니라 오히려 현실의 모든 것이 이성적인 것이라고 하여 긍정할 뿐인 정관주의를 취하고 있는 모습으로 비추어졌기 때문이었을 것이다.

헤겔이 기묘한 웃음을 지은 이유가 하이네의 입 밖으로 나온 물음이 그때까지 몇 차례나 그 참된 뜻이 문제가 된 명제에 대해서였기 때문인지 아니면 하이네의 암송이 부정확했기 때문인지는 알 수 없다.[18] 여기서는 대략 20년 전의 일을 회상하여 쓴 이 일련의 삽화의 기억 자체가 정확했는지

• •

17. *Hegel in Berichten seiner Zeitgenossen*, hrsg. von Günter Nicolin, Hamburg: Meiner, 1970, S. 234 f.
18. 헤겔은 후에 『엔치클로페디』(제2판) 제6절에서 이 이중 명제에 대한 반향에 대해 응답하고 있다. 이 점에 대해서는 다음의 것을 참조. イェシュケ, 『ヘーゲルハンドブック』, 365쪽 이하(Jaeschke, *Hegel-Handbuch*, S. 276). 헤겔의 응답에서는 신의 현실성을 둘러싼 문구가 보인다.

아닌지는 묻지 않는다고 하더라도, 헤겔이 시인의 말에 맞추어 '모두'라는 말을 사용하여 서문에 적혀 있는 것에 포함되어 있던 '현실적'이라는 형용사를 생략하고, 더 나아가 필연성을 의미하는 '해야만 한다'라는 말을 덧붙이고, 게다가 전체로서의 명제를 짧게 만들고 있다는 점에 주목하고 싶다.

하이네의 관심은 아마도 로젠크란츠와 마찬가지로 헤겔의 이중 명제의 후반부에 놓여 있고, 이것이 '현실적인 것 모두가 이성적이다'로 이해되고 있는 것으로 보인다. 이에 의해 생겨난 불만이 명제 본래의 전반부 '이성적인 것은 현실적이다'를 빠뜨려 버리고 만 것이 아닐까? 이에 반해 헤겔은 '이성적인 것은 현실적이다' 또는 '이성적인 것은 현실에 존재한다'라는 본래의 명제 전반부를 강조하여 '이성적인 것 모두가 현실에 존재한다'라고 하고, 더 나아가 '현실적'이라는 말을 빠뜨리고서, 또는 그것을 '이다' 또는 '존재한다'에 함의시켜 '해야만 한다'를 부가하여 하이네에게 전했다고 생각된다.

헤겔은 이중 명제의 이러한 '변형'을 이야기하기를 마치고서 침착함을 잃어버렸다. 하이네 외에 이야기를 듣고 있었던 이는 사교 동료이자 트럼프 동료인 유대인 실업가 베어뿐이었다. 그 점이 헤겔을 안도하게 했다. 다른 사람이 들어서는 곤란한 대화였다고 적어도 헤겔은 느끼고 있었다는 것이다. 그 불안은 하이네가 보여준 형태의 명제와 크게 다른 '해야만 한다'라는 말이 부가되었기 때문이었을 것인가? 그러나 헤겔의 『법철학 요강』에서의 정식화는 강의록에서 하이네가 전한 것에 가까운 형태를 취해 나타났다. 그리고 이번에는 반대로 오늘날에 해석하는 측의 침착함을 빼앗게 되어 다시 논쟁이 일어나게 된 것이다.

2. 푀겔러의 인정 — 하이델베르크 제1회 강의[19]

---

19. 하이델베르크대학에서의 이 강의를 제1회로 하여, 그리고 베를린대학으로 옮기고 나서의 최초의 강의를 제2회로 하여 통산하여 헤아린다.

하이네와 헤겔의 대화가 있기 약 5년 전에 『법철학 강의』가 행해졌다. 『법철학 요강』 출판 이전에 개강 되었기 때문에 '원-법철학'이라는 평가가 정착해 있는, 하이델베르크에서의 법철학으로서 최초의 강의(1817/18년 겨울 학기)가 반넨만에 의한 필기록으로 남아 있다. 거기에는 다음과 같은 명제가 기록되어 있다.

> 국민정신은 실체이며, 이성적인 것은 생기해야만 한다Der Volkgeist ist die Substanz, was vernünftig ist muß geschehen.[20] (GW 26/1. 164)

이것은 이중 명제가 아니다. 『법철학 요강』의 이중 명제 전반부의 변형으로 되어 있다고 말할 수 있을 것이다. 이 강의를 편집할 때 푀겔러는 방대한 해설을 붙이고, 거기서 하이네의 증언과 관련지어 다음과 같이 말하고 있다.

> 이 언명은 이성적인 것의 현실과 현실적인 것이 지니는 이성에 관한, 크게 문제를 품고 있는 후년의 『법철학 요강』의 「서문」의 발언보다도 훨씬 더 역동적이며 역사를 긍정하고 있다. 그러나 이 하이델베르크 판은 헤겔의 『법철학 요강』에 관해서 후에 간스가 강의를 행할 때 좀 더 심화되었다. (하인리히 하이네는 자신의 방식으로 이 하이델베르크 판을 헤겔 자신이 자기에게 말해준 것처럼 이야기한 것이다.[21])

----

20. ヘーゲル, 『自然法と國家學講義』, 211쪽. 이 문장은 서문이 아니라 국내법의 절에서 보인다.

21. ペゲラー, 「序文」(ヘーゲル 『自然法と國家學講義』), 315쪽. 제1회 강의를 독자적으로 편집한 일팅도 역시 같은 부분에 주를 붙여 '실재적인 역사적 과정의 필연성'을 표현하는 것이라고 말하고 있다. G. W. F. Hegel, *Die Philosophie des Rechts. Die Mitschriften Wannenmann (Heidelberg 1817/18) und Homeyer (Berlin 1818/19)*, hrsg. von Karl-Heinz Ilting, Stuttgart: Klett-Cotta, 1983, S. 337 (Anm. 272a).

하이네가 하이델베르크대학에서 행해진 강의의 정식화를 알고 있었다는 확증은 없다. 푀겔러의 평가를 다소 에누리하여 보면, 하이네가 전한 '이성적인 것 모두가 존재해야만 한다'라는 명제는 그렇게 엉뚱한 것이 아니라고 말할 수 있다. 강의에서 이미 공개적으로 '해야만 한다'라는 말을 사용하고 있는 것이 판명되는 것이다. 더 나아가 하이네에게 말할 때와 마찬가지로 헤겔이 이중 명제의 전반부에 중점을 두어 말했다는 점도 주목할 만하다. 또한 푀겔러가 '역사에 대해 긍정적이다'라고 평가한 하이델베르크 판에 놓여 있는 '생기한다geschehen'라는 말은 헤겔 자신의 말로서 일정한 무게를 지닌다. 단순한 '이다'와 '존재한다'가 아니라 운동과 과정을 함의하는 동사를 사용함으로써 '절대적인 정치적 정관주의'를 벗어나 있는 것으로 볼 수 있기 때문이다. 실제로 헤겔은 '이성적인 것은 생기해야만 한다'라고 말한 후, 국가 체제는 권위 부여로서 군주와 국민정신으로 구별되는데, 전자는 계약을 원리로 하고 외면적, 형식적인 데 반해, 후자는 의지의 자유를 원리로 하고 내면적이라고 규정하고 있다. 헤겔은 후자를 '참으로 이성적인 것'이라고 이어서 말한 후, 다음과 같이 이야기했다.

> 그러나 이성적인 것은 언제나 스스로를 도와야만 한다Das Vernünftige muß
> sich aber immer helfen. 이성적인 것이야말로 참된 것이고, 나쁜 국가 체제가
> 만들어질 수 있다는 공포를 떨쳐버려야만 한다.[22] (GW 26/1. 164)

여기서 확인할 수 있는 것은 역사를 원리적으로 긍정하는 헤겔의 모습이다.[23]

• •
22. ヘーゲル, 『自然法と國家學講義』, 212쪽.
23. 이어지는 절에서 헤겔은 '이성적인 것은 존재해야 하지만(Das Vernünftige soll sein),
   그것은 국민의 자기의식에서 현실로 존재한다. …… 인간적 의식은 완성 가능한

3. 헨리히 편집판이 제기한 문제 ─ 베를린 제3회 강의

헤겔에 대해 정관주의를 벗어날 것을 요구하는 해석은 이것만이 아니다. 헨리히 편집으로 공간된 필기자 불명의 『법철학 강의』(1819/20년 겨울학기)에 기재되어 있는 이중 명제가 토대가 된, 헨리히 자신에 의한 해석이 그것이다. 이 강의록은 아카데미 판 『헤겔 전집』 제2부 제26권 제1분책에서 주문主文으로서 수록된 링기에 필기록의 이문異文으로서 난외주欄外注로 수록되었는데, 여기서는 헨리히 판과 그 해석을 검토해 보기로 하자.[24]

헨리히 판에는 전반과 후반이 『법철학 요강』 정도로는 형식적인 통일성을 지니고 있지 않은 명제가 기재되어 있다. 아래에서의 논의와 관련하여 중요한 부분이기 때문에 조금 앞부터 인용하고자 한다.

> 정신은 기반이다. 하늘과 땅의 어떠한 위력도 정신의 법에 대항할 수 없다. 추상적인 사유로부터 또는 선의에서 움직여지는 마음으로부터 사람들이 가져오는 반성 및 표상과 정신의 법이 다른 것이라는 것은 분명하다. 이성적인 것은 현실적으로 되고, 현실적인 것은 이성적으로 된다Was vernünftig ist, wird wirklich, und das Wirkliche wird vernünftig.
>
> 종교에서는 신적인 것이 그 영원이라는 형식에서 느껴진다. 신적인 것은 세계에서 현실적 정신으로서 존재한다. 이 측면에서 보면 철학은 정신적 종교로서의 교회에 속한다. 철학은 영원의 형식에서의 참된 것을 대상으로서 지닌다.[25]

· ·
　　것으로서 언제나 전개에서 파악되는 것이다'라고 말하고 있다(GW 26/1. 168 f.)(ヘーゲル, 『自然法と國家學講義』, 315쪽, 216-217쪽).

24. 헨리히 판에 대한 평가 문제에 관해서는 이 책의 제6장도 참조.

25. 『ヘーゲル法哲學講義錄 1819/20』, 中村浩爾 外 譯, 法律文化社, 5쪽(W. F. Hegel, *Philosophie des Rechts. Die Vorlesung von 1819/20 in einer Nachschrift*, hrsg. von Dieter Henrich, Frankfurt a. M.: Suhrkamp, 1983, S. 51). 헤겔의 이름에 잘못이

우선 헨리히는『법철학 요강』에서 제출된 이중 명제에서 전반부의 '이성적인 것은 현실적이다' 속에서 '세계사적인 자유의 원리가 지니는 의식의 우위'라는 관점, 즉 이념이 현실 속에서 생성하여 출현한다고 하는 '역사 이론적' 관점을 발견한다. 더 나아가 후반부의 '현실적인 것은 이성적이다' 속에서 '개념과 현실의 근본적인 상이성에서 유래하는 모든 개념에 맞서 이성적 현실의 우위'가 발견되고, 이 관점을 '제도 이론적'인 것으로서 구별한다.[26] 이 구별을 우선 사용하게 되면, 헤겔에 대해 친·반의 어느 쪽의 태도를 보이는 자든지 간에 하이네와 로젠크란츠를 비롯한 많은 논자가 헤겔 속에서 제도 이론적 관점을 내세워 비판해 왔다고 말할 수 있을 것이다. 헤겔은 이를테면 그 비판을 받을 때마다 역사 이론적 관점을 강조하여 응답했다고 생각할 수 있다.

더 나아가 헨리히는 이 강의록의 명제를 평가하여 다음과 같이 말하고 있다. '1819/20년 강의의 서론에서는 헤겔의 이중 명제가 그 근원적 형식화에서, 그리고 전적으로 놀랄 만한 것으로 순수하게 역사 이론적 의미에서 나타나 있다.'[27] 그런 다음 하이네가 전하는 형식을 '이성적인 것은 존재해야만 하며, 존재하는 것은 이성적으로 되어야만 한다Was vernünftig ist, muß sein, und was ist, muß vernünftig werden'라는 이중 명제로 정리할 필요가 있으며, 그렇게 되면 이 강의록의 정식화와 '전적으로 겹쳐진다'라고까지 말하고 있다.[28]

있다. 올바르게는 Georg Wilhelm Friedrich이다. 이 점 역시 이 노트의 신빙성을 낮추는 것이었다. 그렇지만 같은 해의 필기록인 링기에 노트의 발견에 의해 헨리히 판에 대해서도 일정한 가치가 인정되었다.

26. ヘンリヒ, 「編者の序文」『ヘーゲル法哲學講義錄 1819/20』, 261쪽 이하(Dieter Henrich, Einleitung des Herausgebers. Vernunft in Verwirklichung, in: Hegel, *Philosophie des Rechts*, S. 13 f.).

27. ヘンリヒ, 「編者の序文」『ヘーゲル法哲學講義錄 1819/20』, 262쪽(Henrich, *Philosophie des Rechts*, S. 14).

28. ヘンリヒ, 「編者の序文」『ヘーゲル法哲學講義錄 1819/20』, 264쪽(Henrich, *Philoso-*

헨리히의 편집판 그 자체에 대해 의혹을 드러내고 있는 푀겔러의 평가와는 달리 하이네 회상의 실질적인 내용의 올바름을 보증하고 있는 것이다.

지금까지 보았듯이 하이네 자신이 기억하고 있던 이중 명제는 제도 이론적 관점이 표명된 후반부를 강조하고 있었다. '현실적인 것은 이성적이다'에 대해 불만이 있고, 전반부는 이를테면 빼버리고 있었다고 말할 수 있다. 그에 반해 헤겔은 빠져버린 '이성적인 것은 현실적이다'라는 전반부를, 요컨대 역사 이론적 관점을 강조적으로 시사한 것이다.

하이델베르크 시대의 정식화를 알게 된 현재의 관점에서 보면, 헤겔의 당초의 함의는 역사 이론적 관점에 놓여 있었다는 것을 알 수 있다. 하지만 들은 것을 그대로 기록했다고 하는 같은 연도의 링기에 필기록의 발견으로 헨리히 판의 신빙성에 대한 의혹은 어느 정도 불식되었지만, 그 스스로가 편집한 강의록의 일본어판 출판을 맞이하여 보내준 서문에서 헨리히는 '이성과 현실의 관계에 관한 유명한 이중 명제를 과연 학생이 헤겔의 발언으로부터 정확히 이해하여 기록했는지는 여전히 분명하지 않고'라고 태도를 유보하기에 이르렀다.[29] 그럼에도 역사 이론적 관점에 헤겔이 강조를 두고 있었을 가능성을 시사한 헨리히의 공적은 크다고 말할 수 있는 것이 아닐까? 이렇게 볼 때 하이네의 회상 역시 단순히 지어낸 이야기로서 잘라내 버리기는 어려운 것으로 보이는 것이다.

제3절 강의록에서의 이중 명제의 생성과 전개

1. 링기에 필기록으로부터 보는 베를린 제3회 강의
역사 이론적 관점을 중시하고 있었을 가능성을 실제로 보여주는 자료로서

phie des Rechts, S. 16).

29. ヘンリヒ, 「日本語版への編者序文」 『ヘーゲル法哲學講義錄 1819/20』, 2쪽.

다음으로 링기에 필기록을 살펴보고자 한다. 그것은 명제를 다음과 같은 정식화에 의해 기록하고 있다.

> 정신은 법의 기반이며, 보편적 정신의 법을 넘어서는 법은 존재하지 않는다. 그러나 보편적 정신의 법은 결코 추상적 사유가 아니다. 이성적인 것은 현실적이며, 역도 또한 그렇다was vernünftig ist ist wirklich und umgekehrt. 그러나 이성적인 것은 개별과 특수 속에서 혼란스럽게 되는 일은 없다. (GW 26/1. 338 f.)

해당 명제는 헨리히 판에 없는 문장을 전후에 지니며, 나아가 콤마 등이 없는 일련의 문장으로서 등장하기 때문에, 여기서는 그것들을 하나의 문장으로서 간주하여 인용했다. 이렇게 해서 보면, 뒤에 이어지는 '이성적인 것은 개별과 특수 속에서'라는 문장으로부터도 명확하듯이 이중 명제의 전반부에 설명의 역점이 놓여 있는 것을 알 수 있다. 이 인용 뒤에는 더 나아가 다음과 같은 문장이 이어진다.

> 개별적으로 생겨난 것은 이성의 법을 반드시 파괴한다고 하는 것이 아니다. 이성적인 고찰은 개별적인 것 속에서 모순하고 있는 것이 중요한 것이라고 간주하는 것을 넘어서서 높아져 간다. (GW 26/1. 339)

이 문장은 그 앞엣것과 아울러서 보더라도 '현실적인 것은 이성적이다'라는 이중 명제의 후반부를 두드러지게 하는 것으로는 되어 있지 않다. 따라서 헤겔의 강조점이 어디에 놓여 있는가의 예증이 되는 것으로 보인다.

하이델베르크 시대의 반넨만 필기록과 링기에 필기록을 아울러서 생각하면, 이중 명제가 먼저 있고 그것을 헨리히가 말하는 역사 이론적 의미로 헤겔이 순화시켰다기보다 본래 명제의 전반부가 제1의적이고 그 후에 『법철학 요강』에서 보이는 이중 명제로서 완성된 것이 아닐까 가정하는 쪽이 온당할 것으로 보인다.

2. 베를린 제2회 강의

이 가설을 지지하는 또 하나의 강의록이 있다. 그것은 반넨만 필기록과 링기에 필기록 사이의 것으로 헤겔이 베를린으로 옮겨간 후의 1818/19년 겨울 학기의 호마이어 필기록이다. 거기에는 다음과 같이 기록되어 있다. 이것도 조금 길지만, 앞과 뒤를 함께 인용하고자 한다.

> 추상이나 역사적 관점이 이념에 어울리지 않는다면, 법철학은 그것들 가운데 어느 쪽에도 머무르지 않는다. ─ 법철학은 지속적 전개에 의해서만 법적인 것의 영역이 생겨날 수 있는바, 전개의 어떠한 단계도 뛰어넘을 수 없다는 것을 알고 있다. 그러나 법 상태는 국민의 보편적인 정신 속에서만 기초하는 것이며, 이리하여 국가 체제는 현전하는 개념과의 필연적 연관 속에 놓여 있다. 따라서 국민의 정신이 좀 더 고차적인 단계로 걸어갔을 때는 그보다 이전 단계에 관계되는 국가 체제의 계기는 이미 존속할 장을 지니지 못한다. 그것들은 붕괴해야만 하며, 어떠한 위력을 가지고서도 그 계기들을 유지할 수 없다. 따라서 철학은 설령 외면적이고 개별적인 현상이 이성적인 것에 여전히 저항하고 있는 것으로 보일 수 있다 할지라도, 이성적인 것만이 생기할 수 있다는 것nur das Vernünftige geschehen könne을 인식하고 있다.[30] (GW 26/1. 234)

여기서도 역시 제1회 강의의 것에 가까운 문장 형태에 의해 이중 명제의 전반부가 단적으로 제시되어 있으며, 역사 이론적 관점이라고도 해야 할 것이 남김없이 전개되고 있다. 하지만 『정신현상학』의 인륜으로부터 법

• •
30. ヘーゲル, 『自然法および國家法「法の哲學」第四回講義錄 第二回講義 ― 1818/19年 冬學期, ベルリン』, 尼寺義弘 譯, 晃洋書房, 2003년, 3쪽.

상태로의 전개에서 보이는 역동성을 상기하면, 그다지 엉뚱한 기술은 아닌 것으로 보인다. 그러나 그 역동적인 역사 이론적 관점이 이처럼 『법철학 강의』 속에서 순도가 높은 기술로 제시되고 있다는 점에 대해서는 주목하지 않을 수 없다. 이러한 일련의 인용 속에는 하이네가 헤겔로부터 들은 명제에서 사용된 '해야만 한다müssen'가 놓여 있으며, 문제의 명제 그 자체에는 '할 수 있다können'라는 말이 보이는 것이 특징이다.

3. 그 후의 강의

『법철학 요강』의 이중 명제가 거의 그대로 보이는 것은 아마도 1821/22년 겨울 학기의 제4회 강의뿐일 것이다. 거기에는 다음과 같이 기재되어 있다.

> 철학은 오로지 현전하는 국가와 관계하고, 국가의 현실과도 관계하는 것인바, 다시 말하면 국가의 참된 현실과 국가의 내면적인 삶과 관계한다. 이성적인 것은 현실적이며, 현실적인 것은 이성적이다Das Vernünftige ist wirklich und das Wirkliche ist vernünftig. 국가는 현재에서의 정신의 구축물이며, 정신의 작품은 이성의 작품이다. 형성되지 않은 것과 미숙한 것을 현실적이라고 말해서는 안 된다. 외면적인 현상을 투과하여 이념을 인식하고, 실제로 있는 국가의 현실을 인식하는 것에 철학 연구는 속해 있다.[31] (GW 26/2. 598)

이 인용 앞에 플라톤에 대한 언급이 있는 등, 『법철학 요강』의 기술과의 병행성이 보인다. 그러나 이 문장 뒤에 『법철학 요강』에 있는 '철학적 저술로서의 이 논구는 국가를, 즉 그것이 어떻게 존재해야만 하는지를 구성해야 하는 것으로부터는 가장 멀리 떨어져 있어야만 한다'(GW 14/1. 14)라는

· ·
31. ヘーゲル, 『法の哲學 ―「法の哲學」第四回講義錄 1821/22年 冬學期, ベルリン』, 尼寺義弘 譯, 晃洋書房, 2009년, 6쪽.

정관주의적인 충고로도 받아들여지는 발언은 존재하지 않는다. 그 대신에 이 강의에서는 미숙한 것은 '현실적'이라고 말할 만하지 않다고 하는 단서를 붙인 다음, '현전하는 국가' 속에서 '국가의 참된 현실'을 읽어낼 것을 요구하고 있다.[32]

1822/23년 겨울 학기의 제5회 강의에는 이중 명제는 없으며, 그 모습을 발견하기도 어렵다. 다만 여기에서는 『법철학 요강』에는 없는 다음과 같은 말이 발견된다.

> 우리가 고찰해야만 하는 규정은 실재가 그에 의해 한층 더 개념에 적합해 가는 자유의 다양한 전개이다. 실재의 첫 번째 형태는 이하의 제약에 대한 제약이라고 말할 수 있다. 더 나아간 규정은 언제나 좀 더 커다란 해방이다.[33] (GW 26/2. 803)

> 이성적인 법과 헌법에 대해 언급하게 되면, 타당해 있는 실정적인 것은 그것이 실제로 존재한다고 하는 이유에서 여기서는 최종적인 것이 아니라고 말할 수 있다.[34] (GW 26/2. 974)

이 밖에도 현전하는 국가 속에서 이성을 발견하면서도 더 나아간 전개를 희구하는 것과 같은 발언이 눈에 띄는 것이 특징이다. 더 나아가 1824/25년 겨울 학기의 제6회 강의에서는 제1회 강의와 동일한 국내법에 대한 논의에서 이중 명제가 상당히 분해되어 이야기되고 있다.

--

32. 이 논조는 법철학 강의록 전반에 걸쳐 보이는 것이긴 하다.

33. ヘーゲル, 『ヘーゲル敎授殿の講義による法の哲學 I ― 1822/23年 冬學期, ベルリン』, 尼寺義弘 譯, 晃洋書房, 2005년, 66-67쪽.

34. ヘーゲル, 『ヘーゲル敎授殿の講義による法の哲學 II ― 1822/23年 冬學期, ベルリン』, 尼寺義弘 譯, 晃洋書房, 2008년, 391쪽.

한편으로 이성적인 것은 현실적이기도 하며, 이성적인 것은 현실적으로 존재하지 않을 정도로 약하지 않다Einerseits ist, was vernünftig ist, auch wirklich, das Vernünftige ist nicht so schwach, nicht wirklich zu sein. 또한 다른 한편으로 이성적이지 않은 것도 역시 실제로 있고 현존하는 것이지만, 그와 같은 것은 현실적으로 존재하는 것이 아니다. 단지 현존하는 것은 현상하고 있는 데 지나지 않는바, 현실은 전적으로 다른 것이다.[35] (GW 26/3. 1419)

여기서도 역시 이중 명제의 전반부가 강조되고 있는 것을 알 수 있다. 하지만 헤겔의 죽음에 의해 중단된 1831/32년의 제7회 강의에서는 일변하여 명제의 후반부만이 언급되고 있다.[36] 그것은 법의 원천으로서의 자유를 둘러싼 논의에서 등장한다.

현실적인 것은 이성적이다. 그러나 현존하는 것 모두가 현실적이라고 하는 것이 아니라 나쁜 것은 자기 자신 속에서 파탄되고 허무한 것이다Was wirklich ist, ist vernünftig. Aber nicht alles ist wirklich was existirt, das Schlechte ist ein in sich selbst Gebrochenes und Nichtiges. 자유란 무엇인가가 파악되어야만 하며, 바로 이 파악에 의해 비로소 이론적 정신이 자기를 해방한다. (GW 26/3. 1494)

이 강의에서 처음으로 후반부만이 언급된다. 제6회 강의를 염두에 두면, 헤겔 자신이 반드시 강조할 의도가 없었던 후반부에 관한 당시부터 자주 있었던 독해에 대해 응답하고 있다고 볼 수도 있다. 이 인용 뒤의 논의에서는

• •
35. ヘーゲル, 『法哲學講義』, 長谷川宏 譯, 作品社, 2000년, 520쪽.
36. 전집판으로 하여 5쪽이 채 안 되는 것으로 서문에 해당하는 문서가 남아 있을 뿐이다. 인간에게서의 갑작스러운 착상은 자연에서의 '번개, 지진, 콜레라'와 같은 것이라고 헤겔이 말했다고 적혀 있는 그 필기록은 '11월 14일 저녁에 헤겔은 콜레라로 사망했다'라는 문장으로 끝난다.

'신의 본질은 인간에게서 참으로 현실적으로 인식된다. 아담에게서 생겨난 선과 악의 인식은 자유롭게 각성한 의식이며, 이 의식에 의해 인간은 짐승이 아니게 되는 것이다'(GW 26/3. 1495)라는 표현이 보이는 것도 주목할 만하다. 최초의 인간이 헤겔적인 해석을 통해 자유롭게 각성하는 현대의 인간과 서로 중첩되어 있다.

어찌 됐든 간행된 『법철학 요강』과 강의록을 비교하면 확실히 '이성적인 것을 참을성 있게 현실화해 간다고 하는 표상을 시사하는 것'은 전자에서가 아니라 후자에서만 발견할 수 있다. 이 장에서 보았듯이 이중 명제라는 한정된 범위에서긴 하지만, 그와 같이 슈네델바흐가 말하고 있는 것도 두드러지게 되는 것으로 보인다.[37] 각각의 강의록에서의 전개를 추적함으로써 출판된 책을 명제의 수준에서 그 생성 과정과 거기에 담긴 참된 뜻을 명확히 하는 것이 가능해지는 것이다.[38]

제4절 하이네의 회상에 대한 재고

이 장에서 소개한 하이네와 헤겔의 대화를 기록한 문장의 바로 앞에서 하이네는 무신론을 음악에 비교하여 헤겔이라는 마에스트로가 무신론을 '누구도 해독할 수 없도록 불명료하고 온갖 것으로 장식된 기호로 작곡했다' 라고 쓰고 있다. 시인은 헤겔의 '음악'을 주의 깊게 듣고서 이해하는 자이며, 그것이 무신론을 주제로 하고 있다는 것을 알고 있었다. 베어도 그러한

37. Schnädelbach, *Hegels praktische Philosophie*, S. 334.
38. 강의록에 의해 출판된 책의 표현이 다시 해석된 예로서 곤자 다케시(權左武志)의 연구가 있다. 인격과 소유의 자유라는 헤겔이 내거는 원리는 봉건적인 토지 소유의 철폐라는 원리인데, 강의록에는 그 이름이 기재되어 있는 나폴레옹 법전에 기초한 것이다. 權左武志, 『ヘーゲルにおける理性・國家・歷史』, 岩波書店, 2010년, 110쪽 이하를 참조(『헤겔에서의 이성・국가・역사』, 이신철 옮김, 도서출판b, 2017).

사람들 가운데 하나였을 가능성이 있다. 그러나 헤겔이 비굴하고 신경질적으로 보였다 하더라도, 저 이중 명제에 관해 단편적인 설명을 입에 올린 것만으로 왜 그는 주위의 듣는 귀를 걱정해야만 했던 것일까? 적어도 하이네는 문제의 명제를 헤겔적인 무신론이라는 줄거리 속에서 이해하고 있는 것은 확실하다.

시인은 이 삽화 후에 헤겔의 『역사철학 강의』에서의 신의 죽음을 둘러싼 그리스도교에 대한 평가에 대해 언급하고, 나아가 헤겔의 단순한 현세주의를 표현하는 것으로서 자주 인용되는, 사후 인간의 행방에 관한 헤겔과의 대화를 소개하고 있다. 일련의 대화가 같은 날의 것인지는 알 수 없다. 시인이 죽은 이가 머무는 별에 대해 이야기하자 헤겔은 '별은 천공에서 빛나는 마맛자국에 불과하다'라고 중얼거렸다. 더 나아가 '저세상에는 사후에 미덕을 치하하는 행복한 술집은 없는 것일까'라고 묻자 현세에서 쌓은 선행에 대해 '더 나아가 술값을 요구할 작정인가'라고 헤겔은 조소했다고 한다.

현행 국가에 대해 불만을 지니고서 비판하는 것, 사후 영혼의 존재를 상정함으로써 안도하는 것, 이 두 가지는 하이네 속에서 무리 없이 양립하고 있다. 이러한 것은 어떤 의미에서는 인간에게 일반적인 경향이다. 헤겔이 현행 국가에 대해 불만을 지니지 않았을 것은 아니다. 그러나 사후의 행방을 상정하고서 안도하지는 않았다. 국가에 대한 불만의 이를테면 음화로서 사후의 안락 추구를 헤겔은 스스로에게 허락하지 않은 것이다.

확실히 하이네는 저 이중 명제를 종교적인 것을 포함하는 문맥 속에서 읽고 있었다. 그러나 『법철학 요강』의 명제 그 자체를 읽는 한에서, 곧바로 그러한 문맥을 떠올리기는 어렵다. 하지만 『법철학 요강』 서문의 말미에서 프로테스탄티즘의 원리를 찬양하고, '어중간한 철학은 신에게서 벗어나게 하지만 ……, 참된 철학은 신에게로 이끈다는 것이 유명한 말이 되었듯이, 그것은 국가의 경우에도 마찬가지이다'(GW 14/1. 16)라고 헤겔은 말하고 있었다. 강의에서는 종교와 법철학의 교차가 좀 더 선명하게 시사되고 있다. 이중 명제에 대해 언급하고 있던 앞 절의 링기에 강의록으로부터의 인용 부분은 다음과 같이 이어져 있다.

> 이리하여 법철학의 목적은 현실 세계의 내면을 인식하는 기반이지만, 정신의 체계적인 구축물은 정신의 단순한 존재 방식에서 사상이라는 터전 속에 놓여 있다. 그런 한에서 철학은 교회와 동일한 관계를 국가에 대해서도 지닌다. 철학과 교회의 대상은 단일한 형태에서의 참된 것이며, 영원한 형식에서의 참된 것이다. 신은 이 형식에서 느껴지며, 세계에서 현실적 정신으로서 있다. 철학은 종교의 형태화와는 다른 것이다. (GW 26/1. 339)

'느껴진다'라는 감각적이거나 감정적인 술어의 사용은 슐라이어마허를 의식한 것으로 생각된다. '단일한 형태에서의 참된 것'이란 교회에 있어서는 신이며, 법의 철학, 즉 헤겔이 말하는 '참된 철학'에 있어서는 국가를 의미한다. 이 대상의 동일성을 하이네는 알아차리지 못했다. 청강하고 있던 학생에 관해서는 여기서 이야기하지 않는다고 하더라도, 맥락을 공유하고 있었을 시인조차 헤겔과 근본적으로 어긋나 있었다. 강의록은 이러한 미묘한 사정과 함께 헤겔 자신의 맥락과 갈등을 오늘날에 이르기까지 생생하게 전해주는 제1급의 자료이다.

제6장 국가학 강의

오카자키 류岡崎 龍

들어가며

　　주로 『법철학 요강』으로 알려진 헤겔의 사회 철학 내지 국가론에 대해서는 강의록에 수록된 내용과 헤겔 자신의 『법철학 요강』에서 제시된 주장과의 정합성을 둘러싸고서 많은 논쟁이 이루어져 왔다. 『법철학 요강』에서의 헤겔 자신의 기술이 추상적이고 난해한 데 비해, 강의록의 내용은 많은 구체적인 예들을 언급할 뿐만 아니라 거기에서는 어느 정도 단순화된 설명이 발견되는 일도 있어서 강의 내용이 과연 그대로 헤겔 자신의 사상인가 하는 형태로 수용 내지 비판의 대상이 되었다. 더 나아가 이러한 강의록 그 자체의 신빙성이라는 문제만이 아니라 헤겔이 강의를 했던 당시 독일의 정치적 정세의 불안정함에서 영향을 받아 헤겔 자신의 사상 자체가 각 강의록을 통해 일관된 것으로 파악될 수 있는가 하는 문제가 더해지게 되었다. 헤겔의 국가학 강의에 대해서는 텍스트의 내용 해석과 더불어 텍스트 그 자체를 어떠한 것으로서 파악할 수 있는가 하는 관점으로부터 많은 논쟁이 이루어져 왔다.

강의록의 신빙성과 당시 정치적 정세의 반영이라는 이러한 이중의 문제를 안고 있었기 때문에 — 물론 이 두 가지 계기 그 자체도 상호 간에 얽혀 있지만 —, 헤겔의 국가학 강의의 수용 자체가 복잡한 것이 되었다. 그럼에도 2015년에는 헤겔의 모든 국가학 강의를 갖춘 새로운 교정판 『헤겔 전집』[1]이 간행되고, 이 신판에는 헤겔 자신의 견해인 것으로서 확증된 텍스트만이 게재된 까닭에,[2] 강의록의 신빙성이라는 문제에 대해서는 일정한 매듭이 지어지며, 이후의 연구를 위한 텍스트가 정비되어 충분한 토대가 제공되게 되었다.

이 장에서는 이러한 복잡한 배경을 지니는 법철학 강의 중에서도 국가론에 관한 부분에 대해 앞에서 말한 교정판 『헤겔 전집』 간행에 이르기까지 전개된 몇 가지 논쟁에서의 문제의 소재를 정리하고자 한다. 이를 위해 우선은 강의록을 둘러싼 문제를 다음의 세 가지 단계로 나누고, 각각의 논쟁점을 새롭게 되돌아보기로 한다.[3]

• •

1. 교정판 『헤겔 전집』 제26권이 강의록에 해당되며, 다음의 3분책으로 이루어진다.
GW 26/1: *Nachschriften zu den Kollegien der Jahre 1817/18, 1818/19 und 1819/20*, hrsg. von Dirk Felgenhauer, 2014.
GW 26/2: *Nachschriften zu den Kollegien der Jahre 1821/22, 1822/23*, hrsg. von Klaus Grotsch, 2015.
GW 26/3: *Nachschriften zu den Kollegien der Jahre 1824/25 und 1831*, hrsg. von Klaus Grotsch, 2015.

2. 1991년 시점에서 강의록의 편집 기준에 관해 다음과 같은 언급이 있다. '독자가 헤겔의 교정판 텍스트에 대해 응당하게 요구하는 것은 헤겔의 텍스트로서 무엇이 타당할 수 있는가를 좀 더 엄밀하게 음미하고 확정하는 것이다.'(エリーザベト・ヴァイサー=ローマン,「法哲學講義 ― 例証, 草稿, 筆記錄」, オットー・ペゲラー 編, 『ヘーゲル講義錄硏究』, 寄川條路 監譯, 法政大學出版局, 2015년, 152쪽).

3. 강의록에 관한 논쟁을 정리한 연구들 가운데 가장 망라해 보여주는 것으로서 權左武志,「ヘーゲル法哲學講義錄をめぐる近年の論爭」(1), (2)(『北大法學論集』 제40권 제5·6 합병호, 제41권 제1호, 1990년)가 있다. 곤자 다케시는 더 나아가 「그 후의 논쟁의

강의록을 이해할 때의 첫 번째 문제는 『법철학 요강』의 많은 절에 덧붙여진 '보론'의 취급에 관계되는 문제에서 발단했다. '보론'은 『법철학 요강』의 편집자인 간스가 본래는 강의를 위한 교과서로서 1820년에 출판된 헤겔의 『법철학 요강』에 두 개의 강의록(1822/23년 강의록 및 1824/25년 강의록)으로부터 뽑아낸 것을 그의 판단에 의해 덧붙인 것이다. 즉, 헤겔 자신의 손으로 쓰인 본문과 주해로 이루어진 『법철학 요강』은 1820년 말에 간행되고, 이것에 '보론'을 덧붙인 것이 1833년에 간스에 의해 간행된 것이다. 따라서 '보론'이 반드시 『법철학 요강』을 집필하고 있을 당시 헤겔의 생각 그 자체를 표현하고 있는 것은 아닌바, 본래 '보론'으로서 추가된 강의록의 내용이 정말로 헤겔 자신의 생각인 것인지, 또는 강의록 작성자의 생각이 거기에 뒤섞여 있는 것은 아닌지, 그 '보론'의 내용을 음미할 필요가 나오게 될 것이다. 이리하여 '보론'을 포함하는 강의록의 연구가 시작되었다. 이 작업은 구판의 편자 호프마이스터가 시도했지만, 그의 죽음으로 인해 완수되지 못하며, 그 후 일팅에 의해 계승되었다. 이 작업을 진행하는 가운데 일팅이 제시한 새로운 독해, 이른바 '일팅 테제'는 후의 연구에 대해 언제나 비판적인 준거점을 제시하는 것이 되었다.

두 번째 문제는 일팅의 편집 시에는 발견되지 않았던 1819/20년의 강의록 간행에 수반되는 것이다. 이 강의록을 편집함으로써 헨리히는 텍스트가 발견되지 못했던 한에서 일팅의 이해에는 나타날 수 없었던 새로운 논점을 제시했다. 이 새로운 자료의 발견에 따라 일팅 판에는 없었던 헤겔 국가학의 새로운 이해가 가능해진 것이다. 그러나 이 강의록에 대해서는 그것이 정말로 헤겔 자신의 것인가에 대해 몇 가지 의혹이 제기되었다.

세 번째 문제는 헨리히에 의한 앞에서 말한 강의록의 간행 시에는 발견되어 있지 않았던, 마찬가지로 1819/20년 겨울 학기 강의록의 새로운 필기록의

경과」도 보여주고 있다(權左武志, 『ヘーゲルにおける理性・國家・歷史』, 岩波書店, 2010년[『헤겔에서의 이성・국가・역사』, 이신철 옮김, 도서출판b, 2017]).

발견에 따라, 처음에는 의심받고 있었던 이 강의록의 신빙성이 다시 인정되게 되었을 때의 것이다. 이에 의해 일팅으로부터 헨리히에 이르기까지의 문제 상황에 어떠한 시각이 제기되고, 그것이 어떠한 의의를 지니는지가 문제가 된다.

아래에서는 우선은 각 연도의 강의록을 간단하게 소개한 다음, 첫 번째와 두 번째 문제에 대해 문제의 소재를 되돌아본다. 그때 주목하는 것이 헤겔의 국가론 속에서 헤겔이 찬양하는 '입헌 군주제'의 기초가 되는 '군주권'의 문제이다. 일팅 테제에서 묻고 있는 것은 미즈노 다쓰오水野建雄에 따르면, (1) '이성=현실 명제'(『법철학 요강』의 서문에서 알게 되는 '이성적인 것은 현실적이며, 현실적인 것은 이성적이다'라는 명제), (2) 군주권의 서술, (3) 프랑스 혁명의 서술이라는 세 가지 점에 관계되는 것이기 때문에,[4] 국가론에 관계되는 논점으로서 이 장에서는 '군주권'을 다루기로 한다. 그런 다음 세 번째 문제에 이어서 새로운 자료에 토대하여 첫 번째·두 번째 문제 제기의 내용을 다시 생각해 보고자 한다.

제1절 각 국가학 강의들의 특징

국가학에 관해 헤겔이 행한 강의는 하이델베르크대학에서 한 차례, 베를린대학에서 여섯 차례로 모두 일곱 차례이다. 여기서는 각각의 강의록의 특징에 대해 간단히 살펴보고자 한다.[5] 다만 이 장에서는 예나 시대의

••
4. 水野建雄, 「ヘーゲル『法哲學』の形成と理念(序) ―イルティング・テーゼとその批判」, 筑波大學哲學思想學系, 『哲學·思想論集』 제12호, 1986년, 22-24쪽.
5. 강의의 필기자에 관한 정보로서는 山崎純, 「資料 ― ヘーゲルの講義活動」(加藤尙武 編, 『ヘーゲル哲學への新視角』 創文社, 1999년), 早瀬明, 「ハイデルベルクならびにベルリン時代の法哲學講義聽講ノート」(加藤尙武 編, 『ヘーゲルを學ぶ人のために』, 世界思想社, 2001년)을 참조.

강의에 대해서는 다루지 않기로 한다.

제1회 강의는 하이델베르크대학에서 1817/18년의 겨울 학기에 행해졌다. 페터 반넨만에 의한 필기록이 '자연법과 국가학'이라는 제목으로 전해지고 있다. 나중의 『법철학 요강』과 거의 동일한 구성을 지니는 것이기 때문에 '원-법철학'이라고 불리며, 신빙성이 높다고 여겨진다.[6] 간행은 1983년이며, 푀겔러에 의한 것과 일팅에 의한 것이 있고,[7] 시행판 제1분책에 푀겔러에 의해 간행된 것이 수록되어 있다. 일본어 역으로는 니지 요시히로尼寺義弘 옮김, 『자연법 및 국가학에 관한 강의 ─ 1817/18 겨울 학기 강의, 하이델베르크, 1818/19 겨울 학기 서설(부록) 베를린, 법학부 학생 P. 반넨만 수고』(晃洋書房, 2002년), 다카야나기 료지高柳良治 감역, 『자연법과 국가학 강의 ─ 하이델베르크대학 1817/18년』(法政大學出版局, 2007년)이 있다.

제2회 이후의 강의는 모두 제1회 강의 후에 헤겔이 교수로서 취임한 베를린대학에서 행해졌다. 1818/19년의 겨울 학기에 행해진 제2회 강의에 대해서는 호마이어에 의한 필기록에 제1회의 필기자 반넨만의 필기록으로부터의 발췌를 덧붙인 것이 일팅에 의해 간행되었다.[8] 그 후의 교정을 거쳐 새로운 강의록의 제1분책에 수록되어 있다. 일본어 역은 니지 요시히로 옮김, 『자연법 및 국가학 ─ 「법의 철학」 제2회 강의록, 1818/19년 겨울 학기, 베를린, C. G. 호마이어 수고』(晃洋書房, 2003년)가 있다.

제3회 강의는 베를린대학에서 1819/20년 겨울 학기에 행해졌다. 이 강의록은 독일에서가 아니라 미국의 인디애나대학에서 발견되었는데, 헨리히가

..

6. ヴァイサー＝ローマン, 「法哲學講義 ─ 例証, 草稿, 筆記錄」, 144-5쪽.

7. *Vorlesungen, Ausgewählte Nachschriften und Manuskripte*, Bd. 1, hrsg. von Otto Pögge-ler, Hamburg, 1983. *Die Philosophie des Rechts. Die Mitschrften Wannenmann (Heidel-berg 1817/18) und Homeyer (Berlin 1818/19)*, hrsg. von Karl-Heinz Ilting, Stuttgart, 1983.

8. G. W. F. Hegel, *Vorlesungen über Rechtsphilosophie 1818-1831*, Bd. 1, hrsg. von Karl-Heinz Ilting, Stuttgart, 1973.

편집하여 필기자 불명인 채로 1983년에 간행되었다.[9] 다른 강의록과는 달리 절 구분이 이루어져 있지 않은 동시에, 본문과 주해라는 구별도 없다. 더 나아가 '법철학 및 정치학'이라는 표제가 붙어 있지만, 헤겔 자신은 이 표기를 다른 곳에서는 사용한 일이 없으며, 헤닝이 하고 있던 복습 수업에서 사용된 것이라고 여겨진다.[10] 간행 후에 새로운 자료로서 환영받는 한편, 많은 연구자에 의해 그 신빙성에 대한 의혹이 제기되었지만, 같은 강의에 대한 링기에에 의한 다른 필기록이 발견되어 2000년에 앙게른 등에 의해 편집 간행되었다.[11] 새로운 강의록에서는 제1분책에 수록되어 있다. 일본어 역은 나카무라 고지中村浩爾 외 옮김, 『헤겔 법철학 강의 — 1819/20』(法律文化社, 2002년)이 있다.

제4회 강의는 베를린대학에서 1821/22년 겨울 학기에 행해졌다. 이 강의록은 누구에 의한 필기록인지는 아직 알려지지 않았으며, 수고의 문자가 절에 따라 다른 것 등, 해독이 어려운 텍스트일 뿐만 아니라 본래 몇 년도의 강의록인가 하는 것조차 기재되어 있지 않다. 또한 이 강의록의 국가론 부분은 제260절 '국내법' 서두에서 중단되고 말았고, 나머지 부분은 발견되고 있지 않다. 몇 개의 절을 다른 연도 강의록의 같은 부분과 비교하는 수법을 통해 1821/22년도의 강의록이라는 것을 확정한 호페에 의해 2005년에 편집되며,[12] 새로운 강의록에서는 제2분책에 수록되어 있다. 또한 이 연도 강의록의 일본어 역에는 니지 요시히로尼寺義弘 옮김, 『G. W. F. 헤겔 「법의 철학」 — 「법의 철학」 제4회 강의록, 1821/22년 겨울 학기, 베를린,

• •

9. G. W. F. Hegel, *Philosophie des Rechts. Die Vorlesung von 1819/20 in einer Nachschrift*, hrsg. von Dieter Henrich, Frankfurt a. M., 1983.

10. 早瀬明, 「ハイデルベルクならびにベルリン時代の法哲學講義聽講ノート」, 177쪽.

11. *Vorlesungen, Ausgewählte Nachschriften und Manuskripte*, Bd. 14, hrsg. von Emil Angehrn, Martin Bondeli und Hoo Nam Seelmann, Hamburg, 1983.

12. G. W. F. Hegel, *Die Philosophie des Rechts. Die Vorlesung von 1821/22*, hrsg. von Hansgeorg Hoppe, Frankfurt a. M., 2005.

킬 수고』(晃洋書房, 2008년)가 있다.

제5회 강의는 베를린대학에서 1822/23년의 겨울 학기에 행해졌다. 호토에 의한 필기록이 전해지고 있는데, 일팅이 편집했다.[13] 나중에는 실바흐에 의해 간행된 하이제에 의한 필기록 단편[14]을 근거로 하는 등, 한층 더한 교정을 거쳐 새로운 강의록에서는 제2분책에 수록되어 있다. 이 강의록으로부터 발췌된 문구가 나중에 간스에 의해 『법철학 요강』에 '보론'으로서 추가되었다. 일본어 역에는 니지 요시히로 옮김, 『헤겔 교수에 의한 법의 철학—「법의 철학」 제5회 강의록, 1822/23년 겨울 학기, 베를린, H. G. 호토 수고(I · II)』(晃洋書房, 2005 · 2008년)가 있다.

제6회 강의는 베를린대학에서 1824/25년의 겨울 학기에 행해졌다. 그리스하임에 의한 필기록이 전해지고 있으며, 일팅이 편집했다.[15] 가일층의 교정을 거쳐 새로운 강의록에서는 제3분책에 수록되어 있다. 제5회 강의록과 마찬가지로 이 강의록으로부터도 『법철학 요강』에 대한 '보론'으로서 발췌된 부분이 있다. 일본어 역에는 하세가와 히로시長谷川宏 옮김, 『법철학 강의』(作品社, 2000년)가 있다.

제6회 강의로부터 몇 년간 베를린대학에서의 『법철학 강의』를 제자인 간스와 헤닝에게 맡기고 스스로는 『역사철학 강의』에 집중하고 있던 헤겔은 사망하기 직전인 1831년 겨울 학기에 제7회 강의를 했지만, 겨우 두 차례의 강의 후에 헤겔의 죽음으로 중단되었기 때문에 본론에 들어가기 전 부분밖에 없다. 이 강의의 필기록은 헤겔 좌파의 논객으로서 알려진 슈트라우스에 의한 것이 전해지고 있다. 일팅에 의해 간행된 것[16]이 새로운 강의록의

· ·

13. G. W. F. Hegel, *Vorlesungen über Rechtsphilosophie 1818-1831*, Bd. 3, hrsg. von Karl–Heinz Ilting, Stuttgart, 1974.

14. G. W. F. Hegel, *Philosophie des Rechts, Nachschrift der Vorlesung von 1822/23 von Karl Wilhelm Ludwig Heyse*, hrsg. von Erich Shilbach, Frankfurt a. M., 1999.

15. G. W. F. Hegel, *Vorlesungen über Rechtsphilosophie 1818–1831*, Bd. 4, hrsg. von Karl–Heinz Ilting, Stuttgart, 1974.

제3분책에 수록되어 있다.

제2절 강의록과 『법철학 요강』의 구별 ─ 일팅의 문제 제기

본래 법철학 강의를 위한 길잡이라는 목적으로 집필된 『법철학 요강』은 그대로는 독자의 이해에 불편을 초래하는 것이었기 때문에, 간스가 나중의 강의록으로부터의 발췌를 '보론'으로서 추가함으로써 그것을 보완하고자 했다.[17] 이러한 경위를 지니는 보론의 텍스트에 대해 의혹을 드러내고 보론을 삭제한 다음에 헤겔의 자가본에 있는 헤겔 자신의 '난외 메모'를 수록한 것이 구판의 편자 호프마이스터였다. 이리하여 『법철학 요강』의 연구는 완성된 텍스트의 의미를 이해한다고 하는 종래의 작업에 더하여, 텍스트 그 자체의 검증이라는 문헌적인 것으로도 향하게 되었다.

호프마이스터의 지적은 강의록과 『법철학 요강』의 다름에 눈을 돌리고, 헤겔의 사상 그 자체인지 의심스러운 강의록을 배제함으로써 『법철학 요강』 그 자체에 입각한 연구를 촉진했다. 이에 대해 일팅은 강의록과 『법철학 요강』의 다름이라는 관점을 계승하면서 신빙성에 대해서는 호프마이스터와는 정반대의 태도를 보인다. 즉, 일팅은 『법철학 요강』이 헤겔 자신의 손으로 이루어진 것이긴 하지만, 거기에는 언제나 당시의 검열[18]에 대한

● ●
16. G. W. F. Hegel, *Vorlesungen über Rechtsphilosophie 1818–1831*, Bd. 4, hrsg. von Karl–Heinz Ilting, Stuttgart, 1974.
17. 瀧口清榮,「ヘーゲル法哲學の研究狀況 ─『法(權利)の哲學』と講義筆記錄をめぐって」 (加藤尙武 · 瀧口淸榮 編,『ヘーゲルの國家論』, 理想社, 2006년), 265–266쪽.
18. 헤겔이 두려워한 검열을 초래한 정치적 사건으로 1819년 8월의 '칼스바트 결의'가 있다. 오스트리아 재상 메테르니히의 주도로 행해진 이 결의 내용의 하나로 '군주제 유지'가 있으며, 이 결의에서 발단하는 프로이센의 신검열 포고에 의해 그 이전의 학술 기관에서의 검열의 자유가 철폐되었다. 요컨대 헤겔이 출판하고자 하고 있던 『법철학 요강』도 검열의 대상이 된다는 것을 의미했던 것이다. 이에 대해서는 水野建

경계가 놓여 있어 헤겔 자신의 구상이 왜곡되어 있을 가능성이 있는 데 반해, 강의록은 검열에 대한 염려가 없어 헤겔 자신의 사상이 왜곡 없이 표현되어 있을 거라는 것이다. 본래는 '리버럴'한 헤겔의 근본 사상은 강의록에서만 나타나 있으며, 『법철학 요강』에서는 검열에 대한 두려움으로 인해 이러한 '리버럴'한 측면이 숨겨져 있다는 것이다.

여기서는 『법철학 요강』에서의, 요컨대 일팅이 비틀리고 구부러진 것으로 간주하는 군주권에 대한 기술과 일팅이 헤겔 본래의 것으로 간주하는 군주권에 대한 기술 쌍방을 확인하고, 일팅이 제시하는 문제를 되돌아보고자 한다.

이 문제와 씨름하는 데서 일팅이 처음에 제시하는 것은 루돌프 하임과 프란츠 로젠츠바이크에 의해 지적된 헤겔의 군주권론이 지니는 양면성이다.[19] 하임에 따르면 헤겔이 군주에게 돌리는 '자기 결정'의 계기는 '주체'를 타당화하는 것이지만, 다른 한편으로 군주는 단순한 '수락을 말하며 <i> 위에 점을 찍는' 것밖에 의미를 지니지 않는 무내용한 것인바, 결국은 주체의 입장을 관철할 수 없는 채로 '보편과 실체의 언제나 그러한 과대평가'로 돌아오고 만다.[20] 군주에게서의 주체의 철학으로부터 실체의 철학에로의 전략이라는 시각을 통해 하임은 잘 알려진 '프로이센의 어용 철학자'라는 헤겔 비판을 제기하는 데 반해, 로젠츠바이크는 군주권론이 지니는 '독특한 이의성'을 간취한다. 요컨대 '국가의 모든 활동의 기원'이면서 그 속에서

．．
　　　雄, 「カールスバート決議」(加藤尚武 외 편 『ヘーゲル事典』, 弘文堂, 1992년[『헤겔사전』, 이신철 옮김, 도서출판 b])를 참조.

19. 다만 일팅의 문제 제기는 곤자 다케시(權左武志)가 말하듯이 하임과 로젠츠바이크의 비판 내지 재검토만을 목적으로 한 것이 아니라 전후의 『법철학 요강』의 해석사에서의 리버럴・복고주의라는 서로 대립하는 두 가지 측면의 관련을 어떻게 생각할 것인가라는 동기를 지닌다. 이에 대해서는 權左武志, 「ヘーゲル法哲學講義をめぐる近年の論爭」(1), 1,304쪽을 참조.

20. Rudolf Haym, *Hegel und seine Zeit. Vorlesungen über Entstehung und Entwicklung, Wesen und Werth der Hegel'schen Philosophie*, Berlin, 1857, S. 383.

헤겔의 사상 그 자체에서의 '깊은 사상적 갈등'을 간취하고, 이것이 '헤겔의 군주상을 이토록 정체불명의 것으로 만들었다'[21]라고 하는 것이다.

양자에 의한 군주권의 이의성에 대한 지적에 대해 일팅은 저 무내용에 관한 규정, 요컨대 '수락을 말하며 <i> 위에 점을 찍는'다는 규정이 '헤겔 자신에 의해 출판된 텍스트에는 없는'[22] 것인바, 제5회 강의로부터 발췌한 간스가 '보론'으로서 추구했다고 하는 사실을 제시한다.[23] 요컨대 이 문제는 로젠츠바이크가 지적한 것과 같은 '갈등'이 아니라 '헤겔에 의해 출판된 텍스트와 1822/23년 겨울 학기의 강의와의 모순'[24]으로서 파악되어야만 한다는 것이다. 더 나아가 이러한 군주권의 권한에 대한 제한은 1824/25년 강의에서도, 그뿐만 아니라 『법철학 요강』 간행 이전의 1818/19년의 강의에서도 발견된다고 한다.[25]

이러한 『법철학 요강』에서 보이는 모종의 전향이라고도 말할 수 있는 사태를 헤겔에게 강요한 것은 당시 베를린의 불안정한 정치적 정세였다고 일팅은 간주한다.[26] 특히 거기서 주목되는 것이 1818/19년이다. 1819년 3월에 헤겔은 친우인 니트함머에게 편지를 보내 자기의 저서가 머지않아 간행된다는 것을 예고하고 있는데, 실제로 『법철학 요강』이 간행된 것은 1820년 10월이었다. 바로 이 지연이 칼스바트 결의 이후 예상되는 검열에

• •

21. Franz Rosenzweig, *Hegel und der Staat*, München/Berlin, 1920, S. 142.

22. Hegel, *Vorlesungen über Rechtsphilosophie 1818–1831*, hrsg. von Karl–Heinz Ilting, Bd. 1, S. 28.

23. Hegel, *Vorlesungen über Rechtsphilosophie 1818–1831*, hrsg. von Karl–Heinz Ilting, Bd. 3, S. 764.

24. Hegel, *Vorlesungen über Rechtsphilosophie 1818–1831*, hrsg. von Karl–Heinz Ilting, Bd. 1, S. 29.

25. Hegel, *Vorlesungen über Rechtsphilosophie 1818–1831*, hrsg. von Karl–Heinz Ilting, Bd. 1, S. 30–32.

26. 水野建雄, 「ヘーゲル<法哲學>をめぐる1819年 — イルティング問題について」, 筑波大學 編, 『倫理學』 제4호, 1986년) 및 瀧口淸榮, 「ヘーゲル法哲學の硏究狀況」을 참조.

대한 헤겔의 경계로 인해 야기된 것이고, 이 지연 속에서 앞의 '모순'이 생겨나는 것이다. 즉, 리버럴한 관점으로부터 군주권을 묘사하는 것으로서 이미 간행 가능한 원고를 가지고 있었을 헤겔은 '이미 교열 단계의 원고를 1819년 10월부터 1820년 6월 사이에 개고했다.'[27] 이 기간에 헤겔은 검열을 경계하여 이러한 리버럴한 관점을 배경으로 후퇴시켜 고쳐 썼다는 것이다.

이리하여 일팅은 강의록과 『법철학 요강』 사이에는 전자가 군주의 형식을, 따라서 거기에 내용을 부여하는 것으로서의 '내각'의 계기의 중요성을 되풀이해서 강조하는 리버럴한 성격을 가지는 것인데 반해, 후자는 군주의 '자기 결정' 계기를 강조하는 복고주의적인 성격을 지닌다는 것, 더욱이 이러한 것이 일어난 원인이 1818/19년의 칼스바트 결의에 수반되는 학문적 저작들에 대한 검열의 강화에 놓여 있다고 하는 것을 논의했다. 종래에 유통되고 있던 『법철학 요강』의 텍스트에 기초하는 헤겔 해석을 물리치고, 문헌학적 고증에 기초하여 1818/19년을 경계로 한 『법철학 요강』과 강의록의 대립이라는 축에서 이루어지는 헤겔의 사상에 대한 일팅의 새로운 파악은 강의록 연구를 위한 새로운 길을 여는 것임과 동시에 그 후의 많은 연구자의 비판을 불러일으키게 된다.

제3절 헨리히에 의한 새로운 자료의 간행

헨리히가 1983년에 편집 간행한 새로운 자료는 『법철학 요강』의 서문에도 있는 '이성과 현실'에 관한 기술을 둘러싸고서 새로운 시각을 가져온다는 점과, 『법철학 요강』에서도 다른 강의록에서도 보이지 않는 '빈곤'에 즈음한

27. Hegel, *Vorlesungen über Rechtsphilosophie 1818–1831*, hrsg. von Karl-Heinz Ilting, Bd. 1, S. 102.

'혁명권'을 논의하고 있다는 점 등, 많은 새로운 논점을 포함하는 것으로서 우선은 환영을 받으며 맞아들여졌다.[28]

그렇다면 앞 절에서 본 일팅의 문제 제기에 대해 이 텍스트는 어떠한 의미를 지닌 것일까? 이 강의록에서 문제가 되는 것은 첫째로, 1819/20년 겨울 학기라는, 일팅에 의해 『법철학 요강』의 개고가 행해졌다고 추정된 시기 한 가운데에 놓여 있으면서도 군주의 '형식'이 명백하게 강조되고 있다는 점, 둘째로, 이 강의록의 편자인 헨리히에 의해 일팅 테제와는 다른 형태로 『법철학 요강』과 강의록의 관계가 다시 파악되고 있다는 점이다.

첫 번째 점에 대해 살펴보자. 확실히 강의록에서 '수락을 말하며 <i> 위에 점을 찍는'다는 표현은 없다 하더라도 군주의 형식에 대해 되풀이해서 논의하고 있다.

> 군주의 이름은 최종 결정을 포함하고 있고, 표상의 기호이다. 이 표상의 기호를 통해 개별적인 것을 개별적인 것으로서 받아들이는 것이 가능해졌다. 재판관은 군주에게는 전혀 의존하지 않음에도 불구하고, 군주의 이름으로 판결을 내리는 것이다.[29]

여기서 볼 수 있듯이 군주는 '이름'에 지나지 않는다. '이 표상의 기호를 통해 개별적인 것을 개별적인 것으로서 받아들이는 것이 가능해졌다'라는 것은 군주의 이름에는 보편적인 것 내지 국가가 무엇인가를 결정하는 데서의 내용에 관계되는 계기가 전혀 없고, '이름'이라는 순수한 개별적 개인으로서의 군주에게 귀속되는 자 이외의 아무것도 아니라는 것을 의미한다. 그런

28. '이성'과 '현실'을 둘러싼 문제에 대해 현상(現狀) 긍정의 헤겔과는 다른 미래 지향의 헤겔을 이 텍스트로부터 읽어내는 것으로 加藤尙武 『哲學の使命 ── ヘーゲル哲學の精神と世界』(未來社, 1992년)가 있다.

29. Hegel, *Philosophie des Rechts. Die Vorlesung von 1819/20 in einer Nachschrift*, S. 250 f. 『ヘーゲル法哲學講義錄 1819/20』, 中村浩爾 外 譯, 法律文化社, 190쪽.

의미에서 '수락을 말하며 <i> 위에 점을 찍는'다는, 1822/23년의 강의록에서 전개된 것과 동일한 리버럴한 측면을 발견하는 것은 이 강의록에서도 가능하다고 말할 수 있다. 그리고 실제로 헨리히는 이 부분을 지적함으로써 '군주의 서명 역할은 국가의 결정 능력에서의 단순한 상징으로밖에 볼 수 없을 정도로 격하되어 있다'라고 말하고 있다.[30]

다만 헨리히의 인용에서는 '최종 결정을 포함하고 있고'라는 부분은 생략되어 있다.[31] 요컨대 실제의 필기록에서는 '최종 결정'이라는 계기와 '형식'의 계기가 서로 비교되는 형태로 논의되고 있다. 그런 의미에서 헨리히의 평가는 반드시 공정하다고는 말할 수 없다. 아니 그보다도 오히려 일팅으로 하여금 강의록 연구로 향하게끔 한 계기의 하나인, 로젠츠바이크의 이른바 '깊은 사상적 갈등'이 이 텍스트의 신빙성을 전제로 하는 한에서 이미 발뺌할 수 없는 형태로 나타나 있는 부분이라고 말해야만 한다. 발뺌할 수 없는 형태로라고 하는 것은 『법철학 요강』 제280절처럼 본문과 다른 시기의 강의의 조합으로서 나타나 있는 것이 아니라 동일한 강의의 동일한 문장 속에서 표현되어 있다는 점이다.

어찌 됐든 헨리히가 편집한 강의록에 의해 일팅이 1973년에 제시한 개고 시기의 한 가운데서도 헤겔은 '군주의 결정 형식'을 확인하고, 따라서 자신의 리버럴한 사상을 드러내고 있다는 것이 밝혀지기 때문에, 일팅은 개고 시기를 1820년 초여름으로 수정하게 되었다.[32] 그렇지만 일팅은 출판물에 대한 검열을 경계한 헤겔이 『법철학 요강』을 가지고서 강의에서 자신의 리버럴한 사상을 위장했다고 하는 견해이기 때문에, 개고 시기의 수정은 어쩔 수 없게 되었다 할지라도, 일팅 테제로부터 하자면 헤겔이 강의와

· ·

30. Hegel, *Philosophie des Rechts. Die Vorlesung von 1819/20 in einer Nachschrift*, S. 25. 『ヘーゲル法哲學講義錄 1819/20』, 273쪽.

31. Hegel, *Philosophie des Rechts. Die Vorlesung von 1819/20 in einer Nachschrift*, S. 25. 『ヘーゲル法哲學講義錄 1819/20』, 273쪽.

32. 權左武志, 「ヘーゲル法哲學講義をめぐる近年の論爭」(2), 160쪽.

출판된 텍스트에서 두 개의 입을 사용했다고 생각할 수 있으며, 따라서 일팅 테제를 전면적으로 비판한 것으로는 되지 않는다.

두 번째 점, 즉 강의록과 『법철학 요강』의 관계에 대한 헨리히에 의한 새로운 파악에 대해서도 살펴보자. 일팅은 이 양자의 모순이야말로, 요컨대 리버럴하고 헤겔 본래의 사상이 나타난 강의와 검열에 대한 경계로부터 복고주의적으로 왜곡된 『법철학 요강』이라는 모순이야말로 연구의 기반에 놓여야 한다고 주장했다. 이에 반해 헨리히는 이 양자를 '불일치'가 아니라 다양한 버전에 의해 다른 방식으로 강조됨으로써 일어나는 '역점의 이동'[33] 으로 파악하고, 헤겔의 사상이 지니는 '이의성'을 되풀이해서 강조한다. 요컨대 헤겔의 주장에서는 어떤 부분을 리버럴한 것으로 고찰할 수 있음과 동시에 전적으로 동일한 부분을 복고주의적인 것으로서 해석할 수도 있다고 하는 것이다.[34]

지금까지 보아왔듯이 새로운 자료의 간행으로 일팅이 주장한 개고 시기에 도 헤겔은 강의에서 군주권에 관한 내용상의 변경을 하지 않았다는 것을 알 수 있었다. 다만 헨리히가 편집한 자료의 치명적인 문제는 그 신빙성이 낮다는 점이다. 헨리히 자신이 지적하듯이 이 강의록은 구술필기가 아니라 수강자의 노트를 수강자와는 다른 필경자가 나중에 정리한 것이며, 그렇다

··

33. Hegel, *Philosophie des Rechts. Die Vorlesung von 1819/20 in einer Nachschrift*, S. 16 f. 『ヘーゲル法哲學講義録 1819/20』, 265~267쪽. 곤자 다케시가 지적했듯이 이러한 역점의 이동이 일어나는 근거로서 헨리히는 일팅이 제시한 검열에 대한 가능성을 전면적으로 인정하고 있으므로, 일팅 테제가 헨리히 편집 강의록에 의해 뒤집히는 것은 아니다. 權左武志, 「ヘーゲル法哲學講義をめぐる近年の論争」(2), 158 쪽을 참조.

34. 이에 반해 일팅은 군주의 결정 형식과 실질과의 관계를 헨리히가 말하듯이 '양의성' 으로 파악하는 것이 아니라 제2절에서 본 것과 마찬가지로 '모순'이라고 파악한다 (K.-H. ILting, Zur Genese der Hegelschen Rechtsphilosophie, in: *Philosophische Rundschau* Bd. 30, 1983, S. 199). 또한 權左武志, 「ヘーゲル法哲學講義をめぐる近年の 論争」(2), 160쪽을 참조.

고 해서 헨리히가 이 자료의 신빙성을 의심하는 것은 아니지만,[35] 바이서-로만은 이 텍스트가 모음집이며 신빙성이 없다는 것을 확인하고 있다.[36] 덧붙이자면, 헨리히에 의한 새로운 자료의 간행과 같은 해에 또 하나의 새로운 자료가 일팅 및 푀겔러에 의해 간행되었다. 1817/18년 겨울 학기의 강의록이 그것이다. 이 강의는 제2회 이후의 강의가 베를린대학에서 행해진 것과 달리 하이델베르크대학에서 행해진 것이며, 강의를 진행하는 헤겔을 둘러싼 정치적 정세의 경우에도 제2회 이후의 그것과는 다름과 동시에, 제2회 강의와 비교해 체계성이 높다는 것이 지적된다. 한편의 편자인 푀겔러가 확인하고 있듯이 모음집이자 신빙성이 의심스러운 1819/20년의 텍스트와는 달리 헤겔의 이야기와 동시 진행으로 필기하는 '구술필기'라는 방법으로 만들어진 이 텍스트의 신빙성은 충분하다고 여겨진다.[37] 일팅도 『법철학 요강』에서는 나타나지 않는 리버럴한 헤겔의 국가론이 이 강의 속에서 전개되고 있다는 것을 동시대의 헌법 정책을 둘러싼 상황으로부터 확인하고 자신의 주장을 보강하고 있다.[38]

35. Hegel, *Philosophie des Rechts. Die Vorlesung von 1819/20 in einer Nachschrift*, S. 302-305. 『ヘーゲル法哲學講義錄 1819/20』, 293-296쪽.

36. ヴァイサー＝ローマン 「法哲學講義 ─ 例証, 草稿, 筆記錄」, 145-146쪽.

37. 푀겔러의 「서문」, 317쪽. 덧붙이자면, 이 텍스트 속에서 눈길을 끄는 기술로 다음의 것이 있다. '내각에 의해 객관적인 것, 근거, 일반적으로 사태의 지식이 군주에게 제출되고, 다음으로 군주 쪽에서는 이 근거에 따라서 결정한다든지 결정하지 않는다든지 할 수 있다.'(GW 26/1. 176) 『ヘーゲル法哲學講義錄 1819/20』 226쪽. 이처럼 군주가 결정하지 않을 가능성에 대해 언급한 것은 『법철학 요강』과 간행된 강의록을 포함하여 이 텍스트뿐이다.

38. *Die Philosophie des Rechts. Die Mitschriften Wannenmann (Heidelberg 1817/18) und Homeyer (Berlin 1818/19)*, hrsg. von Karl-Heinz Ilting, Stuttgart, 1983, S. 20 ff.

제4절 링기에 수고의 발견

강의록의 편집 간행을 직접 다루고, 『법철학 요강』이 아니라 강의록 속에서 참된 헤겔의 사상을 발견한다는 논쟁적인 주장으로 헤겔 연구에 자극을 주어온 일팅은 1984년에 사망했다. 일팅이 자신의 주장을 일부 수정하고, 또한 일부 보강한 헨리히 편집의 강의록에 대해 신빙성에서 앞서 언급한 의혹이 던져지고서부터 몇 년이 지난 2000년에 헨리히가 편집한 강의록과 동일한 강의에 대한 신빙성이 높은 필기록(링기에 수고)이 간행되었다. 헨리히 편집 텍스트가 수업 중의 메모를 제3자인 어떤 필경자가 수업 후에 다시 정리한 것인데 반해, 이 링기에 수고는 '의심할 여지 없이 수업 중에 직접 필기된 것'[39]이라는 것이 분명해져 있는 까닭에 높은 신빙성이 인정되며, 두 필기록을 상호 보완적으로 독해할 것이 요구되고 있다. 이하에서는 간행된 것들 가운데 가장 새로운 이 필기록을 토대로 하여 1819/20년의 강의록을 검토함으로써 일팅의 문제 제기를 다시 생각해 보고자 한다.

우선 '관념성Idealität'과 '동일성Identität'이라는 말에 주목해 보자. 헨리히 자신이 말하고 있듯이, 헨리히 편집 텍스트의 저본에서는 강의 메모에서 이 두 개념의 약호가 구별되어 있지 않았기 때문에 필경자의 판단에 의해 두 개념이 기록되게 되었지만, 링기에 수고에서 양자는 명확히 구별되어 있다.[40] 헨리히가 헤겔의 『논리의 학』으로 되돌아가 행하는 구별에 따르면,

• •

39. *Vorlesungen, Ausgewählte Nachschriften und Manuskripte*, Bd. 14, hrsg. von Angehrn, et al, S. XVII.

40. Hegel, *Philosophie des Rechts. Die Vorlesung von 1819/20 in einer Nachschrift*, S. 362 ff. 『ヘーゲル法哲學講義錄 1819/20』, 316쪽 이하. 덧붙이자면, 새로운 『헤겔 전집』에서 본문은 헨리히 편집 텍스트이고, 난외에 링기에 수고와의 같음과 다름이 제시되어 있지만, 헨리히의 텍스트에서 '동일성'으로 되어 있는 곳들 가운데 여럿은 링기에 수고에 따라 새로운 『헤겔 전집』 본문에서도 '관념성'으로 정정되어 있다.

'관념성'에 대해서는 '<관념성>이라는 규정이 들어맞는 것들 가운데는 실재적으로 규정할 수 있고 무언가의 방식으로 자립적이기도 한 관점 내지 규정성은 아무것도 존재하지 않는다'라고 되어 있는 데 반해, '동일성'은 '구별 그 자체를 또한 스스로의 속에 포함하고 있는 것과 같은 비-구별'이라고 한다.[41] 요컨대 서로 대립하는 양자가 겉보기에서의 구별에도 불구하고 실제로는 구별되지 않는 것이라는 것을 보여주는 '동일성', 이를테면 <어떤 것과 다른 것의 동일성>인데 반해, '관념성'에서는 그것만으로 독립해 있는 것으로 보이는 여러 가지 사태가 실제로는 독립한 것이 아니라 어떤 하나의 것 속에서 통일되어 있다는 것, 이를테면 <하나에서의 여럿의 통일>이 제시되는 것이다. 그리고 바로 군주에 관한 기술과 관련해 헨리히 간행 텍스트에서는 '동일성'으로 되어 있는 곳이 실제로는 '관념성'이라는 것이 밝혀지게 되었다.

그렇게 보면 군주가 지니는 '관념성'을 강조하여 헤겔이 '권력들은 어떤 통일에 관계지어져 있으며, 그것만으로는 존립하지 않고 종속적이고 유동적인 분지라고 하는 이 관념성, 이것이 국가에서의 주권을 구성한다'(GW 26/1. 540)라고 말할 때, 이것은 군주 이외의 권력들이 자립한다는 것을 부정하여 군주의 통일에 무게를 두는 복고적인 측면의 나타남으로 여겨질지도 모른다. 그러나 중요한 것은 이러한 '관념성'에 대해 '군주가 군주인 것은 자연에 의해, 요컨대 출생에 의해서이다. 여기서 말해진 군주의 개념은 전적으로 사변적인바, 관념성은 직접적으로 자기 자신과 반대의 것이다. 요컨대 직접적이다'(GW 26/1. 543)라고 하는 점이다. 군주에게 돌려지는 관념성이 '사변적'이라고 하는 것은 군주의 관념이 '출생'이라는 자연에 기초를 지닌다는 것, 즉 세습제를 의미하지만, 이러한 '군주의 개념'에 대해 '철학'은 '자유로운 관계'에 있는 데 반해, '지성'은 '부자유한 관계'에

41. Hegel, *Philosophie des Rechts. Die Vorlesung von 1819/20 in einer Nachschrift*, S. 363 f. 『ヘーゲル法哲學講義錄 1819/20』, 317-318쪽.

있다고 한다. 여기서 헤겔이 논의하는 '자유로운 관계'가 헤겔의 군주권론을 이해하기 위한 중요한 점을 제시하고 있다.

군주의 개념에 대한 '부자유한 관계'는 지성이 군주의 자연성을 이해하지 못하고서 다음과 같이 생각하는 점에서 나타난다. 요컨대 지성에 따르면 '인간은 자연적 인간이어야 하는 것이 아니라 사유에 의해 비로소 바로 인간이어야 함에도 불구하고, 군주는 단순한 자연의 우월에 의해 힘과 권력에서의 우월 및 외면적인 명예와 영예에서의 우월을 지닌다.'(GW 26/1. 544) 그러나 헤겔에 따르면 군주의 세습제, 요컨대 자연 규정은 우연에 의한 것이 아니라 오히려 지성이 권장하듯이 군주를 '선거'나 '제출된 의견'에 의해 결정하는 것이야말로 '우연'과 '자의'를 벗어나지 못한다(GW 26/1. 548). '군주는 군주제의 세습에 의해 비로소 군주에게 걸맞은 성질, 요컨대 최종적인 직접적 결정을 수반하여 나타난다. 따라서 이러한 결정하는 힘이 타자로부터 맡겨진 것이게 되면, 그것은 곧바로 모순이게 된다.'(GW 26/1. 548) 여기서는 대단히 중요한 것이 언급되고 있다. 요컨대 최종 결정은 세습이라는, 자의를 배제하기 위한 제도에 의해 가능해지고 있다는 점이다. 즉, 이러한 자연성에 의해 군주의 결정이 지니는 '최종성'과 '형식성'의 두 계기가 '자의의 제거'라는 관점으로부터 담보되는 것이다. 최종 결정은 그것이 참으로 최종 결정인 한에서, 타자로부터 맡겨진 것일 수 없다. 그 경우에는 군주의 결정이 아니라 맡기는 타자가 최종 결정을 하는 것이게 되고, 아무것도 결정할 수 없는 것이게 되어 모순에 빠지기 때문이다. 따라서 이 결정은 '무근거'이어야만 한다. 그리고 이 무근거의 근거는 자연적이고 필연적인 세습이라는 일체의 자의를 배제한 것에 의해 근거 지어져 있는 것이다.

그런 까닭에 '군주의 이름은 최종 결정을 포함하고 있고, 표상의 기호이다'라고 말하는 헤겔의 참된 뜻은 군주의 형식을 강조하는 '리버럴'이라는 것이 아니라 바로 군주의 형식이, 게다가 이 형식만이 '최종 결정'에 걸맞다고 하는 것이다. 군주의 형식이 군주의 최종 결정인 것이다. 이것이야말로 군주의 결정 속으로 '사유'의 계기를 들여오고자 한 '지성'이 아니라 자의를 철저히 배제하는 '철학'의 '자유로운 관계'에서만 이해할 수 있는, 헤겔의 군주권론의 핵심이다.[42]

이상의 것에 토대하면, 로젠츠바이크에 의해 '갈등'으로 불리고, 일팅에 의해 '모순'이라고 불리며, 헨리히에 의해 '양의성'으로 불렸던 것을 다시 파악할 수 있다. 이 세 사람은 공통으로 군주가 '최종 결정'을 행하는 것과 그 결정이 '형식적'이라는 것의 양자를 서로 트레이드오프적인 것으로서 파악하고 있다. 그러나 앞에서 보았듯이 형식과 최종 결정의 계기가 서로 양립하지 않는다고 생각하는 것은 헤겔이 '지성'이라고 하여 물리친 것일 뿐이다. 요컨대 형식의 강조를 추출하여 리버럴하다고 평가하는 것도, 최종 결정의 강조를 추출하여 복고주의라고 평가하는 것도 모두 다 헤겔이 말하는 지성의 입장인 것이다. 군주의 최종 결정이 지니는 형식을 간과하여 복고주의라고 말하는 것은 그 최종 결정에 자의가 섞여들게 하는 것에 지나지 않으며, 군주의 형식적 결정의 최종성을 잊고서 리버럴이라고 하는 것은 다름 아닌 아무것도 결정할 수 없는 모순일 뿐이다.

나가며

이 장에서는 일팅 이래의 강의록과 『법철학 요강』의 대립이라는 문제 제기에 대해 군주권론에서의 군주의 규정에 대한 논의를 검토하는 가운데 일팅이 제기하는 모순을 다시 생각하고, 최신의 자료를 통해 지금까지 모순으로 파악된 대립 관계에 대한 다른 모양의 이해를 시도했다. 2000년의

42. 군주의 결정에 관한 '자의'와 '지성'에 대해서는 神山伸弘, 「君主の無意味性 ── ヘーゲル『法の哲學』における<君主>の使命」(『一橋論叢』 제104권 제2호, 1990년)을 참조했다.

새로운 자료 간행 이후 2015년까지 새로운 자료는 발견되고 있지 않지만, 새로운 자료가 또 다른 새로운 자료에 의해 재검토를 받지 않을 수 없는 갱신이 되풀이되어온 강의록 연구에서는 최종적인 결정을 내리는 것은 대단히 어렵다. 언제 또다시 우연한 발견이 있을지 모르기 때문이다. 그렇지만 교정판 『헤겔 전집』의 간행에 의해 헤겔 자신의 말이 높은 정도로 정밀하게 재현됨으로써 가능해진 것은 각 연도의 강의 흐름 속에서 다양한 주제의 전개와 배치를 확인할 수 있다는 점이다. 어떤 개념의 변용에 대한 몇 개의 강의를 통한 발전사적인 이해 그리고 같은 시기의 정치적 정세나 정치 제도와의 관련에 대한 해명과 같은 과제에 더하여, 하나의 강의의 발걸음 속에서 어떤 개념과 다른 개념의 연관을 다시 파악하는 것, 요컨대 헤겔의 이야기와 더불어 개념의 전개를 추체험하는 것이 정밀도가 높은 새로운 전집의 간행을 거쳐 가능해진 것이다.

제7장 **역사철학 강의**

나카하타 구니오中畑邦夫

들어가며

　1822/23년의 겨울 학기, 베를린대학에서 헤겔은 처음으로 '세계사의 철학'을 강의했다. 당시 헤겔은 52세, 그 후에도 4차례, 2년마다 '세계사의 철학'을 강의했다. 1824/25년, 1826/27년, 1828/29년, 1830/31년의 겨울 학기, 요컨대 61세에 사망하는 해까지 '세계사의 철학' 강의는 계속되었다. 그 이전에도 역사는 헤겔에게 철학의 주제들 가운데 하나인데, 예를 들어 『법철학 요강』의 결론부와 『엔치클로페디』 제3부에서도 아주 크게 취급되고 있는 것은 아니지만, 역사에 대해 논의하고 있다. 하지만 베를린대학에서 강의가 이루어지게 되어 드디어 '세계사의 철학'은 헤겔 철학의 체계 속에 독자적인 위치를 차지하게 되었다. 만년의 헤겔은 '세계사의 철학'을 논의한 책을 출판하고자 했을지도 모른다고 하지만, 이 계획은 결국 실현되지 못했다. 따라서 우리가 현재, 헤겔이 '세계사의 철학'으로서 논의하고 있던 내용을 알기 위해서는 헤겔이 스스로 쓴 강의의 원고와 청강자들에 의한

강의의 기록, 요컨대 강의록과 같은 자료, 그리고 그것들을 편집한 책들을 읽는 것 이외에 다른 방법은 없다. 그래서 우선 이러한 자료들과 그것들에 기초하여 편집된 책들에 대해 살펴보기로 하자.

제1절 강의록 등의 자료와 편집된 판

헤겔 자신이 쓴 강의의 원고는 현재로서는 1822년의 서론의 단편, 그것에 더하여 1830년의 서론밖에 확인되고 있지 않다.

현재 확인되고 있는 '세계사의 철학'의 강의록은 다음과 같다.[1]

a. 「세계사의 철학, 1822/23년, 베를린대학, 루돌프 하겐바흐」

b. 「세계사의 철학, 헤겔에 의한 1822/23년 겨울 학기 강의, 구스타프 폰 그리스하임에 의한 강의록」

c. 「헤겔 교수에 의한 세계사의 철학 강의, 1822/23년 겨울 학기, 베를린대학, 하인리히 구스타프 호토」

d. 「세계사의 철학(1822/23년), H. 폰 켈러에 의함」

e. 「헤겔에 의한 세계사의 철학, 1824/25년 겨울 학기, H. 폰 켈러」

f. 「헤겔 교수에 의한 세계사의 철학 강의, 1824년 10월 28일(개시), 쥘 코르봉」

g. 「헤겔의 세계사의 철학 강의, 에두아르트 에르트만에 의한 필기록, 베를린대학, 1826/27년 겨울 학기」

••
1. 강의록에 대해 상세한 것은 フランツ・ヘスペ, 「世界史の哲學講義」(オットー・ペゲラー 編, 『ヘーゲル講義錄硏究』, 法政大學出版局, 2015년, 163–174쪽), 山崎純, 「ヘーゲル 『世界史の哲學』講義の最新の資料狀況について」(靜岡大學人文學部 編, 『人文論集』 제 48호, 1997년, 1–14쪽) 등을 참조. 또한 이 야마자키 쥰(山崎純) 논문에서는 헤겔의 자필 자료에 대해서도 논의가 이루어지고 있다(2–6쪽).

h. 「요제프 후베, 헤겔 교수의 역사철학 강의, 1826/27년 겨울 학기, 베를린 대학」

i. [F. 발터] 「역사철학」(1826/27년)

j. 「역사철학, 베를린대학, 1826/27년 겨울 학기에서의 헤겔 교수의 강의」

k. 「세계사의 철학, 헤겔 교수의 강의, F. 슈티베에 의한 필기, 베를린대학, 1826/27년」

l. 「역사철학, 베를린대학 정교수 G. W. 헤겔 박사에 의한 1826/27년 겨울 학기의 강의, Stc. 가르친스키에 의한 청강」

m. 「아커스다이크, G. W. F. 헤겔, 역사철학에 대한 구술필기, 1830/31년」

n. 「아버지의 강의에 의한 세계사의 철학, F. W. K. 헤겔, 1830/31년 겨울 학기」

o. 「역사철학, 헤겔, 1830/31년 겨울 학기」

p. [무기명]

덧붙이자면, 1828/29년의 강의 기록은 현재까지 발견되고 있지 않다.

헤겔의 사후, 이 강의록들을 토대로 하여 헤겔의 '세계사의 철학'에 대한 책, 요컨대 『역사철학 강의』가 네 종류 편집되며, 각각의 판에는 편집한 인물의 이름이 덧붙여져 있다. 첫째는 간스 판(1837년), 둘째는 칼 헤겔 판(1840년), 셋째는 라손 판(1917–20년), 그리고 넷째는 호프마이스터 판(1955년)이다. 아래에서는 각각의 판에 대해 어느 정도 자세히 살펴보고자 한다.

첫 번째의 간스 판은 5학기분의 강의록과 몇 년분의 헤겔 자신에 의한 원고와 그 밖의 자료를 편집한 것이다.[2] 헤겔 자신이 쓴 원고들 가운데 특히 1830/31년의 강의용으로 준비된 수고는 그 일부가 서론을 위해 사용되

---

2. G. W. F. Hegel, *Vorlesungen über die Philosophie der Weltgeschichte*, hrsg. von E. Gans, Berlin 1837.

고 있다.

두 번째의 칼 헤겔 판은 헤겔의 아들인 칼이 간스 판을 대폭 정정·증보한 것이다.[3] 칼은 이 판에서 간스보다 대규모로 좀 더 이른 시기의 강의에서 논의되고 있던 사상을 모아들였다고 생각되고 있다. 덧붙이자면, 칼 헤겔 판의 복각판이 1927년에 공간된 글로크너 판이며, 또한 1970년에 공간된 주어캄프 판도 기본적으로는 이 칼 헤겔 판에 기반하고 있다.[4]

세 번째의 라손 판은 칼 헤겔 판의 대폭적인 개정을 시도하고 있으며, 그 결과 훨씬 커다란 판이 되었다.[5] 라손은 1830/31년의 서론을 위한 헤겔에 의한 자필 원고, 그리스하임과 켈러의 필기록(어느 것이든 1822/23년), 켈러의 필기록(1824/25년), 슈티베의 필기록(1826/27년)을 사용하고 있다.

네 번째의 호프마이스터 판은 서론 부분만이 『역사에서의 이성』이라는 제목으로 새롭게 편집되어 출판된 것이다.[6] 이 판에는 획기적인 점이 하나 있다. 그것은 호프마이스터가 지금까지 편집되어온 판의 「서론」이 1822년의 강의를 위한 원고와 1830년의 강의를 위한 원고라는 전적으로 다른 것들인 두 개의 원고에 기초하여 편집되었다는 것을 지적한 점인데, 호프마이스터 판에서는 두 개의 원고가 깔끔히 구별되어 복각되어 있다. 또한 중요한 점으로서 헤겔 자신이 쓴 원고와 청강자에 의한 기록이 필적의 다름에

• •
3. G. W. F. Hegel, *Vorlesungen über die Philosophie der Weltgeschichte*, hrsg. von E. Gans und K. Hegel, 2. Auflage, Berlin, 1840.
4. 덧붙이자면, 우리가 현재 일본어로 읽을 수 있는 『세계사의 철학 강의』로 다케치 다테히토(武市健人) 옮김, 『歷史哲學(改譯)』(『ヘーゲル全集』 제10권, 岩波書店, 1954년) 및 모두 세 책의 그 문고판(岩波文庫, 1971년), 그리고 하세가와 히로시(長谷川宏) 옮김의 『歷史哲學講義(上·下)』(岩波文庫, 1994년)가 있는데, 이것들은 기본적으로 글로크너 판이 번역된 것이다.
5. G. W. F. Hegel, *Sämtliche Werke*, Bd. 8, hrsg. von G. Lasson, Leipzig, 1920. G. W. F. Hegel, *Sämtliche Werke*, Bd. 8, hrsg. von G. Lasson, Leipzig, 1923.
6. G. W. F. Hegel, *Die Vernunft in der Geschichte*, hrsg. von J. Hoffmeister, Hamburg, 1955.

의해 구별되어 있다는 점이 있다.

이러한 판들에 더하여 1996년에 호토, 그리스하임, 켈러에 의한 기록을 토대로 하여 일팅과 젤만과 브레머에 의해 1822/23년의 강의가 편집된 판이, 그리고 2014년에 콜렌베르크–플로트니코프에 의해 같은 강의가 편집된 판이 출판되었다.[7] 이 판들은 헤겔의 역사철학을 연구하는 데서 대단히 중요한 의의를 지닌다.[8]

지금까지 보아 왔듯이 우리가 현재 헤겔이 논의한 '세계사의 철학'에 대해 알 수 있는 것은 헤겔의 강의를 기록한 청강자들, 거기에 그 기록들을 편집하여 책으로 정리한 사람들의 노력 덕분이다. 그러나 역시 주의해야만 하는 것은 현재 우리가 읽을 수 있는 『역사철학 강의』는 앞에서도 말했듯이 헤겔 자신에 의해 쓰인 것이 아니라고 하는 점이다. 따라서 그것들을 읽는 것만으로 헤겔이 실제로 생각하고 있던 것을 정확히 알 수 있다고 생각해서는 안 된다. 예를 들어 청강자들에 의한 강의록들과 관련하여 그것들이 같은 해에 행해진 같은 강의를 기록한 것이라고 하더라도 기록한 사람이 다르면 당연히 그들의 관심 등에 따라 강의를 듣는 방식도 다를 것이고, 또한 서로 다른 학기에 행해진 강의록을 하나로 정리한 것에는 헤겔의 '세계사의

· ·
7. G. W. F. Hegel, *Vorlesungen. Ausgewählte Nachschriften und Manuskripte*, Bd. 12, *Vorlesungen über die Philosophie der Weltgeschichte (Berlin 1822/23)*. Nachschriften von Karl Gustav Julius von Griesheim, Heinrich Gustav Hotho, und Friedrich Carl Hermann Victor von Kehler, hrsg. von Karl Heinz Ilting, Karl Brehmer und Hoo Nam Seelmann, Meiner: Hamburg, 1996. 이 판의 편집 사정에 대해서는 フナム·ゼール マン, 「世界史の哲學講義(1822/23년)」(オットー·ペゲラー 編, 『ヘーゲル講義錄研究』, 法政大學出版局, 2015년, 175–177쪽)을 참조.
8. 이 책의 서장, 제7절을 참조. 시행판은 G. W. F. Hegel, *Vorlesungen. Ausgewählte Nachschriften und Manuskripte*, Bd. 12, *Vorlesungen über die Philosophie der Welt- geschichte, Berlin (1822/23)*. hrsg. von K. H. Ilting, K. Brehmer und H. N. Seelmann, Hamburg, 1996. 교정판에 대해서는 이 책 머리말을 참조. 덧붙이자면, 각주에서 거론 한 참고문헌에서 일팅 판으로 제시되어 있는 것은 이 시행판이다.

철학'에 대한 사고방식이 해마다 강의를 거듭해 가는 가운데 변했을 가능성을 놓치게 되는 것과 같은 일들이 있을 수 있다. 더 나아가 편집과 관련해서도 헤겔 자신의 손에 의한 문장과 청강자들에 의한 강의의 기록을 혼동해 버리는 것은 헤겔 자신의 사고방식을 알 수 없게 만들고, 나아가 오해하게 할 우려도 있다.[9]

그리고 실제로 참으로 유감스러운 것은 예를 들어 칼 헤겔 판의 경우에도 라손 판의 경우에도 헤겔 자신이 쓴 기록과 청강자들에 의한 강의 기록이 구별되지 않고서 하나의 책으로서 정리되어 있다는 점이다. 더욱이 채택된 강의록이 몇 년에 행해진 강의의 기록인가 하는 것도 고려되어 있지 않다. 따라서 예를 들면 앞에서 말했듯이 처음으로 강의를 했을 무렵과 마지막으로 강의를 했을 무렵에 '세계사의 철학'에 대한 헤겔의 사고방식이 전적으로 달랐을 가능성과 같은 것도 무시되고 말았다. 그뿐만 아니라 실제로는 헤겔이 의도하지 않았던 사고방식이 편집자들에 의해 마치 헤겔 자신의 사고방식이었던 것처럼 표현되는, 요컨대 개찬되고 말았을 가능성도 있다. 실제로 예를 들면 간스 판과 칼 헤겔 판의 「서론」에서 얼마나 많은 중대한 개찬이 이루어졌는지가 현재는 자료에 기초하여 지적되고 있다.[10] 이러한 판들에서는 독자에게 전혀 알리지 않고서 헤겔 자신이 쓴 원고에도 강의록에도 없는 문장이 삽입되어 있을 뿐만 아니라 자구가 바뀌어 있다든지 단락이 통째로 다른 것으로 치환되어 있다든지, 나아가서는 원고의 문장이 통째로 삭제되어 있다든지 하는 부분들마저도 있는 상태이다.[11]

이렇게 쓰면 '세계사의 철학'에 대해 헤겔 자신이 정말로 생각한 것을 우리는 알 수 없는 것이 아닐까 하는 절망적인 기분이 들지도 모른다.

9. 이와 같은 문제들에 대해 헤스페는 편집에 있어 반드시 지켜야 할 점들을 정리하고 있다(ヘスペ, 「世界史の哲學講義」, 174쪽).

10. ヘスペ, 「世界史の哲學講義」, 171-172쪽을 참조.

11. ヘスペ, 「世界史の哲學講義」, 172-173쪽을 참조.

그러나 비교적 최근에 헤겔 연구에서 하나의 희망이 만들어졌다. 그것은 바로 앞서 소개한 1822/23년의 강의를 재현한 새롭게 공간된 판이다.

제2절 헤겔의 역사관

이하에서는 새롭게 공간된 판에서 분명해진 여러 가지 점들을 참조하면서 헤겔의 '세계사의 철학'에 대한 사고방식의 특징을 살펴보고자 한다. 덧붙이자면, 이하에서는 새롭게 공간된 이 판을 신판, 종래의 네 개의 판을 구판이라고 부르기로 한다.

그런데 헤겔의 역사철학이라고 하면, 일반적으로 지금까지 대단히 한쪽으로 치우친 견해를 가리켜 왔다. 그것은 예를 들어 오리엔트 세계에서는 오직 한 사람만이 자유이고, 그리스·로마 세계에서는 약간의 사람들이 자유이며, 게르만 세계에서는 모든 사람이 자유라고 하는 견해, 또는 당시의 프로이센 왕국을 절대시하는 국가주의를 표현한 것이라고 하는 것과 같은 견해이다. 이와 같은 견해는 헤겔의 역사철학이 유럽을 '진보'나 '발전'의 정점으로 간주하는 유럽 중심주의 입장의 전형이라고 하는 비판의 논거가 된 것이라고 말할 수 있을 것이다. 그러나 지금부터 살펴보고자 하는 신판은 이와 같은 일반적인 이해 방식을, 아니 좀 더 정확히 하자면 편견을 불식해 줄 가능성을 지니고 있다. 여기서는 우선 본래 헤겔이 세계사라는 것을 어떻게 생각하고 있었던 것인지, 그 점을 확인해 두고자 한다.

헤겔은 스스로가 논의하는 세계사를 어떤 철학적인 관점으로부터 구성하고자 하지만, 여기서 철학적 관점이란 헤겔 철학에 특유한 '이성'에 대한 사고방식이다. 이 점에 대해 신판으로부터 알 수 있는 것을 확인해 두고자 한다.

'이성'이란 한편으로는 세계 속에 역사적으로 나타나는 인간 정신을 가리키며, 이 이성이 마찬가지로 헤겔 철학에 특유한 '자유'에 대한 사고방식과 결부되어 역사 속에서 '인간적 자유의 이념'이 되어 실현되는 과정이 헤겔이 논의하는 세계사이다. 그리고 헤겔은 이와 같은 과정으로서의 세계사의 궁극 목적을 '역사에서의 이성'이라고 명명하고 있다(GW 27/1. 19 ff.). 그러면 여기서 말하는 '자유'란 어떠한 것일까?

헤겔은 인간 정신의 자유를 '자연'과의 관계에서 논의하고 있다. 즉, 인간의 정신은 자연 안에 있는 사이에는 자연과 마찬가지로 '반복'과 '원환' 운동 속에 있어 '아무것도 새로운 것은 생기지 않는다.' 그러나 인간의 정신은 자연의 운동에서 벗어날 수 있는 것인바, 요컨대 자연으로부터 자립적이고 자유롭게 될 수 있는 것이며, 이를테면 자연적인 것을 떨쳐버리고서 이성적으로 되어갈 수 있는 것이라고 생각된다(GW 27/1. 29 ff.). 이처럼 정신은 자연과는 달리 동일한 것의 반복으로 이루어진 원환을 벗어나 '변화하고' '새로운 단계로 돌진하는' 것이며, 따라서 '변화는 모두 진보다'라고 한다(GW 27/1. 33 ff.). 이처럼 인간의 역사가 '진보'나 '발전'으로서 논의되는 것은 어디까지나 자연과의 비교에서인 것이다.

또한 다른 한편으로 이 '이성'과 '자유'의 사고방식 근저에는 그리스도교의 사고방식이 놓여 있다는 것을 신판을 읽으면 분명히 알 수 있다. 그리스도교에서 신은 세계 안에 스스로를 계시한다고 생각되지만, 신은 또한 '인간적 자유의 이념'을 세계사에서 계시한다고 헤겔은 생각하고 있다. 이와 같은 사고방식은 헤겔에게 독특한 '정신'이라는 사고방식에 기초한다(GW 27/1. 16 ff.). 그리고 이 '정신'의 사고방식은 그리스도교의 '삼위일체' 교의에 기초한다. 즉, 헤겔은 아버지=아들=성령의 삼위일체 구조를 '아버지인 신'이 '아들'에게서 자기 분열하고, 그 위에서 헤겔에 의해 '정신'으로서 파악된 '성령'에서 '아들'과 다시 통일되는 하나의 과정으로서 파악한다. 요컨대 헤겔이 논의하는 '정신'이란 이와 같은 과정에 놓여 있는 것으로서의 '신'을 가리키는 것이다. 헤겔은 이와 같은 정신의 존재 방식을 '타자에서 자기와 동일하다'라고 표현한다. 이 점을 헤겔의 역사관과 관련지어 표현하면, 정신은 처음에는 자기에게 타자였던 역사에서의 사건 속에서 자기 자신을 발견한다는 것으로 될 것이다. 헤겔은 이 점을 '타자에서의 자기 파악'이라고도 표현하고 있다(GW 27/1. 28 f.).

그런데 이와 같은 삼위일체론과 그에 기초하는 헤겔의 독자적인 정신 개념에 대한 설명은 예를 들어 칼 헤겔 판 서론에서는 전혀 보이지 않는다. 그것은 이 설명이 1822년 강의의 서론에 있는 것이고, 칼 헤겔 판의 서론이 1830년 강의의 헤겔 자신에 의한 원고에 기초하는 것이기 때문이다. 그 대신에 칼 헤겔 판의 서론에 있는 것은 '자유의 의식에서의 진보'에 대한 논의, 요컨대 앞에서 조금 언급해 둔 세계사의 발전 단계를 자유를 아는 사람의 숫자에 의해 구분하는 것과 같은 논의이다. 이 논의는 헤겔 자신이 쓴 원고에서 보이는 것이지만, 예를 들어 이 구별은 잠정적으로 제시된 것에 지나지 않는다고도 쓰여 있듯이, 헤겔은 이 논의를 칼 헤겔 판이나 글로크너 판을 읽고서 느껴지듯이 단순한 것으로서 논의하고 있는 것이 아니다. 여기서는 상세하게는 논의하지 않지만, 그 점에 대해서도 '신판'에 서는 헤겔의 복잡한 사고방식을 읽어낼 수 있다.[12] 그런데 제1회의 강의에서 는 그리스도교의 삼위일체론에 기초하는 헤겔의 독자적인 '정신'에 대해 분명하게 논의되고 있었음에도 불구하고 마지막 강의에서는 그에 대해 논의되고 있지 않다. 이 점에 대해서는 이 장의 마지막에서 조금 언급하고자 한다.

그런데 이와 같은 역사관에 기초하여 헤겔은 '세계사의 행정'에 대해 논의해 가는바, 요컨대 '세계사의 철학'의 본편을 이야기해 간다. 헤겔은 다양한 관점으로부터 세계사를 해석해 가는데, 여기서는 그것들 가운데서도 대표적인 관점으로서 '자연', '국가 체제', '종교'에 대해 살펴보고자 한다.

12. 伊坂靑司, 「ヘーゲル歷史哲學の原型と變容 ── <世界史の哲學> 初回講義(1822/23年)を 中心に」(『思想』 제1,086호, 2014년), 149쪽을 참조.

제3절 자연과 역사

조금 전에 헤겔이 논의하는 역사가 정신의 진보와 발전이라고 하는
것을 자연과의 대비에서 설명한 바 있다. 그러나 헤겔의 역사에서 자연의
의의가 부정되는 것은 아니다. 이 점도 역시 구판에서는 알기 어려웠지만,
신판을 읽으면 잘 알 수 있다.[13]

앞 절에서 보았듯이 헤겔은 세계사를 정신의 진화·발전으로서 파악하고
자 하지만, 헤겔이 논의하는 정신은 단순한 추상적인 관념이 아니다. 그것은
현실의 역사 속에서 구체적으로 존재하는 것인바, 정신에 그와 같은 구체적
인 형태를 부여하는 것이 '자연'인 것이다. 헤겔 자신의 표현으로 말하면,
역사에 등장하는 구체적인 민족의 정신은 특수한·규정된 정신이라는 것이
게 된다. 그리고 그와 같은 구체적인 또는 특수한 형태로 규정된 존재
방식을 넘어서서 인간의 정신은 세계사에서 진보·발전해 간다. 요컨대
헤겔이 논의하는 세계사에서 자연에 대해서는 의의가 인정되지 않기는커녕
오히려 자연은 정신이 진보·발전해 가기 위한 이를테면 '토대'로 여겨지고
있으며, 세계사의 과정이 전진하기 위해 필요 불가결한 조건으로 생각되고
있는 것이다. 헤겔이 자연에 이처럼 중요한 의의를 부여하고 있다는 것도
구판에서는 보기 어려운 것인바, 신판을 읽으면 헤겔 자신에 의해 명확하게
논의되고 있는 것을 알 수 있다.

이와 같은 관점에 기초하여 헤겔이 자연에 대해 어떠한 것을 논의하고
있는 것인지 아래에서 간단하게 살펴보기로 하자.

'세계사의 철학' 강의에서 자연은 정신이 진보·발전하기 위한 '지리적
조건'으로서 논의되고 있다. 헤겔은 지리적인 관점으로부터 '세계사의 지리
적인 3구분'으로서 세계사의 무대를 아프리카, 아시아, 유럽의 세 개로
구분한다(GW 27/1. 81 ff.). 이와 같은 지리적 구분에 기초하여 헤겔은

- -
13. 伊坂靑司, 「ヘーゲル歴史哲學の原型と變容」, 148-149쪽을 참조.

각각의 세계에 대해 지리학의 관점으로부터, 그리고 문화론의 관점으로부터 수많은, 대단히 구체적이고 흥미로운 것을 이야기하고 있다. 이것은 구판에서는 보이지 않는 것이다. 그중에서도 특히 흥미로운 것으로 생각되는 것이 헤겔의 '바다'에 대한 논의이다.

헤겔은 '유럽의 국가는 바다와의 연계에서만 위대할 수 있다'라고 말한다(GW 27/1. 94). 여기서 말하고 있는 '바다'란 우선은 '지중해'를 가리키는바, 헤겔은 지중해를 세계사 무대의 '중심점', 그리고 '동서의 정신적인 결합점'이라고 하고, '그것이 없었다면 세계사가 있을 수 없었던, 모든 것을 통합하는 곳'으로서 중요시하고 있다(GW 27/1. 89 ff.). 요컨대 유럽인은 역사 속에서 지중해를 통해 다른 민족과 계속해서 교류해 왔던 것이라고 헤겔은 생각하는 것이다. 헤겔에 따르면 본래 바다는 인간에게 '넘어설' 것을 촉구한다. 따라서 그와 같은 것으로서의 바다에 대한 자세가 각각의 민족의 자유 의식과 국가 체제가 형성되어 가는 데서 중요한 의의를 지닌다고 헤겔은 생각한다. 그리고 유럽 세계에서의 다양한 나라들의 다름, 그리고 아시아 세계와 유럽 세계의 존재 방식의 다름은 바다에 대한 자세의 다름에 기초한다고 헤겔은 말한다.[14] 예를 들어 유럽에 대해서는 내륙을 향해 펼쳐진 독일과 북이탈리아가 자유의 의식 형성에 있어 불리한 조건이었다고 하며, 또한 아시아에 대해서는 그 민족들은 바다에 대해 본래 스스로를 닫아 왔다고 말하고 있다.

앞에서 언급한 지리적인 3구분과 관련하여 세계사는 남동에서 떠올라 북서를 향하여 자기 속에서 저문다고 한다(GW 27/1. 90). 이러한 이를테면 공간 축에서의 구별에 기초하여 더 나아가 시간 축에 따른 구별이 이루어지는 바, 요컨대 통상적인 의미에서 역사적인 구분이 이루어진다. 그것이 네

---

14. 伊坂靑司, 「ヘーゲル歷史哲學の原型と變容」, 141-142쪽, 山崎純, 「時空の十字路としての世界史 ― ヘーゲル『歷史哲學』新資料を讀む」(『理想』 제660호, 1997년), 79-80쪽, 權左武志, 『ヘーゲルにおける理性・國家・歷史』(岩波書店, 2010년), 20쪽을 참조.

개의 시대로 이루어지는 '세계사의 구분'이며, 이 구분에서 세계의 역사가 '국가 체제'의 관점으로부터 논의된다.

제4절 국가 체제와 역사

헤겔은 네 개의 시대로 이루어지는 '세계사의 구분'을 개인의 성장 과정에 비유하여 논의하고 있다. 이 점을 신판에서 확인하고자 한다. 제1단계는 '동아시아'로 '유년기'에 비유된다. 여기에서 국가 안에 대립은 없지만, 바로 그런 까닭에 거기에는 '발전'이 없는바, '영원히 동일한' 존재 방식이 계속된다고 한다. 이것은 바로 앞에서 언급한 '자연'의 상태에 해당하는 것이다. 제2단계는 '중앙아시아'로 '소년기'라고 한다. 거기에는 개인이라는 존재 방식의 '예감'은 있긴 하지만, 그것은 아직 '힘을 결여하고 있다'라고 한다. 제3단계는 '그리스 세계'와 '로마 세계'이다. 그리스는 '청년기'로 여겨지며, '아름다운 자유의 나라'라고 한다. 거기에서 개인은 공동체와의 통일에서, 요컨대 헤겔이 '인륜'이라고 부르는 것에서 자유를 느끼고 있지만, 그것은 '일찌감치 시든 꽃'과 같은 것으로 생각되고 있다. 로마는 '장년기'라고 한다. 요컨대 로마 제국에서는 황제가 지배하는 '세속적인 영역'에 대해 그리스도교라는 '정신적인 영역'이 나타난다고 하는 것이다. 제4단계는 '게르만 세계'이며 '노년기'라고 한다. 여기서는 그리스도교와 세속의 권력, 요컨대 국가가 '최고의 투쟁' 상태에 있지만, 그러나 양자의 '화해의 원리'도 역시 발견된다고 한다(GW 27/1. 96 ff.).

헤겔은 더 나아가 이와 같은 '세계사의 구분'에 세 개의 '국가 체제'의 다름을 겹쳐 놓는다. 즉, 오리엔트 세계는 족장제에 의해, 그리스·로마 세계는 귀족제와 민주제에 의해, 게르만 세계는 입헌 군주제에 의해 각각 특징지어지는 것이다. 이러한 국가 체제들은 그저 단순히 병치되고 있는 것이 아니라 '인간적 자유의 이념'의 발전을 이루는 것으로 생각된다.

그런데 이와 같은 발전 단계를 이를테면 조감도로 하여 '세계사의 행정'이 논의되어 가지만, 특히 헤겔이 커다란 관심을 지니고서 논의하는 것은 게르만 세계이며, 더 나아가 헤겔이 그리스도교와 국가의 '화해'의 장이라고 한 독일이다. 그리하여 여기서는 헤겔이 논의하고 있는 독일인의 특징을 살펴보기로 하자.

헤겔은 독일인의 특징을 이루는 것이 '개인의 자유'라고 말한다. 그리고 독일인의 이와 같은 측면이 개인을 넘어서서 사회적인 관계로 진전하고, 거기에서 '국가의 시작'이 보인다고 한다(GW 27/1. 405 ff.). 헤겔은 이 '국가의 시작'이라는 이미지를 게르만 세계의 초기 공동체에서 보였던 '민회'로부터 얻고 있다. 거기서는 공동체 성원의 자유 의지에 기초하여 선거가 행해지고 수장이 선출되었지만, 그와 같은 선거 제도가 '개인의 자유'를 보증하고 있었다고 헤겔은 생각하는 것이다. 덧붙이자면, 이처럼 헤겔이 민회에 주목하고 있었다는 것도 신판에서 비로소 밝혀지게 된 것이다.[15] 또한 신판을 읽으면 헤겔이 이처럼 공동체에서 개인이 자유롭다고 하는 독일인의 고유성과 로마 세계로부터 이어받은 그리스도교적인 자유의 존재 방식이 '게르만 세계'에서 결합한다고 생각하고 있었다는 것을 잘 알 수 있다.

그리고 이것은 헤겔 역사관의 독특한 점이지만, 국가 체제의 진보나 발전은 종교의 진보나 발전과 불가분한 것이다. 그리고 이 점이 또한 헤겔의 '세계사의 철학'의 커다란 문제이기도 하다. 다음 절에서는 '종교'의 관점으로부터 헤겔이 어떠한 것을 생각하고 있었는지를 살펴본 다음, 그 문제에 대해 생각하고자 한다.

• •
15. 伊坂靑司, 「ヘーゲル歷史哲學の原型と變容」, 146쪽을 참조.

제5절 종교와 역사

앞 절에서는 헤겔이 국가 체제의 진보·발전을 네 개의 시대로 이루어지는 '세계사의 구분'에 기초하여 논의하고 있다는 것을 보았다. 이 구분에 기초하여 논의되고 있는 것은 국가 체제에 대해서만이 아니다. 헤겔 철학에 독특한 '정신'도 역시 이 구분에 따라 진보·발전한다고 생각되고 있다. 요컨대 헤겔은 앞에서 본 그리스도교의 삼위일체적인 과정이 이 구분에 따라서 실현된다고 생각하고 있으며, 그리스도교의 원리가 실현해 가는 데서 십자군, 종교 개혁, 프랑스 혁명의 세 가지가 중요한 의의를 지닌다고 헤겔은 생각하는 것이다. 아래에서는 헤겔이 종교의 진보·발전에 대해 본래 어떻게 생각하고 있었는지를 신판에서 확인하고자 한다.

헤겔은 오리엔트–그리스–로마의 각각의 세계의 정신적·종교적 존재 방식을 한편으로는 물론 비판적으로 논의하지만, 그러나 다른 한편으로는 그것들 속에서 그리스도교로 이어진다고 하는 의미에서 긍정적인 요소를 발견하여 평가하고 있다. 요컨대 오리엔트 세계에서 발견된 긍정적인 요소가 그리스 세계로 계승되어 새로운 정신적인 존재 방식이 생겨나고, 더 나아가 그것이 로마 세계로 계승되어 그리스도교가 성립했다고 헤겔은 논의하는 것이다.[16] 그리고 더 나아가 그리스도교는 로마인으로부터 게르만인에게로 계승됨으로써 그 원리가 점차로 실현되어 갔다고 한다(GW 27/1. 416 ff). 그리고 '신성 로마 제국'이라는 중세의 시대를 거쳐 '종교 개혁'에서 종교가 국가를 근거 짓는 식으로 역사는 전개된다고 하는 것이다.

여기서 종교 개혁에 중요한 자리매김이 주어져 있는 것으로부터도 알 수 있듯이 종교와 국가의 관계, 또는 국가에서의 그리스도교 원리의 실현은 앞에서도 언급되었듯이 독일에서의 중요한 문제라고 헤겔은 생각하고 있었다. 그리고 당시의 독일, 특히 프로이센은 종교 개혁을 기점으로 하여

----

16. 權左武志, 『ヘーゲルにおける理性·國家·歷史』, 28–30쪽 등을 참조.

그리스도교의 원리가 실현으로 향하고 있다는 점에서 세계사 속에서 특권적인 위치에 놓여 있으며, 더욱이 헤겔이 높이 평가하는 프리드리히 2세에 의해 프로테스탄트 입장에 서 있는 국가들 가운데서도 중심적인 위치에 있었다고 하고 있다. 그러나 헤겔이 결코 상황을 낙관적으로 생각하고 있었던 것은 아니라는 것을 신판과 헤겔 자신이 쓴 1830/31년의 강의 원고를 비교하면 잘 알 수 있다.

1822/23년의 강의에서 헤겔은 이를테면 프로테스탄트 중심주의에 서서 프랑스 혁명을 비롯한 라틴계 나라들에서의 혁명과 그것을 이끈 계몽주의를 그다지 높이 평가하고 있지 않았다. 요컨대 독일을 비롯한 프로테스탄트 나라들에서는 종교 개혁과 동시에 정치적 혁명도 행해졌던 데 반해, 프랑스를 비롯한 라틴계 나라들에서는 종교 개혁 없이 정치적 혁명만이 일어났던 것인바, 종교의 변혁 없이 참된 정치적 변혁은 성공할 수 없다고 헤겔은 말하고 있었다(GW 27/1. 460). 그러나 절박한 시대 상황과 사유의 심화에 수반하여 혁명을 이끈 계몽사상에 대한 헤겔의 평가는 변화해 간다. 즉, 이 점도 역시 구판에서는 알기 어려웠지만, 헤겔은 최종 강의로 향하면서 점차로 계몽사상과 그것에 이어지는 혁명에 대해서도 종교 개혁과 마찬가지로 의의를 인정하고, 그것들도 역시 인간적 자유 이념의 발전 과정 안에 자리매김하게 되어 갔던 것이다.[17] 헤겔은 최종 강의에서 의지의 자유에 대해 말할 때 프랑스에서는 계몽사상가들 가운데서도 중요한 인물이었던 루소가, 그리고 독일에서는 역시 계몽을 논의한 칸트가 각각 그 원리를 확립했다고 말하고 있다. 요컨대 한편으로 헤겔은 혁명으로 이어지는 사상과 프로테스탄티즘에 머무는 사상의 양방을 함께 인간적 자유의 이념에

..
17. 이것은 유트레히트대학 도서관에 소장된 아커스다이크의 강의록에 기록되어 있다. 상세한 것은 フランツ・ヘスペ, 「『歴史は<自由の意識>における進歩である』― ヘーゲルの歴史哲学の展開に關して」(ヘンリヒ/ペゲラー 外, 『續・ヘーゲル讀本 ― <翻譯編/讀みの水準>』, 法政大學出版局, 1997년), 289-290쪽, 山崎純, 「時空の十字路としての世界史」, 72-73쪽을 참조.

관계하는 것으로서 마찬가지로 평가하고 있다. 그러나 다른 한편으로 헤겔에 따르면 루소의 사상의 경우에도 칸트의 사상의 경우에도 모두 다 결함이 있는바, 그와 같은 것으로서 양자 모두 다 아직 발전 과정 중에 있는 것으로 생각되고 있다.[18]

또한 실제로 당시의 빈 체제의 맹주이자 가톨릭 입장에 서는 오스트리아 제국과 헤겔이 프로테스탄트 국가의 중심에 자리매김하고 있던 프로이센 왕국과의 대립에서도 나타나듯이, 게르만 세계에는 종교에 기초하는 국가의 대립이 엄연히 존재하고 있었다. 그와 같은 상황 속에서 '세계사의 철학'을 처음으로 강의할 무렵의 헤겔은 프로테스탄티즘에서의 자유의 정신이 국가 체제에서 실현되는 것을, 요컨대 국가와 그리스도교와의 화해를 이상으로 했던 것이 틀림없다. 그러나 최후의 강의 무렵에도 그와 같은 화해가 적극적으로 주장되는 것은 아니었던바, 아니 오히려 정치에 관계되는 주제로서 혁명에 대해서도 적극적인 의의가 인정되고 있는 이상, 그것의 어려움이 강조되고 있다고 말해도 좋을 것이다. 이처럼 종교 문제는 정치의 존재 방식과 관련하여 생각되었을 때 커다란 문제가 된다.

나가며

앞 절의 마지막에서 헤겔이 '세계사의 철학'의 최종 강의에서 종교와 국가의 문제에 대해 무언가 적극적인 대답을 논의하고 있었던 것은 아니라는 것을 보았다. 우리는 이 점을 어떻게 받아들여야 할 것인가? 이 점은 한편으로는 예를 들어 프로이센 왕국을 절대화하는 국가주의라고 하는, 종래의 헤겔 역사철학의 이미지와는 전적으로 무관한 것인바, 우리는 이로부터 헤겔 역사철학에 대한 새로운 견해를 만들어 가지 않으면 안 된다고 말할

• •
18. ヘスペ, 「『歴史は<自由の意識>における進歩である』」를 참조.

수 있을 것이다. 그리고 더 나아가 다른 한편으로는 '세계사의 철학' 강의가 이와 같은 문제를 보여주고 끝난다는 것 자체에서 새로운 출발점으로서의 적극적인 의의가 인정되는 것이 아닐까?

헤겔은 '세계사의 철학'의 최종 강의에서 다음과 같이 말하고 있다. '이제 비로소 인간은 사상이 정신적인 현실을 지배해야 한다는 것을 인식하기에 이르렀다. 이것은 빛나는 일출이었다.'[19] 여기서 사상으로 불리고 있는 것은 무엇일까? 헤겔이 계몽사상을 적극적으로 평가하게 된 것을 생각하면, 그리고 최후의 강의에서 그리스도교의 삼위일체론에 대해 논의하지 않게 된 것을 생각하면, 그것은 이미 종교가 아닐 것이다. 여기서 사상으로 불리고 있는 것은 '세속적인 앎', 즉 철학이며, 그것이 정신적인 현실을 지배한다고 하는 것은 철학에 의해 현실 속에서 인간적 자유의 이념을 파악하는 것인바, 그것이야말로 헤겔이 마지막 강의에서 보여준 과제였다. 그리고 그와 같은 파악의 운동은 헤겔의 시대가 되어서야 비로소 '일출'을 맞이했다고, 요컨대 시작되었을 뿐이라고 헤겔은 생각하고 있었다. 우리가 살아가는 현대에 이르기까지 이 과제는 얼마만큼이나 해결되어온 것일까? 시대 속에서 새로운 과제를 발견해 간다고 하는 그러한 헤겔의 역사에 대한 자세를 우리도 역시 공유해야만 한다고 생각할 수 있는 것이 아닐까?

• •
19. 山崎純, 「<歷史の始まり>としての近代 ―『世界史の哲學』講義にみられる近代認識の
    發展」(加藤尙武 編, 『ヘーゲル哲學への新視角』, 創文社, 1999년), 224–226쪽을 참조.

제8장 **미학 강의**

다키모토 유카瀧本有香

들어가며

헤겔의 『미학 강의』에 관해서는 주어캄프 판 『헤겔 전집』에 수록된 하인리히 구스타프 호토(1802–73년)가 편집한 것이 오랫동안 텍스트로서 사용되어왔다. 그러나 이것은 복수의 해에 이루어진 헤겔의 미학 강의를 하나로 정리한 것이고, 그런 까닭에 각 연도의 차이를 알 수 없게 마무리되어 있다. 또한 아마도 호토에 의한 가필 수정도 포함한 것이기 때문에, 근간에는 각 연도의 『미학 강의』의 필기록 편집이 추진되고 헤겔 미학에 대한 다시 보기가 이루어지고 있다.

헤겔은 우선 1818년에 하이델베르크대학에서 처음으로 『미학 강의』를 행했다. 이때 헤겔은 구술필기를 위해 노트를 만들었다고 하는데, 현재 그 노트는 행방불명이며, 또한 이 강의의 필기록도 발견되지 않았다. 그 때문에 하이델베르크대학에서의 강의가 어떠한 것이었는가 하는 것에 대해서는 알 수 없다.

그 후 베를린대학에서 헤겔은 1820/21년 겨울 학기에 『미학 강의』를 행하며, 이때에도 새롭게 노트를 만들었다고 한다. 헤겔은 1823년의 여름 학기, 1826년의 여름 학기, 1828/29년의 겨울 학기에도 『미학 강의』를 행하게 되지만, 그것들 모두 그 노트를 사용했다고 생각되고 있다. 하지만 물론 학기에 따라서는 내용의 변경도 시도하고 있는데, 헤겔은 많은 메모를 노트에 써넣어 갔다고 한다. 이 베를린 노트는 단편으로서 남아 있긴 하지만, 노트 그 자체는 마찬가지로 행방불명이다.

　　헤겔의 죽음으로부터 4년 후인 1835년에 호토는 『미학 강의』를 정리하고, 그 후 조금 더 개정한 제2판을 내놓았다. 그것이 헤겔 『미학 강의』의 텍스트가 되었다. 호토는 베를린 노트와 각 학기 학생들의 노트를 자료로 하여 정리했는데, 그러나 1820/21년의 것은 자료로 하지 않았다. 그것은 호토가 1823년의 강의에서 본질적인 개정이 이루어졌다고 생각했기 때문이다. 호토는 스스로도 미학자이고, 헤겔의 사후에 베를린대학에서 헤겔의 『미학 강의』를 이어받게 된다. 『미학 강의』의 편집과 관련하여 호토는 많은 자료를 고려하여 헤겔의 사상을 정확하게 전하기 위해 애썼다. 그 공적은 크며, 베를린대학에서 호토가 1833년의 여름 학기에 행한 미학 강의의 강의록[1]을 보면, 그 항목 구분은 1835년에 그가 편집한 헤겔 『미학 강의』의 항목 구분과 유사하다. 헤겔의 『미학 강의』는 대단히 체계적으로 세워진 것이라는 인상이 일반적이지만, 그것은 호토에 의해 만들어진 것이다. 그 한 가지 예를 제시하자면, 『미학 강의』에서는 이념의 규정 뒤에 '미의 이념'이라는 항목에서 미와 진리가 일치한다는 것, 또한 '개념과 개념의 실재와의 통일'로서의 이념의 정의는 '개념과 객관의 통일'이라고도 바꿔 말해질 수 있다는 설명이 이루어진 다음, '자연미'가 장을 구분하여 논의되고 있다. 하지만 이와

• •
1. H. G. Hotho, *Vorlesungen über Ästhetik, oder Philosophie des Schönen und der Kunst, Berlin 1833. Nachgeschrieben und durchgearbeitet von Immanuel Hegel*, hrsg. und eingeleitet von Bernadette Collenberg-Plotnikov, Stuttgart, 2004.

같은 이념 규정에 관한 기술의 토대가 되는 1823년의 필기록을 보는 한에서는, 이념의 규정으로부터 자연미의 고찰 사이에서 미와 진리의 관계는 말하고 있지 않다. 요컨대 본래는 이념의 규정으로부터 유기체론으로 이어지고 있었던 것이『미학 강의』에서는 읽히지 않는 구성으로 된 것이다. 이 부분에 대해 호토에 의한『미학 강의』의 강의록을 보면, 그 항목 구분은 헤겔『미학 강의』처럼 제1장「미의 순수한 개념」뒤에 제2장「자연미」가 오고 있다. 이러한 것으로부터 호토가 편집한 헤겔의『미학 강의』와 호토의『미학 강의』의 유사성이 인정되는데, 본래 헤겔이 행한 강의보다도 좀 더 체계적으로 구성되었다고 말할 수 있다.

그 때문에 헤겔의『미학 강의』의 내실과 또한 각 학기의 차이도 검토한 다음, 각 학기의 필기록을 참조하여 새롭게 헤겔 미학을 독해할 필요가 있다고 할 수 있다. 이 장에서는 우선은 현존하는 필기록 상황을 확인하고, 그런 다음 각 학기의 필기록을 비교하여 강의의 변천을 추적하면서 헤겔『미학 강의』에 대해 검토를 진행해 나가고자 한다.

제1절 헤겔『미학 강의』의 필기록에 대하여

1820/21년 겨울 학기에 헤겔의『미학 강의』는 매주 5회 행해지며, 빌헬름 폰 아셰베르크에 의한 필기록이 남아 있다. 하지만 이 필기록은 아셰베르크 한 사람에 의해 쓰인 것이 아니다. 작스 판 테르보르크라는 학생도 도중에 10쪽 정도를 썼으며, 아셰베르크는 도중에 강의에 나오지 못하게 되어 미덴도르프라는 학생의 노트에서 베껴 쓰고 있다. 또한 그 문장도 깔끔하게 정리되어 있지 않으며, 헤겔이 말할 때 잘못을 범한 것인지 작품의 상세한 것들에 관한 부분에서 잘못도 포함하고 있다. 그러나 1820/21년의 필기록은 상실된 베를린 노트를 사용한 최초의 강의이기 때문에, 노트의 구성을 아는 데서 중요한 실마리가 된다.

1823년 여름 학기에는 헤겔의 『미학 또는 예술철학 강의』가 매주 4회 행해졌다. 필기록으로서 남아 있는 것은 호토의 것뿐이다. 1820/21년의 것과 비교하면, 호토는 대단히 주의 깊고 신중한 필기록을 남기고 있다고 말할 수 있다. 호토는 단순한 필기록이 아니라 난외주도 넣어 충실하게 헤겔의 생각을 텍스트로서 정리하고자 했다고 판단된다. 덧붙이자면, 1820/21년과 1823년의 필기록은 각각 출판되어 있으며,[2] 2015년에는 두 개가 합쳐져서 아카데미 판 『헤겔 전집』 제28권에 수록되었다.

1826년 여름 학기에는 헤겔의 『미학 또는 예술철학 강의』가 매주 4회 행해졌다. 이 학기의 필기록이 현재로서는 가장 많이 발견되고 있다. 그 가운데 프포르텐에 의한 『예술의 철학』이라는 제목이 붙은 필기록[3]과 켈러에 의한 『헤겔의 예술철학 또는 미학 ─ 1826년 여름 학기』라는 제목의 필기록이 출판되었다.[4] 그 밖에는 아헨 시립 도서관 소장의 필기자 불명의 필기록, 폴란드의 시인 가르친스키의 필기록, 그리스하임, 뢰베의 필기록도 남아 있지만, 이것들은 아직 간행되어 있지 않다. 프포르텐의 필기록은 183쪽으로 분량으로서는 적지만, 대단히 정확한 텍스트라고 말할 수 있다. 최초로 코멘트의 난외 기입이 이루어지고, 또한 곳곳마다 날짜가 적혀 있다. 켈러의 필기록은 459쪽으로 대단히 많은 것이지만 문장으로서는 깔끔하게 정리되어 있지 않은데, 편집에서는 수정이 가해져 있다.

• •

2. *Vorlesungen über die Philosophie der Kunst, Berlin 1820/21. Eine Nachschrift*, hrsg. von H. Schneider, Frankfurt a. M. 1995. *Vorlesungen über die Philosophie der Kunst, Berlin 1823. Nachgeschrieben von Heinrich Gustav Hotho*, hrsg. von A. Gethmann–Siefert, Hamburg, 1998.

3. *Philosophie der Kunst, 1826. Nachgeschrieben durch von der Pfordten. Ms. im Besitz der Staatsbibliothek Preußischer Kulturbesitz, Berlin*, hrsg. von A. Gethmann–Siefert, J.–I. Kwon und K. Berr. Frankfurt a. M. 2004.

4. *Philosophie der Kunst oder Ästhetik, Berlin 1826. Nachgeschrieben von Friedrich Carl Hermann Victor von Kehler*, hrsg. von A. Gethmann–Siefert und B. Collenberg–Plotnikov, München, 2004.

1828/29년 겨울 학기에 헤겔의『미학 또는 예술철학 강의』가 매주 5회 행해졌다. 필기록으로서는 리벨트, 롤랭, 하이만, 필기자 불명의 것이 남아 있다. 이 가운데 폴란드의 교육학자이자 철학적 작가인 카롤 리벨트의 것이 크라쿠프 국립 도서관에 소장되어 있다. 이것은 도중에 다른 사람에 의한 필기가 포함되어 있으며, 헤겔의 사상을 적확하게 포착한 것이 아니다. 리벨트에 의한 필기록은 일반 부문의 부분만이 간행되어 있다.[5]

제2절 헤겔의 『미학 강의』에 대하여

필기록과 편집 상황을 확인했기 때문에, 다음으로 각 학기의 필기록을 각각 서로 아울러 비추어 보면서 헤겔의 미 또는 예술이란 어떠한 것인지를 검토해 보자. 여기서는 『미학 강의』의 서론과 일반 부문의 기술로부터 몇 가지 논점을 다루어 보고자 한다.

1. 미의 규정

헤겔은『미학 강의』의 일반 부문을 미 그 자체의 규정으로부터 시작한다. 미는 개념과 개념의 직접적인 현존인 실재와의 통일이라고 규정되어 이념 그 자체로 된다. 미란 '외적인 현존, 즉 감성적인 표상에서의 진리'(GW 28/1. 24)인바, 개념과 실재의 통일이 감성적으로 나타날 때 미로서 직관된다. 실재란 그것 자체로 개별적이고 다양한 현존을 지니지만, 개념과 다시 통일됨으로써 이념이 된다. 이처럼 유기적인 통일을 지니는 살아 있는 것은 그것 자신에서 이념을 속에 포함하는 것이 된다. '이념은 그 본성으로부터 자연에 살아 있는 것 일반, 미로서 관계를 지니며, 미는 살아 있는

• •
5. Hegels Vorlesung über Ästhetik 1828/29. Allgemeiner Teil, hrsg. von H. Schneider, in: *Jahrbuch für Hegelforschung* Band 12–14, Sankt Augustin, 2010.

것과 일치한다.'(GW 28/1. 258)

미에 대한 이와 같은 설명은 각 학기에 공통적으로 이루어지는 것이지만, 그로부터 전개되는 내용은 학기마다 다르다. 1820/21년의 『미학 강의』에서는 '자연미와 예술미의 구별'이라는 항목에서 자연의 아름다움으로서 유기체에 대해 논의가 이루어진다. '자연, 살아 있는 것은 또한 아름답다'(GW 28/1. 35)라고 하고, 유기체인 동식물은 그것이 생명을 지니는 까닭에 아름답다고 말한다. 여기서 헤겔은 식물을 예로 들어 설명해 간다. 식물의 잎과 꽃, 향기 등은 내부로부터 규정되고 있고, 외부로부터 어떠한 영향도 받지 않고 있다. 즉, 식물은 '있어야 하는 대로 있다'라는 것이다. 동물도 형태는 외적인 것에 의해 규정되어 있는 것이 아니라 스스로의 형태 그 자체를 산출하고 있다고 말한다. 요컨대 동식물에서는 '개념과 실재의 조화'가 있는 까닭에, 자연은 아름다운 것이라고 말한다. 그러나 동물이 아무런 위협도 받지 않는 환경 속에 있다면 개념과 실재의 조화가 보존될지 모르지만, 주위의 환경이 변화하면 잘 적응하지 못하고서 생명의 위기에 노출되는 일이 일어날 수 있을 것이다. 물론 동식물은 외부로부터의 관계 부여로 인해 파손된 스스로의 구조를 재생시키고자 하는 힘을 지니지만, 그 힘도 점차로 쇠퇴하여 위축되고 이윽고 죽어간다. 이와 같은 사태를 가리켜 헤겔은 '살아 있는 것은 언제나 아름답다고는 할 수 없다'라고 말한다. 그러나 예술은 시간을 넘어서서 미를 보존할 수 있다. 그로부터 헤겔은 자연미에 대한 예술미의 우위를 논의해 가는 것이지만, 자연의 아름다움에 관한 논술은 1823년의 『미학 강의』에서는 좀 더 상세하게 논의된다.

1823년의 『미학 강의』에서는 자연의 미를 감지하는 주체, 요컨대 감수성의 존재 방식이 상세하게 논의된다. 거기서는 자연의 아름다움은 내적인 것이고 숨겨진 것이기 때문에, 직관으로서는 그 미를 감지할 수 없다고 이야기된다. 하지만 헤겔은 어디까지나 아름다움을 인식하는 데서 사유를 개입시키지 않는 방법을 요구한다. 개념이 안에 갇혀 있어 직관에 대해 숨겨진 것으로 되어 있는 자연의 아름다움은 그 구성의 통일 원리를 발견할 수 있는 지식을 전제하지 않으면 나타나지 않는다. 그리하여 헤겔은 자연의 아름다움을 인식하는 직관으로서 '명민한sinnvoll 직관'[6]을 제시한다. 독일어에서는 '감각'과 '감수성'을 의미하는 말Sinn이 '감성적인 것의 타자인 내적인 것, 사유, 사태의 보편'도 의미한다(GW 28/1. 268). 이렇듯 감성에 관계하는 것이기도 하고 사유에 관계하는 것이기도 한, 즉 상반되는 쌍방을 함의하는 이 말에 헤겔은 주목하고, 그 쌍방의 성질을 지닌 직관을 '명민한 직관'이라 명명하여 자연을 아름답다고 간주하는 인식의 존재 방식을 설명한다. 즉, 자연을 아름답다고 하는 인식을 감성적이고 직관적인 존재 방식과 개념 파악하는 사유적인 존재 방식이 조합된 것으로 생각하는 것이다. 자연의 유기체는 자신 속에 있는 영혼, 요컨대 개념과 개념의 실재의 통일이라는 아름다움을 자신에 대해 표상할 수 없는 까닭에, 인간은 직관적으로 그 아름다움을 받아들일 수 없다. 그러나 그러한 통일을 유기체가 안에 포함한다는 '내적인 연관이 있다는 것을 알아차리는' 것에 의해 자연의 아름다움을 감지할 수 있다. 이러한 존재 방식이 감각과 고찰을 아울러 지니는 명민한 직관인바, 헤겔에게는 이러한 직관만이 자연의 아름다움을 인식하는 방법이 될 수 있다.

그러면 예술에서는 어떠할까? 헤겔은 미의 개념을 '가상'과 관련지어 다음과 같이 말하고 있다. '미는 가상으로부터 나오는 것이며, 미에서 존재는 가상으로서 설정된다.'(GW 28/1. 24) 여기서 말하고 있는 가상이란 진실과 대립하는 것과 같은 존재 방식이 아니다. 헤겔은 가상을 '본질 그 자체의 본질적인 계기'(GW 28/1. 219), 요컨대 표현된 내용의 본질적인 것의 나타남으로 간주한다. 예술가는 실재의 단순한 존재를 직관에 의해 실재를 분명하

6. 명민한 직관이라는 말은 헤겔의 『미학 강의』에서는 1823년에만 나오는 용어이다. 그러나 『엔치클로페디』 제1판(1817년)에서는 서론의 제10절에, 제2판(1827년)과 제3판(1830년)에서는 서론의 제16절에 나온다는 점에서 헤겔 자신이 이 말을 사용했다는 것의 신빙성을 얻을 수 있다. 또한 직관에 명민이라는 형용사를 덧붙이는 것은 다른 철학자들에게서도 보이는 것이 아니라 헤겔의 독특한 용법이라고 생각된다.

게 하는 가상으로서 설정함으로써 이념을 외적으로 감성적으로 인식할 수 있는 현상으로 가져온다. 이리하여 자연과는 대조적으로 예술은 가상이라는 존재 방식을 통해 표현된 내용으로서의 이념을 직관에 의해 인식할 수 있다.

이러한 미를 감지하는 측면으로부터도 헤겔은 예술미를 자연미보다 우월한 것으로 간주하고, 이상으로서의 미는 예술에서 나타나는 것이라고 한다. 그리고 『미학 강의』에서 헤겔은 예술에 초점을 맞추어 논의해 간다. 1820/21년과 1823년의 필기록에서는 이와 같은 자연의 아름다움에 대한 논술이 있지만, 1826년과 1828/29년의 필기록에서는 상세하게 논의되고 있지 않으며, 명민한 직관에 대해서도 논의되고 있지 않다. 미의 규정이 이념과 삶과의 관련에서 그때까지와 같이 이야기하고 있긴 하지만, 1826년이 되면 한층 더 예술미에 초점을 맞추어 논의해 가게 된다.

2. 예술의 목적

다음으로 헤겔의 예술론 가운데서도 서론에서 언급되고 있던 '예술의 목적'에 대해 살펴보고자 한다. 헤겔은 예술의 목적으로서 자연의 모방, 정열의 야기, 도덕적 목적의 세 가지를 들고 있다. 세 가지 목적에 대한 언급은 1820/21년과 1823년에도 이루어지고 있었지만(GW 28/1. 6 ff., 239 ff.), 1826년에 가장 상세하게 논의하게 된다.[7]

우선 자연의 모방에 관해 이야기하자면, 예술 작품을 제작하는 데서 그 제재가 되는 것을 사람들은 자주 자연 속에서 발견하며, 그것을 정교하게 모방하여 자연의 아름다움을 재현하는 작품으로서 만들어낸다. 이것은 일반적으로도 자주 있는 일로, 인간은 자연을 모방하는 기술을 연마하고자

• •

7. Vgl. *Philosophie der Kunst, 1826. Nachgeschrieben durch von der Pfordten*, 54 ff. *Philosophie der Kunst oder Ästhetik, Berlin, 1826. Nachgeschrieben von Friedrich Carl Hermann Victor von Kehler*, 11 ff.

한다. 하지만 헤겔은 예술의 목적이 자연의 모방에 있다는 것에 긍정적인 평가를 하지 않는다. 그것은 단순한 기술로서의 예술이라는 측면으로 기울 어지고, 있는 그대로의 것을 직접적으로 표현하는 것만이 목적으로 되기 때문이다. 예술에서는 어디까지나 정신적인 것이 계기로 되어야만 한다. 따라서 자연의 모방보다 고차적인 예술의 목적으로서 정열의 야기가 거론되 는 것이다.

예술 작품을 접하면 사람들은 스스로의 마음이 움직여지고 채워지기를 기대한다. 그것은 요컨대 예술 작품의 내용이 사람의 감정을 움직이는 그러한 주제의 것이길 바라기 때문이다. 하지만 예술에 의해 우리의 감각이 흥분되는 일도 있다면 우리의 정신이 소모되는 일도 있다. 또한 예술은 사람들의 내면을 움직이는 힘을 지니고 있지만, 예술의 내용이 나쁜 행위에 정열을 기울이게 하는 때도 있다. 헤겔은 이것을 '예술의 궤변'이라고 부르고, 사람들의 감동을 불러일으키는 것만을 목적으로 하는 예술의 존재 방식에 경종을 울린다.

그리하여 좀 더 높은 목적으로서 도덕적 목적이 거론되게 된다. 예술이 정열을 불러일으킬 때, 동시에 예술은 정열을 정화하기도 한다. 이 정화에 의해 도덕을 산출하는 것이 예술의 목적이 된다. 예를 들어 어떤 역사적이고 구체적인 표현으로부터 선하다고 여겨지는 도덕이 발견되는 것과 같은 회화가 그러하다. 예술에서 도덕이 법칙으로서 표현되어야만 한다는 것은 아니지만, 그러나 무언가의 방식으로 도덕을 사람들이 파악할 수 있도록 표현되어야만 하며, 또한 거기서 교훈과 법칙이 확정되어야만 한다.

여기서 헤겔의 논의는 도덕으로 옮겨간다. 도덕이란 의지의 법칙이 드러 나 보이는 형식을 지니며, 확신과 절대적인 법칙으로서 놓여 있다. 우리는 법칙의 형식을 구별하는 이성적인 면을 지니는 한편, 경향과 정열과 같은 감성적인 면도 지닌다. 사람이 도덕적인 입장에 있을 때, 그는 법칙을 알고 법칙에 따라서 행동을 결정하도록 스스로의 내면에 있는 경향과 싸운 다. 이리하여 법칙은 사람들의 심정 일반과 같은 자연적인 의지와 대립하지만, 이러한 대립은 단지 개개인에 한정되는 것이 아니며, 또한 도덕이 문제가 될 때로 한정되는 것도 아니다. 그러한 것이 아니라 보편적인 것이기도 한 까닭에, 요컨대 대립은 보편적인 것과 특수적인 것의 대립이고 의무와 심정의 대립이며, 또한 필연과 자유의 대립이기도 하다. 추상적인 개념이나 법칙과 인간의 생생한 존재 방식과의 이러한 대립 속에서 인간은 제한되어 있다. 이러한 대립이나 모순이 해소되는 곳을 보여주고 양자의 화해를 실현하는 곳을 보여주는 것이 근대에서의 철학의 과제라고 헤겔은 간주하고 있다.

도덕에 관한 고찰로부터 도달한 높은 관점으로부터 돌이켜서 다시 한번 예술의 목적을 생각하게 되면, 예술의 목적이란 도덕만으로는 다 드러낼 수 없는 것을 포함하고 있다는 것을 알 수 있다. 요컨대 단지 도덕이라는 이성적인 측면에 초점을 맞추는 것뿐만 아니라 인간에게 생래적으로 갖추어진 감성적인 측면과의 통일된 존재 방식이 예술에서 성립하지 않으면 안 되는 것이다. 그때 예술은 아름답다고 표현된다. 헤겔에게서 예술은 철학과 마찬가지로 절대정신의 하나로 생각된 것으로부터도 알 수 있듯이 모든 대립을 통일로 이끄는 것이다. 즉, 예술의 목적이란 보편과 특수 내지는 개별, 필연과 자유, 객관과 주관, 이성과 감성과 같은 인간을 둘러싼 대립을 화해시키고 통일하는 것이며, 또한 그 통일이 실현된 곳에서 미가 나타나는 것이다.

3. 칸트 비판

이처럼 헤겔은 도덕이 예술의 제3의 목적으로서 제시되고 최종적으로는 그 목적을 넘어서는 것을 지향했다. 하지만 1826년의 『미학 강의』에서 헤겔은 도덕이라는 관점으로부터 칸트 철학에 대해 논의해 간다. 칸트에 대한 언급은 1820/21년에도 이루어지고 있었지만(GW 28/1. 8 ff.), 1826년만큼 상세한 것은 아니며, 1823년에는 논의되지 않았다.

칸트에게서 도덕의 입장은 최고의 것으로서 중시되었는데, 미에서 보편과 특수, 필연(자연)과 자유의 대립을 해결할 것을 시도했지만 그것을 달성하지 못했다고 헤겔은 평가한다. 칸트는 『판단력 비판』에서의 미에 대한 고찰 속에서 대립의 추상적인 해결 방법을 주관적으로 제시했을 뿐이었다. 이것이 헤겔의 칸트 이해이다. 그렇다면 통일이 지향되었다 하더라도 주관과 객관, 감성과 이성의 대립 구조가 그대로 남았다는 것이게 된다. 칸트에게서도 대립이 통일을 향하도록 노력하는 것은 말할 것도 없지만, 그러한 아름다운 예술이 태어나는 것은 우연에 머물러 있었다.

아름다운 예술은 우연적인 것이다. 이것은 『판단력 비판』의 천재론을 시사하고 있다. 칸트에게서 쾌의 감정을 산출하는 미감적 기술은 단순한 감각으로서의 표상에 쾌가 수반하는 '쾌적한 기술'과 감관 감각이 아니라 반성적 판단력을 기준으로 하는 '아름다운 기술'로 구별된다. 예술을 의미하는 후자는 '천재의 기술'이라고 불린다. 기술은 규칙을 필요로 하지만, 그러나 예술에서는 규칙에 따르면서도 제작자도 감상자도 규칙에 매이지 않은 채 지성과 상상력의 '자유로운 유희'에 의한 조화에 의해서 쾌를 느낄 때 아름답다고 불린다. 자연처럼 보여야만 하는 예술은 규칙을 부여하는 천재에게만 가능하게 된다. 하지만 천재란 갖고 태어난 소질인바, 규칙과 이념을 자신이 어떻게 산출했는지를 알지 못한다. 또한 다른 사람들이 동일한 것을 산출할 수 있도록 전할 수도 없다. 이처럼 한정된 천재라는 제작자의 손에 의한 작품밖에 예술로 간주되지 않는 것이고 아름다운 기술로 간주되지 않는 것이다. 이러한 점에서 헤겔은 칸트가 말하는 바의 아름다운 예술을 우연적인 것이라고 비판한 것이다.

하지만 칸트가 도덕을 미에서 논의할 때 그것은 예술보다도 자연의 아름다움을 말하고, 자연의 숭고함과 관련되는 것이 주된 것이다. 그러므로 헤겔이 예술의 목적으로서 도덕성을 거론한 것과 마찬가지로 칸트도 말하고 있었다고 오해해서는 안 된다. 칸트는 『판단력 비판』의 제42절 「아름다운 것에 대한 지성적인 관심에 대하여」에서 다음과 같이 말하고 있다. '자연의 미에 직접적인 관심을 지니는 것은 언제나 좋은 영혼의 하나의 특징을 보여준다. 또한 이 관심이 습관이 되면, 이 관심은 자연의 관조와 기꺼이 결합할 때 적어도 도덕적 감정에 호의적인 마음의 조화를 가리킨다.' 더 나아가 아름다운 형태가 자연 일반 속에서 상실되는 것을 싫어하는 사람은 자연의 미에 대해 조금도 목적을 지니지 않는 것과 같은 직접적인, 더욱이 지성적인 관심을 지닌다고 말하고 있다. 이처럼 직접적인 관심을 불러일으키는 것이 자연의 미인바, 이 점으로부터 보자면 형식이라는 관점으로부터는 예술미에 미치지 못하긴 하지만, 자연미는 예술보다 우월하다. 칸트는 형식에서 보아 예술미가 자연미보다 우월하다는 것을 인정하지만, 그러나 예술에 대해 미를 발견하는 것은 감상자가 아름답게 느끼도록 매력적으로 만들고자 하는 제작자의 의도가 있는 까닭에 당연한 것이라고 한다. 오히려 그렇게 의도하여 만들어진 아름다움에 미혹되지 않고서 자연의 미에 대해 관심을 지닐 수 있는 쪽이 좀 더 훌륭하며, 이러한 사람은 '좋은 도덕적인 마음가짐으로 향하는 소질이 있다'고 생각된다. 또한 자연의 아름다움에 대한 직접적인 관심이 있는 것은 모든 사람에게 갖추어져 있는 것이 아니라 '사고방식이 좋은 것으로 이미 성숙해 있는 사람, 또는 이 성숙에 특별히 민감한 사람에게만 고유한 것이다'라고 한다. 물론 이러한 직접적인 관심은 도덕적인 판단의 관심과 전적으로 동일한 것이 아니다. 왜냐하면 도덕적인 판단의 관심은 객관적인 법칙에 기초하는 관심인 데 반해, 직접적인 관심은 취미 판단의 하나로서 자유로운 관심에 기초하는 것이기 때문이다. 칸트는 미와 도덕을 동등하게 결합하고 있었던 것이 아니긴 하지만, 도덕을 갖추고 있는 것이 자연미를 감지하는 소질이 있다고 하여 좋은 것으로서 논의하고 있었다.

자연미가 예술미보다 우월하다고 하는 칸트의 주장은 헤겔의 주장과 대립하지만, 헤겔은 칸트를 정면으로 부정한 것이 아니라 칸트의 『판단력 비판』의 논의를 염두에 두면서 스스로의 논의를 구성해 갔다. 헤겔은 1820/21년의 『미학 강의』에서 『판단력 비판』에서의 미의 네 가지 계기를 논의하여 하나씩 반론을 가하고 있다(GW 28/1. 28 ff.). 그 속에서 헤겔은 미란 개념을 지니지 않고 필연적으로 마음에 드는 대상이라고 하는 칸트의 논의에 대해 다음과 같이 말하고 있다. 취미 판단이란 인식 판단처럼 객관적인 원리를 지니지 않으며, 그렇다고 해서 단순한 감관에 의한 취미 판단처럼 어떠한 원리도 지니지 않는 것도 아니다. 취미 판단은 어떤 주관적인 원리를 지니고 있지 않으면 안 되며, 개념에 의한 것이 아니긴 하지만 그럼에도 불구하고 보편적으로 타당한 것이다. 이에 대해 헤겔은 일반적으로 필연이란 어떤 것이 설정될 때 그것이 다른 것으로부터의 귀결에 의해 있다는 것을 함의한다고, 즉 그것은 이유와 결과의 관계라고 말한다. 칸트는 미란 어떤 필연적인 마음에 듦의 대상이라고 했지만, 그것은 개념을 지니지 않는 마음에 듦이다. 그런 까닭에 여기서 말하고 있는 필연은 특수한 것인바, 인과 관계에 의해 설명할 수 있는 것이다. 아름답다고 느낄 때의 판단은 규정된 개념으로부터 도출되는 객관적인 판단이 아니다. 그러므로 여기에서의 필연이란 자기와 아름다운 것과의 필연적인 관계를 의미하는 주관적 필연이라고 헤겔은 말한다.

그렇지만 이러한 미의 주관성을 헤겔은 부정한 것이 아니다. 미는 감각에 의해 받아들여지는 것이기 때문에, 주관적인 측면을 전적으로 저버릴 수 없다. 그러나 감성과 이성, 주관과 객관과 같은 모든 대립을 통일로 이끄는 것으로서의 미를 학문으로서 설정하기 위해 헤겔은 미를 객관적으로 논의하는 방법을 탐구하고, 주관과 객관의 일치로서의 미를 수립하고자 했다. 이러한 관점 아래 헤겔은 1826년의 『미학 강의』에서 칸트에게 많은 것을 의거하면서도 인간다움을 양성하는 역사라는 관점에서 미의 중요함을 이야기한 실러에 대해 논의해 간다.

4. 주관과 객관의 통일

헤겔이 1826년의 『미학 강의』에서 실러의 미학에서 주목해야 할 점으로서 집어 들고 있는 것은 실러가 전체라는 관점을 가지고서 국가에 대해 언급한 것이다. 실러는 『인간의 미적 교육에 대하여』의 제4서한에서 다음과 같이 말하고 있다. '각 개인은 그 소질과 사명에서 말하자면 자기 속에 순수한 이상적 인간을 지니고 있는바, 변전하는 자기 속에서 그 불변의 통일에 합치하는 것이 인간 존재의 위대한 과제이다.'[8] 그리고 이 순수한 인간은 객관적이고 규범적인 형식인 국가에 의해 대표된다고 한다. 국가의 형식에서 다양한 주관은 하나로 통합되지만, 그러면 어떻게 해서 시간 속에 놓여 있는 인간이 이념 속에 있는 인간과 하나로 되고, 국가가 개인 속에서 자기를 주장할 수 있는 것일까? 그것은 다음의 두 가지 방법으로 생각될 수 있다. 하나는 순수한 인간이 경험적인 인간을 억누르고, 국가가 개인을 폐기해 버리는 방법이며, 또 하나는 시간 속의 인간이 이념 속의 인간으로 자기를 고양하는 방법이다. 이 가운데 후자의 방법에 의해, 요컨대 개인이 폐기되지 않는 방법에 의해 개인과 국가가 조화를 이루고 하나로 되는 것이 지향된다.

헤겔은 이러한 실러의 논리를 받아들여 개인과 국가의 통일, 그것은 감성과 이성의 통일이기도 하며, 그 통일을 가능하게 하는 것으로서 미의 중요성이 설파된 것에 찬성한다. 이리하여 주관적이고 다양한 개인이 객관적인 국가에 일치하는 것은 헤겔에 따르면 '민족의 정신'이 표상된다는 것을 의미한다.[9] 그것은 헤겔이 『미학 강의』에서 예술 형식의 전개를 역사적인 민족정신의 나타남으로서 논의한 것이기도 하다. 실러가 주관과 객관의 일치, 감성과 이성의 일치로 이끄는 것으로서 미를 논의하고, 또한 개인과 국가와 같은 견지에까지 이르고 있는 것을 헤겔은 평가하고 있었다. 그것은 또한 헤겔 자신의 미학을 구축할 때 커다란 영향을 주는 것이었다.

• •

8. Friedrich Schiller, *Sämtliche Werke*, Bd. 5, München, 1962, 577.

9. Vgl. *Philosophie der Kunst, oder Ästhetik, Berlin 1826. Nachgeschrieben von Friedrich Carl Hermann Victor von Kehler*, 19. 헤겔은 '민족의 정신'이라는 말을 사용하여 실러의 미학을 해석했지만, 실러 자신은 이 말을 사용하지 않는다.

나가며

　헤겔은 동일한 노트를 사용하여 『미학 강의』를 행하고 있었지만, 처음에 말했듯이 각 학기의 다름도 보인다. 예를 들어 1828/29년의 『미학 강의』의 일반 부문에는 지금까지 논의되지 않았던 네덜란드 회화에 대한 언급이 있다. 이전부터 헤겔은 네덜란드의 풍경화와 세속화를 높이 평가하고 있으며, 그것들은 회화론 부분에서 논의되고 있었다. 그것은 헤겔 미학에서 잘 알려진 '예술의 종언' 이후의 새로운 예술로도 여겨지고 있었지만, 1828/29년의 『미학 강의』에서는 네덜란드 회화에서 이상으로서의 미가 나타나 있다고 일반 부문에 일찌감치 자리매김해 있었다. 이 점으로부터 만년에 헤겔이 네덜란드 회화를 얼마나 중시하고 있었는지가 간취된다.

　확실히 호토가 편찬한 『미학 강의』는 헤겔 미학을 종합적으로 아는 데서는 도움이 될 것이다. 그러나 각 학기의 필기록을 참조하면서 새롭게 헤겔의 『미학 강의』를 다시 보면, 호토에 의해 체계적으로 마무리된 텍스트에서는 보이지 않았던 헤겔 미학을 재해석할 수가 있는 것이다.

제9장 **예술철학 강의**

가타야마 요시로片山善博

들어가며

이 장에서는 호토가 편집한 헤겔 『미학 강의』의 제3부 「개개의 예술들의 체계」에 해당하는 부분에 대해 강의록 연구의 관점으로부터 재검토하고자 한다. 헤겔은 베를린 시대에 『미학』 혹은 『예술철학』에 관한 강의를 네 학기에 걸쳐 행하고 있다. 1820/21년의 겨울 학기, 1823년의 여름 학기, 1826년의 여름 학기, 그리고 1828/29년의 겨울 학기이다. 처음 세 학기까지의 강의 시간은 주 네 시간이며, 마지막 학기의 강의만 주 다섯 시간이었다. 또한 처음 세 학기까지의 강의 내용은 '일반 부문'과 '특수 부문'의 2부 구성이지만, 마지막 학기의 강의에서는 1827년에 대폭 개정된 『엔치클로페디』의 구성에 따라 3부 구성으로 되어 있다. 이 장에서 다루는 예술들의 체계에 대한 분석은 제3회까지의 강의에서는 '특수 부문'으로서 자리매김하고 있었지만, 제4회 강의에서는 '일반 부문'이 두 개로 분할되고, 지금까지 '특수 부문'으로 생각되어왔던 예술들의 체계 부분은 '개체 부문'으로 다시 자리매김하고 있다.

그런데 호토에 의한 『미학 강의』의 편집에 대해서는 지금까지 다양한 의혹이 제기되어왔다. 강의록 연구는 이러한 의혹을 확인하는 것이기도 했다. 이 장에서는 강의록 연구로부터 보이게 된 『미학 강의』의 편집에 대한 의문, 그리고 1823년 강의록에서의 '특수 부문'의 내용, 마지막으로 이른바 '예술 종언론'에 대해 고찰해 보고자 한다.

우선 제1절에서는 『미학 강의』에 대한 비판을 다루는데, 예슈케와 게트만–지페르트의 견해를 근거로 삼는 가운데 호토에 의한 편집의 문제점을 분명히 한다. 제2절에서는 1823년 강의록을 중심으로 이 장의 대상이 되는 다양한 예술 장르를 다룬 부분인 '특수 부문'의 개요를 서술한다. 제3절에서는 이른바 '예술 종언론'에 대해 강의록의 관점으로부터 새롭게 고찰해 보고자 한다. 헤겔 『미학 강의』의 강의록 연구는 독일에서는 게트만–지페르트를 중심으로 하여 폭넓게 행해지고 있으므로, 이 장에서는 그러한 성과 일부도 소개하고자 한다.[1]

제1절 호토에 의한 편집의 문제점

현재 가장 많이 보급된 헤겔의 『미학 강의』는 기본적으로 호토에 의한 편집에 기초하고 있다. 1835년에 '헤겔의 친우들'에 의해 출판된 것이다.[2]

----

1. Vgl. *Hegels Ästhetik als Theorie der Moderne*, hrsg. von A. Gethmann–Siefert, H. Nagl–Docekal, E. Eozsa, E. Weisser–Lohmann, Akademie, 2013. 여기서는 헤겔 미학의 현대적인 의의가 다양한 관점에서 논의되고 있다. 더 나아가 다음의 연구는 헤겔의 미학 사상의 형성사를 상세하게 분석하여 강의록의 헤겔이 근대의 예술을 '이미 미가 아닌 예술'로서, 이른바 미학의 범주로 수렴되지 않는 것으로서 적극적으로 논의하고 있다는 것을 구체적으로 입증하고 있다. Annemarie Gethmann–Siefert, *Einführung in Hegels Ästhetik*, Fink, 2005.

물론 '친우들'로부터는 높은 평가를 얻었지만, 처음부터 그 편집에 대해서는 의혹이 제기되고 있었다. 20세기에 들어서서 라손이 강의록을 토대로 한 새로운 편집 방침 아래 텍스트의 편집을 시작했지만, 라손의 죽음에 의해 중단되었다. 현재는 1820/21년, 23년, 26년의 강의록과 28/29년 강의록 일부가 출판되어 있다.

지금까지 『미학 강의』에서는 헤겔의 미학 체계가 예술에 관한 방대한 지식을 토대로 전개되고 있다고 이해되어왔다. 그러나 현재는 이러한 이해에 대해 커다란 수정이 가해지고 있다. 그 계기가 된 것이 헤겔이 베를린에서 행한 『미학 또는 예술철학』에 대한 강의록의 존재이다. 청강생의 필기록에 관해서는 이전부터 알려져 있었지만, 특히 1820/21년의 강의록이 1990년대에 출판된 이후, 헤겔 미학 연구에 있어 베를린 시대의 강의록을 사용한 연구는 불가결한 것이 되었다. 예슈케는 『헤겔 편람Hegel–Handbuch』(2003년)에서 다음과 같이 말하고 있다.[3] 1820/21년과 1823년의 필기록이 출판되기까지의 헤겔 『미학 강의』의 유일한 문헌은 호토가 편집한 판뿐이었다. 그 외의 판도 결국은 호토 판에 기초하는 것이었다. 『미학 강의』도 그 이외의 강의록도 참으로 의심스러운 문헌이다. 그리고 아마도 (『미학 강의』는) 의심스러움의 정도가 높다. 왜냐하면 호토는 당시 편집자의 감각으로 자주 이치에 맞지 않는 소재를 최대한의 주의와 신중함으로써 가능한 한에서 완성된 전체로 융합시켜 완전히 프로그램대로 마무리했기 때문이다. 따라서 『미학 강의』가 학파 내에서 칭찬받은 것도 호토의 편집 작업이 헤겔의 강의로부터 한 권의 '책'을 만드는 것에, 요컨대 마치 『논리의 학』처럼 『미학 강의』를 만드는 것에 성공했기 때문이다. 그러나 오늘날에는 이

· ·

2. Hegel, *Werke*, hrsg. von einem Verein von Freunden des Verewigten, Berlin, 1832–1845.

3. Walter Jaeschke, *Hegel–Handbuch. Leben–Werk–Wirkung*, Stuttgart: Metzler, 2003, S. 419.

프로그램이야말로 진정함을 결여한 것이라고 하는 의혹을 불러일으키고 있다. 그리고 이것에는 확고한 이유가 있다. '완전한 전체'를 만든다고 하는 과제 아래 호토는 자기 주변에 있는, 지금 시점에서 보면 풍부한 자료를 자유롭게 함께 연결한 것이다. 그러나 이것은 각 연도의 강의록의 독립성을 크게 손상하게 되었다. 왜냐하면 야마자키 준山﨑純이 말하고 있듯이 베를린 시대의 헤겔의 사상에는 커다란 변화가 있었기 때문이다. '이 사이에 실은 대단히 커다란 사상적 전회·발전이 있었다. …… 그러나 베를린 시대는 <체계 시기>라고 불리며, 마치 체계가 완성되고 고정된 것과 같은 인상을 받게 된다. 이것에는 최초의 제자들이 편집한 <고인의 친우들에 의한 완성판>에 커다란 책임이 놓여 있었다. 그들은 스승의 사상을 터진 데가 없는 완전한 것으로서 제시하기 위해 사상의 전회나 단절을 덮어 숨겼다.'[4] 확실히 『미학 강의』에서는 체계에 대한 이상할 정도의 구애됨이 간취된다. 그러나 게트만-지페르트에 따르면, 호토가 편집한 『미학 강의』에 비해 청강자가 필기한 강의록은 전혀 다른 인상을 준다고 한다. 예를 들어 출판된 『미학 강의』의 '마지막의 불투명한 장'에는 상당한 숫자의 예술 판정 및 비난이 있다. 이와 같은 개입의 실마리라고 할 수 있는 것이 필기록에는 조금도 발견되지 않는다. '헤겔의 『미학 강의』가 결국 호토의 사변적 예술사의 완성된 구상을 생각하게 하는 한편, 미학의 강의록은 독자의 눈에 다른 이미지를 떠오르게 한다. 그것은 역사 현상에 관한 성찰, 요컨대 인간 문화 그 자체에 있어 본질적인 중요성을 지니는 예술에 관한 성찰이라는 이미지이다.'[5] '마지막의 불투명한 장'이라고 여겨진 『미학 강의』의 제3부 「개개의 예술들의 체계」에서는 미학 체계라는 관점으로부터 개개의 작품이 재단되고 있는 데 반해, 강의록에는 이러한 재단은 없고, 오히려 '역사

··
4. 山崎純,「ヘーゲルの語り口に迫る劃期的な翻譯 ― 長谷川宏, 『ヘーゲル美學講義』(作品社)の翻譯革命と資料上の革命」, 『情況』, 1995년 3月號, 91쪽.
5. オットー·ペゲラー 編, 『ヘーゲル講義錄研究』, 法政大學出版局, 2015년, 203-4쪽.

현상에 관한 성찰, 요컨대 인간 문화 그 자체에 있어 본질적인 중요성을 지니는 예술에 관한 성찰이 이루어져 있다고 게트만–지페르트는 지적한다.

호토에 대해서는 더 나아가 다음과 같은 의혹도 있다. 헤겔을 '미학에 정통한 인물'로서 그리고자 하는 의도가 호토에게는 있었던 것이 아닐까 하는 것이다. 헤겔은 미학과 예술 작품에 대해 방대한 지식을 지니고 있기는 하지만 정통하지 않은 면도 있다. 이러한 부족이나 잘못을 호토는 수정하고 보완할 목적으로 가필했던 것이 아닐까 하는 것이다. 예를 들어 헤겔은 음악 이론에 대해서는 그리 정통하지 않았기 때문에, 헤겔의 음악에 대해 호토가 가필한 것에 관해 게트만–지페르트는 다음과 같이 지적하고 있다. 호토는 스승이 좋아하는 스폰티니나 로시니를 취하기에 충분하지 않은 현대 예술이라고 하여 스승과는 공유할 수 없었다. 그리하여 호토는 헤겔의 음악 미학을 변경한 것이다. 따라서 헤겔의 음악 미학에는 편집자 호토에 의한 수많은 개입뿐만 아니라 호토의 생각이나 공간한 것으로부터의 삽입이 확인된다[6]고 한다. 호토는 헤겔 사후에 헤겔의 『미학 강의』를 이어받으며, 후에 자신의 미학에 관한 책도 출판했다. 호토 자신의 생각이 헤겔 『미학 강의』 속으로 헤겔의 의도에 반해 상당히 편입되어 있다고 보는 것도 가능하다.

여기서 다음의 것이 문제가 된다. 『미학 강의』의 어디까지가 헤겔의 생각이고, 어디까지가 호토의 생각인 것인가? 헤겔 자신의 미학의 사고방식을 어디까지 명확히 할 수 있는 것인가? 현재 『미학 강의』에 관한 다양한 필기록이 발견되어 공표되고 있다. 그런 의미에서는 확실히 강의록에 의해 헤겔 자신의 생각을 명확히 할 수 있는 조건도 정비되어왔다. 그러나 이 점에 대해 예슈케는 그 경우에도 최종적인 확증은 얻어지지 못할 것이라고

· ·
6. Annemarie Gethmann–Siefert, Einleitung: Gestalt und Wirkung von Hegels Ästhetik, in: *Vorlesungen. Ausgewählte Nachschriften und Manuskripte*, Bd. 2, *Vorlesungen über die Philosophie der Kunst, Berlin 1823*, Hamburg: Meiner, 1998, S. CLXXXI.

말한다. 왜냐하면 호토가 자신의 판을 위해 의거하고 있던 필기록의 많은 것이 행방불명이기 때문이다. 그리고 특히 헤겔의 강의 초고와 나중의 발췌도 상실되어 버렸기 때문이다. 그런 까닭에 호토의 편집을 잘못 평가할 위험은 완전히 제거되는 것이 아니다. 그러나 현재 한 가지 명백한 것이 있다. 즉, 헤겔의 미학을 체계에 대항시킴으로써 구제하고자 하는 것은 쓸데없는 노력이라고 하는 것이다. 헤겔의 실재 철학의 독특한 성격은 실재를 박탈한 '기계적–변증법적 개념 구조'에 있는 것이 아니라 현재 속에, 따라서 여기서는 예술 작품의 사상적인 관철 속에 놓여 있다.[7] 이러한 예슈케의 지적에 놓여 있듯이, 헤겔 미학의 현실적인 의미는 현상과 분리된 체계 속에 있는 것이 아니라 개개의 현상인 예술 작품을 사상적으로 관통하고 있는 것을 해명해 가는 것에 놓여 있다고 할 수 있다.

제2절 1823년 『미학 강의』의 개요

다음으로 1823년 『미학 강의』의 강의록을 중심으로 예술의 장르들을 다룬 '특수 부문'을 살펴보고자 한다.

강의록은 네 학기분이 있다. 본래라면 각 학기의 강의록을 상세하게 검토할 것이 요구될 것이다. 게트만–지페르트는 각 연도 강의록의 취급 방식에 대해 다음과 같이 말하고 있다. 헤겔 미학에 대한 비판적인 몰두에 있어, 특히 예술의 현상에 유리하게 되도록 독단적인 체계를 해소하는 것에 대한 많은 기대에 있어 1823년 강의록과 1826년 강의록을 비교하는 것은 그에 대한 해명을 가져다준다. 그러나 또한 실제로 헤겔의 죽음에 의해 최후의 것이 된 1828/29년의 『미학 강의』는 미학적 범주의 내용상의 풍부함, 예술 판정의 귀결, 그리고 특히 동시대의 철학적 엄격함에서의

7. Jaeschke, *Hegel–Handbuch*, S. 420.

체계적 독단성이 억제되고 있다는 점과 관련하여 인쇄된 『미학 강의』보다 뛰어나다. 이 강의록들의 이점은 특히 개개의 예술들에 대한 헤겔의 서술에서 나타나 있다고 한다.[8] 이러한 견해에 따르면, 적어도 호토에 의해 만들어진 체계적인 미학으로부터 떠나 헤겔 고유의 예술철학을 분명히 하기 위해서는 1823년과 1826년 강의록의 비교 검토와 1828/29년 강의록의 상세한 검토가 필요하게 될 것이다. 다만 1828/29년의 강의록은 현재로서는 '일반 부문'만 출판되어 있어 예술의 장르들에 대한 서술을 확인할 수는 없다. '특수 부문'에 대해서는 1826년보다도 1823년 강의록 쪽이 상세하게 다루어지고 있다. 또한 현재 1826년 강의록에 대해서는 두 종류가 공표되어 있지만,[9] 노트의 취급 방식은 분량에서도 다르다. 그래서 여기서는 1823년 강의록에 초점을 맞추어 예술의 장르에 관한 부분을 간단히 살펴보고자 한다.

우선 『미학 강의』의 구성에 대해 이야기하자면, 제3부 「개개의 예술들의 체계」는 더 나아가 크게 세 가지로 나누어져 있다. 건축·조각·낭만적 예술이다. 그리고 낭만적 예술이 회화·음악·문학으로 나누어진다. 베를린 시대의 최초의 강의인 1820/21년 강의록의 '특수 부문'은 조형 예술·음악· 이야기로 크게 분류된다. 그리고 조형 예술이 건축·조각·회화로 나누어진다. 1823년의 강의록도 동일한 구성으로 되어 있다. 1826년 강의록에서는 각각 독립하여 건축·조각·회화·음악·문학으로 되어 있다. 이것들 가운데 1823년의 것을 중심으로 살펴보자.

분류 방식과 관련해서 1823년 강의록에서는 예술 작품의 장르를 인간의 감각(미각, 취각, 촉각이 아니라 시각과 청각이라는 이론적 감각)에 대응시키

8. Gethmann–Siefert, Einleitung: Gestalt und Wirkung von Hegels Ästhetik, S. CXLII.
9. Hegel, *Philosophie der Kunst, Vorlesung von 1826*, hrsg. von Annemarie Gethmann–Siefert, Jeong–Im Kwon und Karsten Berr, Suhrkamp, 2005; *Philosophie der Kunst oder Ästhetik nach Hegel, im Sommer 1826. Mitschrift Friedrich Carl Hermann und Victor von Kehler*, hrsg. von Annemarie Gethmann-Siefert und Bernadette Collenberg–Plotnikov, Fink, 2004.

고 있다. 시각에 대응하는 것이 조형 예술이며, 청각에 대응하는 것이 음악이다. 요컨대 '우리는 예술을 세 가지 양식으로 분할한다. 시각의 예술, 소리의 예술, 표상 또는 이야기의 예술이다. 첫 번째 것은 조형 예술, 두 번째 것은 소리의 예술, 세 번째 것은 문학이다.'(GW 28/1. 444 f.) 그런 다음 조형 예술을 건축·조각·회화로 분류한다. 이러한 분류 방식에 대해 『미학 강의』에서는 작품의 본질을 파악할 수 있는 분류 방식이 아니라고 하여 채택하고 있지 않다.

그런데 건축에 관해 말하고 있지만, 그 '형식은 여기서는 자기 자신 속에 존재하는 것이 아니라 외적인 질서, 외적인 연관이다'(GW 28/1. 445)라고 한다. 건축은 정신의 외측에서 그것을 둘러싸는 것이라고 하고 있다. 건축은 정신과의 관계 방식에서 '자립적 또는 상징적 건축', '고전적 건축', '낭만적 또는 고딕 건축'으로 구분된다. 자립적·상징적 건축은 외적인 것으로서 인간들을 통합하는 것이다. 고전적 건축은 합목적성을 지닌다. '고전적 건축이 스스로 세우는 건물은 이 건축이 머물고 또한 지키고자 하는 정신적, 신적인 것을 둘러싸는 공간이다.'(GW 28/1. 455) 양자의 통합으로서의 고딕 건축은 인간의 정신에 있어 합목적이기보다 장엄한 것이다. '고딕의 교회는 그것만으로 존재하는 작품이며, 인간들은 그 속에서 점처럼 사라진다.'(GW 28/1. 458)

헤겔은 자유로운 정신과 그것을 둘러싸는 외면과의 긴장 관계의 존재 방식에서 이들 건축의 특징을 보고 있었다고 말할 수 있다. 그러나 정신은 이러한 대립 관계를 넘어간다. 거기서 건축으로부터 조각에로의 이행을 보고 있다. '정신적인 형태에 있어 본래적인 건축은 둘러싸는 것이며, 주관적이고 자유로운 정신은 이러한 외재에 대항한다. …… 따라서 조각은 정신적 개체를 대상으로 한다. 그것은 정신을 직접적인 물질 속에서 현상시킨다.'(GW 28/1. 460) 정신에 있어 건축은 정신을 결여한 외재이지만, 조각은 이러한 외재를 철폐하고, 정신 그 자체를 외재적인 형태로 표현한다. 요컨대 정신을 물질 속에서 표현하는 것이다. 조각에서 정신은 물질 속에서 표현되기에 이르렀다. '이에 반해 소리는 이미 물질을 해소하고 있다. 그러나 조각은 정신을 직접적인 물질, 완전한 공간에서 표현하고 있다. 정신이 존재하는 그대로 표현되고 있다고 말할 수 있다. 따라서 조각은 표현된 자연이다. 회화는 평면의 추상이다.' 정신과 물질의 관계에서, 요컨대 3차원, 2차원, 그리고 물질의 해소로서 정신이 좀 더 물질적이 아니라 정신적으로 표현되는 정도에 따라서 조각, 회화, 음악이 분류된다. 그런 다음 헤겔은 조각이 물질인 까닭에 그것은 정신을 표현하기에 불충분한 예술 장르라고 간주하고 있다. '조각은 자연과의 관계에서 부적합한 것이다. 왜냐하면 자연이란 물질이라는 자연이고, 정신으로서의 정신이라는 자연은 없기 때문이다.' 1823년 『미학 강의』의 특징은 이러한 예술 장르를 거듭해서 비교하고 있는 점에 놓여 있다. 요컨대 정신적인 것이 어떠한 매체를 통해 표현되어 가는 것인지를 예술 장르의 비교를 통해 상세하게 말하고 있는 것이다.

조각에 대해서는 헤겔은 다음과 같이 말하고 있다. '실제로 조각은 구체적인 인간적 육체의 추상적 측면만을 표현하고 있다. 그 형식은 색채와 운동의 다양성을 지니지 않으며, 공간에 제한되어 있다. 그러나 이러한 것은 결함이 아니라 개념을 통해 세워진 규정이다.'(GW 28/1. 460) 따라서 '감성적 존재인 육체는 예술의 요소이다. 육체의 최초 존재 방식은 질량을 가진 공간이고 물질성이다.'(같은 곳) 조각은 정신을 육체라는 물질의 형태에서 표현한 예술이다. '그러나 예술 작품은 타자에 대해 존재해야만 하며, 이리하여 물질의 분절화가 시작된다. 그러나 조각이 도달하는 것은 일반적으로 볼 수 있는 것, 요컨대 빛인바, 아직 일반적 특수인 색채가 아니다. 어둠에서 비로소 빛은 색채로 분절화된다.'(GW 28/1. 461) 조각은 인간의 육체를 분절화(특히 얼굴 모양으로)하면서 표현하기까지에는 이르렀지만, 인간의 주관을 표현하기까지의 분절화에는 이르러 있지 않다. 이 점을 헤겔은 육체를 표현하는 '눈'과 주관을 표현하는 '눈길'의 비교로부터 지적한다. '눈 그 자체에 관해 말하자면, 조각은 이것과의 관계에서 눈길 없이 끝낸다.

우선 인간은 인간의 눈을 본다.'(GW 28/1. 468) 눈 그 자체보다도 눈을 보는 눈길 쪽이 좀 더 인간적인 것을 표현한다. 조각은 눈을 묘사하지만 눈길을 묘사할 수 없다. '왜냐하면 조각은 주관에까지 도달하지 못하고, 눈길을 포착할 수 없기 때문이다.' 헤겔은 오랜 사원에 있는 상의 예를 집어 들고서 다음과 같이 설명한다. '전통적인 오랜 사원의 상에는 색이 입혀진 눈이 있다. 조각은 눈길에 대해 색을 짙게 함으로써 보여주고자 하는 데까지 이르러 있지만, 정신적인 것은 공간의 설정에 의해서만 표현된다고 할 뿐이며, 바로 영혼으로 가득 찬 것을 정신의 공간으로 방출하는 것으로서 지닐 수는 없다. 조각은 눈이 보이지 않는다. 스스로를 분절화하는 데까지 이르러 있지 않다.'(GW 28/1. 468) 이에 반해 회화는 주관을 그릴 수 있다. 이 점에서 조각과 회화의 결정적인 차이가 있다. 조각에서는 표현할 수 없는 주관이 회화의 대상이 된다.

헤겔은 조각이 공간적인 형태를 조형하는 것인 데 반해, 회화는 평면에서 조형한다고 한다. 그리고 어둠이 결여되어 있던 조각에 반해, 회화에서는 평면에 어둠에 의해 규정되는 색채가 결부된다. 그것에서 주관이 표현된다고 한다. '회화에서는 형태는 그것만으로는 쓸데없는 것이다. 형태는 3차원일 필요가 없다. 왜냐하면 형태는 빛과 그림자에 의해 만들어지기 때문이다. 더 나아가 색채의 현상은 밝음과 어둠의 규정에 따라서 목적을 지니며, 우연에 맡겨질 수 없다. 자연에서 색채의 현상은 우연이며, 대부분은 다른 대상의 환경에 의해 규정되는 한편, 그러나 회화는 색채의 현상을 목적으로 하는 것이기 때문에, 이 현상을 우연에 맡길 수 없다. 따라서 밝음과 어둠을 고정해야만 한다.'(GW 28/1. 474) 회화에서 색채를 산출하는 것은 자연의 우연에서 필연을 발견하는 주관이다.

헤겔이 '현상을 우연에 맡길 수 없다'라고 말하고 있듯이, 우연을 필연으로 변환하는 것이 예술가이다. 예를 들어 헤겔은 풍경화에 대해 다음과 같이 지적한다. '풍경화는 자연을 영혼과 정신으로써 파악하고, 그 모습을 어떤 기분을 표현하기 위한 목적에 따라 질서 짓는다. 따라서 풍경화는 자연의 단순한 모방으로 되었다든지 계속해서 모방이라든지 하는 것은 허용되지 않는다.'(GW 28/1. 477) 풍경화는 자연의 모방이 아니다. '완전한 매력은 여기서는 조화에 있으며, 대상 그 자체에는 없다. 이러한 표현을 특히 네덜란드의 화가는 스스로 대상으로 삼아 왔다.'(GW 28/1. 477) 네덜란드의 화가들이 그린 풍경화에서는 대상 그 자체가 조화를 이루고 있는 것이 아니다. 조화란 그것을 그려내는 예술가들의 주관에 놓여 있다. 여기에는 자연미보다도 예술미를 높이 평가하는 헤겔의 사고방식이 짙게 나타나 있지만, 이 점에 대해 헤겔은 더 나아가 다음과 같이 말하기도 한다. '자연에서 모든 것은 흐르고 있다. 작자는 이 순간에 이바지한다. 순간적인 것을 예술의 표현은 고정하고, 이것에 지속을 부여한다. 다른 한편으로 예술의 힘은 순간적인 것을 상술한다. 자연은 모든 측면에서 구체적이다. 예술은 보편적인 것에 계속해서 머무는 것이 아니라, 그것을 완전히 개체화된 것으로서 현상시켜 그 개체에서 보편적인 것이 존속하도록 이것을 파악한다. 예술은 지각된 것의 정확한 모방이 아니라 개체화에서 직접적인 현재보다 고차적인 것으로 되어야만 한다.'(GW 28/1. 478) 여기서 헤겔은 자연과는 구별되는 예술의 본성을 말하고 있다.

그리하여 회화는 좀 더 주관적인 것을 표현하는 음악으로 이행한다. 헤겔은 회화와 음악의 특징에 대해 다음과 같이 말하고 있다. '회화의 경우 한편으로 도상이 필요하다. 다른 한편으로 도상에 속하는 색채의 마력이 필요하다. 객관적인 것은 말하자면 이미 침묵하고 있다. 그리고 작용(효과)은 이미 물질로부터는 생겨나지 않는다. 완전히 주관적인 측면에서 예술은 음악 속에서 나타난다. 그것은 한편으로는 깊은 감각의 예술이며, 다른 한편으로는 엄격한 지성이다. 음악의 요소에 대해 좀 더 말하자면, 그것은 조형 예술에 대항한다. 거기서 공간적 외면은 벗어 던져진다.'(GW 28/1. 481)

회화에서는 주관이 평면과 색채에 의해 묘사된다. 그런 의미에서 회화는 주관적이면서도 그것은 보고 있는 내게서는 객관적으로 있다. 그런 의미에서 이것은 조형 예술이다. 그에 반해 음악에서는 소리가 나의 깊은 내면으로 나아가는 방식으로 작품과 나의 구별은 없어진다. 요컨대 대상의 객관적 측면이 소실되어 나의 주관과 일체화하는 것이다. 따라서 내감內感이 자기 자신을 청취할 수 있으며, 또한 이러한 청취를 형성할 수 있다. 음악은 감정을 표현하면서 그것을 청취하는 것이다. 다만 '감정의 표출Ausdruck은 우선은 단지 자연적인 표출이고 감탄, 간투사, 한숨이지만, 이것은 아직 음악이 아니다. 그것은 소리의 모음이나 표상의 기호가 아니다. 그러나 감정을 표현Äußerung하는 경우, 계속해서 음악이다. 음악은 감정 표현을 목적으로 한다. 자연적인 표출에서 이 표출은 (단순한) 연속이다.'(GW 28/1. 483) 음악은 감정 표현을 목적으로 한 의식적 표현이지만, 자연적인 감정 표출인 간투사에 대해서는 이것을 음악으로 간주하지 않는다. 하지만 호토 판 『미학 강의』에서는 다음과 같이 기술되어 있다. '이미 예술의 영역 바깥에서도 소리는 간투사로서, 고통의 외침으로서, 한숨과 웃음으로서, 마음의 상태나 감정을 직접적으로 대단히 생생하게 나타내는 것인바, 이를테면 심정이 발하는 <아>라든가 <오>라는 소리다. …… 그러나 간투사의 단지 자연적인 표출은 아직 음악이 아니다. …… 이리하여 음악은 간투사를 그 출발점으로 한다.'(Weke, 15. 150 f.) 『미학 강의』에서의 호토의 기술에서는 간투사를 한편으로 음악이 아니라고 하면서, 동시에 단서가 있긴 하면서도 음악의 출발점이라고 한다고 조금 모호한 표현으로 되어 있다. 이에 반해 강의록에서는 간투사 그 자체를 음악의 출발점으로 보고 있지 않다. 요컨대 음악은 그것을 포함한 감정 표현을 '목적으로' 하는 곳에 놓여 있다. 1820/21년의 강의록에서도 '간투사는 감정의 참된 형식이다. 그리고 간투사의 카덴차(소리의 템포를 늦추는 것)는 참된 음악 예술이다. 음악이 간투사의 지속을 목적으로 하는 곳에서 예술은 시작된다'(GW 28/1. 182)라고 말하고 있다.

그리고 이 표현을 구성하는 것이 박자와 멜로디와 하모니이다. 박자의 리듬은 하모니를 기초로 한다. 그리고 멜로디는 점차 '시'가 되며, '자기의

괴로움과 기쁨을 내놓는다.'(GW 28/1. 484) '멜로디는 하모니를 기초로 하지만, 그것에 제한되지 않는다. 그러나 하모니와 본질적으로 결부되어 있다.'(GW 28/1. 485) 이러한 박자와 멜로디와 하모니라는 요소와 그것들의 결부에 의해 음악은 인간의 내면적인 감정을 표현한다.

그러면 음악은 어떻게 문학으로 이행하는 것일까? 이 부분은 예슈케가 『헤겔 편람』에서 헤겔이 음악에 정통해 있지 않은 것의 예로서 증거로 내놓는 부분이다. 헤겔은 음악과 문학의 관계에 대해 다음과 같이 말하고 있다. '음악은 본래 우선은 반주하는 것이다. 소리의 매개를 통해 음악은 존재한다. 소리는 그 자체가 내용을 지니지 않는다. 소리의 관계를 통해 소리는 내용을 지닌다. 그러나 소리는 정신을 만족시키지 않는다. 감각이 정신의 내용을 수반하듯이, 음악은 스스로의 요구로서 말이라는 표상의 기호를 수반한다. 이야기는 스스로를 음악에 연결한다. 그리고 이것은 음악의 근원적인 규정이다.'(GW 28/1. 485) 요컨대 음악은 정신적인 것이고자 하는 한에서 이야기를 필요로 한다. 그런 의미에서 음악은 반주에 머무르는 것이며, 자립할 수 없다. '그러나 음악은 또한 자립할 수 있다. 그리고 이 점은 특히 근대에서는 음악 정통자만을 만족시키는 조화의 건축적 구조물을 만든다. 어떠한 예술에서도 단지 지성적인 연구가 만족을 얻는 것이 아니다. 음악은 그것이 스스로의 내용을 자기 자신 속에 지니지 않는다는 점에서 건축과 마찬가지이다. 요컨대 건축이 신을 요구했듯이, 음악의 주관은 어떤 텍스트, 사상, 특정한 내용으로서 자기 속에는 없는 표상을 요구한다. 이러한 만족을 주는 것이 말하는 예술이다. 소리는 정신적 내용 그 자체와 결부된다. 비자립적인 음악은 단지 반주할 뿐이다. 음악이 자립적이면 자립적일수록 지성과만 결부된다. 그리고 그것은 음악 정통자에 대해서만 존재하는 것과 같은 음악의 목적에는 어울리지 않는, 단순한 인위적인 것일 뿐이다.'(같은 곳) 여기서 헤겔은 음악의 자립은 음악의 목적에 어울리지 않는 단순한 기교이며, 음악 정통자의 것에 지나지 않는다고 단정한다. 이러한 음악의 자립과 의존에 대해 『미학 강의』에서의 기술은 모호하다. 어떤 곳에서는 말로부터의 해방을 음악의 존재해야 할 모습이라고 하면서 다른 곳에서는 말로부터의 해방은 음악이라는 예술을 부정한다고 한다. 호토는 『미학 강의』에서 헤겔의 음악과 말의 관계에 대한 생각을 수정하기 위한 가필을 하면서, 다른 한편으로 이 강의록에서의 헤겔의 생각을 그대로 받아들였던 것일까? 요컨대 음악이 그 정신을 표현하기 위해서는 말이 필요하다고 하는 것이다. 이 점에 대해서는 1826년의 강의록에서도 마찬가지이다. 또한 1820/21년의 강의록 에서도 음악의 자립에 대한 마찬가지의 표현이 발견되지만, 음악의 특징으로서 말하고 있으며, 음악으로부터 문학에로의 이행의 문맥에서는 받아들여져 있지 않다. 어찌 되었든지 간에 헤겔은 이렇게 해서 음악으로부터 문학에로의 이행을 설명한다.

여기서 헤겔은 문학을 '말하는 예술'로 간주하고 있다. 그리고 이러한 말하는 예술의 특징은 다음과 같은 것이다. '말하는 예술은 조형과 소리에 대한 제3의 것이다. 그것은 자기 자신을 청취하는 음악적인 것인 소리를 포함한다. 조각은 자기 자신을 청취하지 않는다. 말하는 예술에서 소리와 조형 예술의 현상은 결부된다.'(GW 28/1. 486) 요컨대 말하는 예술은 조형 예술과 음악을 통합한 것으로서 있는 것이다. 그것은 외적인 존재도 순수한 내적 감각도 아니고, 표상 속에 있다. '문학에서의 사태는 이미 직접적으로 외적인 것이 아니다. 오히려 표상 속에 있다. 왜냐하면 시 작품은 읽힐 수 있고, 또한 다른 언어로 번역되고, 다른 울림으로 가져와지기 때문이다.'(GW 28/1. 486) 다른 언어로 번역되는 이 점에서 헤겔은 문학의 정신을 파악하고 있다.

더 나아가 헤겔은 문학을 서사시 · 서정시 · 극으로 나눈다. '서사시는 사태가 무엇인지를 말한다. 대상으로서의 대상, 상황의 범위, 존재의 형태에서의 완전한 대상이 말해진다.'(GW 28/1. 494) 서사시의 특징은 정신을 사태 그 자체로서 말하는 점에 놓여 있다. 다만 헤겔은 서사시의 역사에 대해 다음과 같이 지적한다. '서사시는 어떤 시대에서만 있을 수 있다.

근대는 이것을 지닐 수 없다. 동양은 모든 시대에 서사시를 지닌다는 점에서 행복하다. 왜냐하면 동양의 세계에서는 우리의 경우와 같은 분별에 이르러 있지 않기 때문인바, 따라서 또한 교양의 분별에 이르러 있지 않기 때문이다.'(GW 28/1. 500 f.) 그런 의미에서 서사시는 근대 사회의 정신을 파악하는 데는 어울리지 않는다. 이에 반해 서정시는 근대적인 주관을 표현하는 데 어울린다. '서정시에서 주관은 표현된다. 세계의 부가 비추어지는 것이 아니라 개별적인 감정, 심정의 개별적인 판단이 비추어진다. 자기를 말하고자 하는 욕구가 나타나 있다. 서정시에서는 사태를 청취한다고 하는 욕구이다.'(GW 28/1. 502) 그리고 마지막으로 헤겔은 극을 서사시와 서정시의 통합으로서 파악한다. '극적인 문학은 문학과 예술 일반의 완전한 단계로서 고찰할 수 있다. 연극의 대상은 행위이다. 서정적인 것의 주관은 행위와 하나이다. 정신, 내면적인 것은 단지 상태로서, 기분으로서 표현되는 것이 아니라 의욕하는 것으로서, 자기 자신을 본질적으로 규정하는 것으로서, 어떤 목적을 세우고 이것을 실현하는 것으로서 표현된다. 서정적인 것의 내면은 여기서는 폐기되며, 자기를 서사시적인 측면으로부터 객관화한다. 그러나 단순한 사건으로서가 아니라 개인이 불러일으킨 사건으로서의 측면으로부터 객관화한다.'(GW 28/1. 502) 극에서 중요한 것은 그 내용이 의사에 기초한 행위라고 하는 점이다.

헤겔은 더 나아가 극을 비극과 희극으로 나눈다. '연극은 본래 비극과 희극으로 나누어진다. 행위가 양자의 대상이다. 행위에서 목적이 제시되며, 개인이 그것을 성취한다. 비극에서는 특히 개인이 스스로의 목적의 일면성에 의해 파괴된다. 목적을 가진 개인은 몰락한다. 영원한 정의가 개인과 목적 아래 집행된다. …… 희극에서 목적은 많든 적든 착각된 것이다. 목적은 실체적으로 현상할 수 있다. 여기서는 그 일면성이 주관 그 자체에 의해 파괴되며, 따라서 주관은 유지된다. 비극에서는 영원한 실체가 승리하여 나타나며, 희극에서는 주관 그 자체가 승리하여 나타난다.'(GW 28/1. 504) 비극에 대해서는 소포클레스의 비극, 특히 『안티고네』, 희극에 대해서는 아리스토파네스의 희극을 토대로 전개한다. 인용의 마지막에 '희극에서는 주관이 승리한다'라고 되어 있듯이 이 주관의 승리에 의해 건축으로부터 시작한 예술 작품의 장르에 관한 서술은 종료된다.

제3절 '예술 종언론'에 대하여

마지막 절에서는 이른바 '예술 종언론'에 대해 간단히 고찰하고자 한다. 『미학 강의』에서는 희극과 더불어 예술의 해체가 생겨난다고 말하고 있다. 희극은 이념과 현상, 실체적 내포와 형태의 통일의 자기 파괴를 표현하고 있다고 하는 것이 그 이유이다. 예술은 주관이 객관을 추구하는 '상징적 예술'을 거쳐, 이념과 현상의 일체화를 표현하는 고전적 예술(조각)에서 완성되고, 주관이 객관을 필요로 하지 않게 되는 낭만적 예술(회화→음악→문학)에 이르러 스스로를 해소한다. 이러한 이해 방식이 일반적이며, 『미학 강의』의 서술도 그렇게 되어 있다. 그러면 1823년 강의록에서는 어떠할까? 강의록의 마지막 부분은 다음과 같이 되어 있다. 희극에 대해 고찰한 후 '이것으로써 우리는 예술의 영역을 대강 더듬어 보았다. 예술은 그 엄격함에서 우리에 대해 지나가 버린 것이다. 우리에 대해서는 우리가 신을 대상으로 하는 것과 같은 다른 형식이 필요하다. 우리에게는 사상이 필요하다. 그렇다 하더라도 예술은 신을 서술하는 본질적인 방식이다. 이 형식을 우리는 이해해야만 한다. 예술은 쾌적한 것을, 주관적인 정교함을 대상으로 하지 않는다. 철학은 진리를 예술에서 고찰해야만 한다.'(GW 28/1. 511) 1826년의 강의록에는 이 부분의 기술이 남아 있지 않다. 1821년 강의록에서는 다음과 같이 되어 있다. '아리스토파네스의 희극을 통해 구상적인 형태에 마지막이 초래된다. 우리가 보는 것은 예술의 양식이 신의 최고의 양식이 아니라고 하는 것이다. 종교에서 신에 대한 정신적인 앎이 태어난다. 우리는 예술의 영역을 대강 보아왔다. 우리는 종교로 나아간다. 예술이 신의 필연적인 서술인 것처럼, 그것은 또한 지나가 버리지 않으면 안 되는 하나의 단계이기도 하다.'(GW 28/1. 214)

『미학 강의』에서는 희극으로써 예술이 해체된다고 하는 기술이 있는 한편, 신을 파악하는 것으로서 최고의 형식이 아니라고 하는 기술도 있다. 이에 대해 1823년 강의록과 1820/21년 강의록에서는 신을 충분하게 파악하는 역할로서는 과거의 것이라고 읽을 수 있다. 건축으로부터 문학까지 보아온 것으로부터 알 수 있듯이, 그 발걸음은 주관을 구체적으로 그려내는 것으로 향해 있었다. 정신을 둘러싼 외재적인 것으로서의 건축으로부터 시작하여 정신의 형태화로서의 조각, 그리고 정신 주관의 표현으로서의 회화, 주관의 내적인 깊은 곳에 놓여 있는 감정의 표현으로서의 음악, 주관의 의지에 의한 행위를 그리는 문학이라고 말하듯이, 정신의 주관을 깊이 파악해 가는 발걸음으로서 예술 장르의 발걸음이 놓여 있었다. 그런 의미에서 예술을 근대의 주관을 표현하는 형태들로서 볼 수도 있다. 신에 대한 최고의 파악이 종교로 옮겨감으로써 예술에는 인간의 주관을 그 자체로서 파악해 간다고 하는 새로운 역할이 주어진다. 게트만-지페르트는 1828/29년 강의록의 기술에 주목하면서 예술의 가능성에 대해 다음과 같이 말하고 있다.[10] 개인이 세계사적 행위를 하는 상황에 놓여 있지 않듯이 예술도 스스로의 모범에 의해 새롭게 이성에 기초하여 세워지는 국가에 도달할 수 없다. 예술은 인간에 기초하는 세계를 보증하지 않으며, 하물며 수립할 수 없다. 예술이 이 목적을 정확하게 보여주는 경우였다 하더라도 그러하다. 1828/29년의 하이만과 리벨트의 필기록에 따르면, 마지막 강의에서 헤겔은 이 점을 대단히 분명하게 다음과 같이 말함으로써 주제화하고 있다. '예술의 제약은 예술 안이 아니라 우리 안에 놓여 있다.' 더 나아가 리벨트의 필기록에는 다음과 같이 되어 있다. '예술에는 이제부터 앞도

· ·
10. Gethmann-Siefert, Einleitung: Gestalt und Wirkung von Hegels Ästhetik, S. CXCVIII-CIC.

있다. 진리를 설명하는 것으로서의 예술은 좀 더 고차적인 것으로 이행한다. 그리고 이것은 우리가 예술을 넘어감으로써, 예술이 우리의 시대에 놓여 있듯이, 예술의 위치를 규정한다. …… 예술은 자기 자신을 견뎌낸다.' 이처럼 예술은 존속하는 것이다. 근대에서 예술은 인륜적 국가를 재흥하는 역할과 신을 표현하는 역할로부터 해방된다. 그러나 이것은 예술을 해소하는 것이 아니라 근대에서의 예술의 새로운 역할을 창출하는 것이다.

나가며

1823년 강의록에는 다음과 같이 되어 있다. '예술 작품은 독립적으로 존재하는 것이 아니라 우리에 대해 존재한다. 그리고 우리는 거기에 친숙함을 느껴야만 한다. 작자는 상호적으로 말할 뿐만 아니라 우리에게도 말하고 있다. 그리고 이러한 것은 모든 예술 작품에 꼭 들어맞는다.'(GW 28/1. 320) 예술은 우리에 대해 있다. 이것의 의미를 헤겔의 강의록은 구체적으로 보여준다. 고대의 예술만이 아니라 현대의 예술도 우리에 대해 있다. 강의록은 우리에 대해 예술 작품이 무엇인지를 개념적으로, 그 본질에 소급하여 보여준다. 그것은 『미학 강의』에 놓여 있듯이 개개의 작품에 대한 비평이 아니라 예술 작품이 어떻게 그 시대를 살아가는 인간을 표현해 왔는가 하는 것이다.

방대한 분량을 자랑하는 『미학 강의』에 반해 강의록은 대단히 간결하게 정리되어 있다. 예술의 장르를 다룬 부분의 분량도 아마도 5분의 1 정도일 것이다. 그러나 『미학 강의』에서는 전체의 흐름을 알기 어렵지만, 강의록에서는 건축으로부터 문학까지의 정신의 발걸음을 명확히 알 수 있게 되어 있다. 이 장에서는 1823년 강의록을 중심으로 보았지만, 1820/21년의 강의록에 대한 분석도 필수적일 것이다. 또한 1826년 강의록은 공간되어 있지 않은 것도 포함하여 여섯 종류가 있다. 또한 1828/29년 강의록도 다섯 종류가 있다. 이것들에 대해서도 서로 보완하면서 검토해갈 필요가 있을 것이다. 이후의 공간이 기다려진다.

제10장 종교철학 강의

고지마 유코小島優子

들어가며

헤겔은 종교철학에 대한 반년간의 강의를 베를린대학에서 1821년 여름 학기, 1824년 여름 학기, 1827년의 여름 학기, 1831년 여름 학기에 모두 4회 행했다. 종교철학 강의의 청강자 수에 대해서는 1821년에는 49명, 1824년에는 63명, 1827년에는 119명으로 점차로 늘어났다는 것을 알 수 있다.[1] 이 가운데 헤겔 자신이 집필한 것이 발견된 것은 1821년의 강의뿐이다. 1820년 5월 5일에 헤겔이 베를린대학 총장에게 보낸 편지에서는 종교철학은 독립된 과목명으로서 거론되어 있지 않은바, 종교철학은 미학에 관계 지어

---

1. 1831년의 『종교철학 강의』의 청강자 수는 알려져 있지 않다. Vgl. G. W. F. Hegel, *Vorlesungen über die Philosophie der Religion*, in: Vorlesungen. Ausgewählte Nachschriften und Manuskripte, hrsg. von Walter Jaeschke, Hamburg: Meiner, Bd. 3, 1983, S. XII.

져 있을 뿐이다.[2] 그러나 다음 해에 종교철학은 개강했다. 이러한 전환의 이유로는 아마도 그 해가 헤겔의 동료인 슐라이어마허에 의한『신앙론』제1권의 간행에 해당한다는 것이 추측된다.[3] 슐라이어마허와 헤겔의 사이는 1818년에 헤겔이 부임한 처음에는 나쁘지 않았다. 두 사람은 모두 계몽주의에 대립해 있는데, 슐라이어마허는 감정을 중시하는 주관의 입장에 서고, 헤겔은 종교와 이성을 화해시키는 것을 과제로 하고 있었다. 그러나 1819년에 베를린대학의 신학부 교수 데 베테의 면직을 둘러싸고서 두 사람은 격렬한 논쟁을 벌이며, 그때부터 적대하게 되었다.

그 후 슐라이어마허에 대항하는 입장을 견지하는 헤겔의 정세가 점차로 나빠진다. 이와 같은 상황에서 헤겔은 무신론자라는 비판에 대항하기 위해 점차로 그리스도교의 교의에 기초한 입장을 논의하게 된다. 4회의 강의를 통해 헤겔은 시행착오를 해나가는 가운데 베를린에서의 자신의 입장을 시종일관 염려하면서 강의를 하고 있다. 청년 시기에 민족 종교를 이상으로 하고 있던 헤겔을 베를린 시대에는 볼 수 없다. 헤겔은 '영원한 진리', '절대적 진리'(V 3. 3)[4]의 영역으로서 1821년의『종교철학 강의』를 시작하고 있다.

『종교철학 강의』는 교과서를 사용하지 않는 강의이며, 헤겔 자신이 강의 초고를 끊임없이 수정하면서 강의가 이루어졌다. 이 때문에『종교철학 강의』의 구성 방식을 헤겔은 시행착오를 해나가면서 4회의 강의 속에서 매번 다시 세우고 있다. 헤겔은 처음에『논리의 학』의 구성을 토대로 하여 『종교철학 강의』의 구성을 생각하고 있었지만, 그러한 몰두는 파탄되고 만다. 왜냐하면 다양한 종교에 대한 이해를 심화시켜 가는 가운데『논리의

· ·
2. Vgl. Bd. 3, S. X.
3. Vgl. Bd. 3, S. XI.
4. Hegel, *Vorlesungen über die Philosophie der Religion*, Bd. 3, 1983; Bd. 4, 1985; Bd. 5, 1984. 인용은 본문 안에 권수와 쪽수를 적는다.

학』의 '존재', '본질', '개념'이라는 틀로 수렴되지 않게 되었기 때문이다.

제1절 강의록의 간행에 대하여

헤겔의 죽음 이후 반년이 지나서 마르하이네케는 1832년에 『종교철학 강의』(제1판)를 간행했다. 마르하이네케가 사용한 자료는 1821년의 강의에서는 헤겔에 의한 자필 초고로부터, 1824년의 강의에서는 그리스하임, 1827년의 강의에서는 마이어, 1831년의 강의에서는 칼 헤겔에 의한 강의록이다.[5] 그러나 급하게 서두른 나머지 서로 다른 연도의 강의록을 차례로 묶어 놓은 것에 지나지 않았다. 다만 마르하이네케는 한 권의 책으로서 중복을 피하는 것을 염두에 두고서 편집했기 때문에, 편입되지 않은 채로 끝난 헤겔의 상세한 서술도 많이 남아 있었다. 이 판은 특히 칼 헤겔의 자료를 토대로 한 1831년의 강의가 기본으로 되어 있다.

바우어는 1840년에 마르하이네케의 『종교철학 강의』(제1판)를 개정하여 『종교철학 강의』(제2판)를 간행했다. 바우어의 제2판은 제1판에 새로운 자료를 더함으로써 정보량이 풍부해졌다. 바우어가 이용한 새로운 자료는 1821년의 강의에서는 헤닝, 1824년의 강의에서는 푀르스터와 미슐레의 것 외에 잃어버린 다발, 1827년의 강의에서는 드로이젠, 1831년의 강의에서는 가이어, 라이호노프, 루텐베르크의 것이다. 그러나 새로운 자료를 더함으로써 상호의 연관은 더욱 불명료한 것이 되었다. 이 개정판이 주어캄프판 『헤겔 전집』의 저본이며, 이와나미서점으로부터 간행된 일본어판 『헤겔 전집』도 이에 따르고 있다.

5 Vgl. Diego Giordano, The Hegels Vorlesungen über die Philosophie der Religion (1821–1831) sources and critical editions from Marheineke to Jaeschke, in: *Kriterion*, vol. 52, no. 123, 2011, S. 75–88.

라손은 1925년에 『종교철학 강의』를 상당히 증보하여 신판을 출판했다. 그러나 많은 자료는 상실되었고, 제1판과 제2판에서 사용된 자료들 가운데 라손이 이용할 수 있었던 것은 1821년의 헤겔에 의한 강의 초고, 1824년 강의의 그리스하임과 호토의 필기록뿐이었다. 라손이 새로운 자료로서 이용한 것은 1824년 강의의 켈러와 파스테나키의 필기록(제2부 이후)이지만, 켈러의 필기록은 그리스하임의 것과 거의 동일했다. 1827년의 강의에서는 새로운 자료로서 에르트만과 필기자 불명의 노트를 이용했지만, 제1판 및 제2판과 동일한 것이나 다름없는 자료였다. 그러나 라손 판은 개개 학기의 소재가 하나로 합쳐졌기 때문에 혹독하게 비판받았다.

일팅은 1979년에 각 연도에 따른 편집을 시도했지만, 그의 죽음으로 이 계획은 도중에 끝나고 말았다. 일팅의 편집은 1821년 강의뿐이며, 난외에 덧붙여 기입된 것은 각주에 들어 있는 경우가 많다.

발터 예슈케에 의한 1983년의 『종교철학 강의』 편집으로 비로소 각 연도의 강의 내용이 분명해졌다. 1821년 강의 초고에서는 난외에 써 넣어진 것이 가능한 한 본문 안에 편입되어 있다. 1824년 강의에서는 그리스하임의 필기록이 기본 텍스트로 되고, 파스테나키, 다이터스, 켈러, 호토의 것도 사용되고 있다.

1827년 강의에 대해서는 라손 판으로부터 1827년도의 요소가 추출되어 본래의 순서로 돌아가는 편집이 이루어지고 있다. 이 결과 이 연도의 강의는 전체로서 전망이 가능한 것이 되었다. 1831년 강의의 필기록은 이미 남아 있지 않았기 때문에, 예슈케는 유일하게 남아 있는 슈트라우스에 의한 발췌를 부록으로 편입시키고 있다.

제2절 『종교철학 강의』의 강의록에 대하여

『종교철학 강의』는 알려진 필기록의 숫자가 가장 많지만(25점), 남아

있는 것은 적다(12점).[6]

1) 1821년의 강의록

우선 1821년 강의에 대해서는 레오폴트 폰 헤닝의 필기록, 칼 루트비히 미슐레의 필기록, 요한네스 슐체의 필기록이 있지만, 모두 다 상실되었다.[7] 그러나 1821년의 강의에 대해서는 헤겔 자신이 쓴 강의를 위한 초고가 있으며, 현재도 베를린의 프로이센 문화재단 주립 도서관에 소장되어 있다.

2) 1824년의 강의록

1824년 강의의 필기록은 9점이 알려져 있으며, 그 가운데 7점이 보존되어 있다.[8]

칼 구스타프 폰 그리스하임의 필기록이 베를린의 프로이센 문화재단 주립 도서관에 소장되어 있다. 여러 명의 공동 작업에 의해 작성된 필기록이라고 생각되고 있다. 헤겔이 1827년에 그리스하임의 필기록 일부를 교단에 가지고 온 일을 마르하이네케가 전하고 있다. 그러나 그리스하임의 완성된 원고를 둘러싸고서는 그 신빙성과 가치가 논쟁의 대상이 되었다.

칼 파스테나키의 필기록이 바르샤바대학 도서관에 소장되어 있다. 속기록이며, 헤겔의 실제의 말투에 가까운 것으로 보인다.

P. F.(또는 F. P.) 다이터스의 필기록을 칼 로렌츠 박사가 소유하고 있고, 제3부는 출판되어 있다.

F. C. H. 폰 켈러의 필기록이 예나대학 도서관에 소장되어 있으며, 그리스하임의 필기록과 완전히 일치한다.

하인리히 구스타프 호토의 필기록이 프로이센 문화재단 주립 도서관에 소장되어 있다. 호토 자신이 쓴 표현으로 되어 있으며, 신뢰할 수 없다.

쥘 코르봉의 필기록을 마리에 로젠룬게 박사가 소유하고 있다. 제1부의

---

6. オットー・ペゲラー 編, 『ヘーゲル講義錄硏究』(法政大學出版局, 2015년), 64쪽을 참조.
7. 이하의 서술에 대해서는 山崎純, 『神と國家』(創文社, 1995년)에 따른다.
8. ペゲラー 編, 『ヘーゲル講義錄硏究』, 64쪽을 참조.

도중까지가 프랑스어로 발췌되어 있지만, 원래의 강의에서 벗어난 표현으로 되어 있다.

칼 루트비히 미슐레의 필기록 및 프리드리히 푀르스터의 필기록은 산산이 흩어져 있다.

3) 1827년의 강의록

1827년의 강의록은 7점이 알려져 있으며, 그 가운데 3점이 보존되어 있다.[9]

마이어의 필기록은 헤겔에게 헌정되며, 1831년에 헤겔이 교단에 가지고 온 일을 마르하이네케가 전하고 있다.[10]

구스타프 드로이젠의 필기록은 상실되었다. 필기자 불명의 필기록 및 요한 에두아르트 에르트만의 필기록은 쾨니히스베르크 도서관이 1945년의 폭격으로 파괴되었을 때 상실되었다.

얼마 전에 새롭게 세 개의 필기록이 발견되었다. 이그나시 뵈르너의 필기록은 바르샤바대학에 소장되어 있다. 속기록인데, 완전한 문장으로 되어 있지 않은 곳이 많다. 필기자 불명의 필기록은 B. 레벨 목사가 소유하고 있는, 완전히 정서된 원고이다. 요제프 후베의 필기록은 크라쿠프의 야게위 도서관에 소장되어 있다. 후베는 폴란드 사람이기 때문에, 문법적으로도 결함이 있는 독일어로 쓰여 있다.

4) 1831년의 강의록

1831년의 강의를 직접 전하는 기록은 모두 상실되었다. 『종교철학 강의』의 제1판과 제2판이 공통적으로 사용한 것은 아들인 칼 헤겔의 필기록이다. 또한 제2판이 개정에 사용한 것은 가이어의 필기록, 라이호노프의 필기록, 루텐베르크의 필기록의 세 가지이다. 라손은 최종 연도의 자료를 이용할 수 없었다.

• •
9. ペゲラー 編, 『ヘーゲル講義録研究』, 64쪽을 참조.
10. ペゲラー 編, 『ヘーゲル講義録研究』, 45쪽을 참조.

그러나 슈트라우스가 발췌한 것이 발견되어 마르바흐의 실러 국립 박물관에 소장되어 있다. 이 발췌는 상세한 강의록으로부터 중요한 부분을 뽑아낸 것으로 만들어진 요약이다.

제3절 『종교철학 강의』의 개요

1. 제1부에 대하여

제1부 「종교의 개념」에서는 종교를 철학적으로 어떻게 파악할 것인가가 논의된다. 헤겔은 종교와 개별적인 실증 과학과의 분열이 생겨난 후에 어떻게 종교와 이성을 화해시킬 수 있는지를 종교철학 강의의 과제로 삼는다.

1821년의 서론에서는 종교철학 강의의 목적과 종교에 대한 종교철학의 관계가 제시되어 있다(V 3. 6) '이전에 모든 학문이 신에 대한 학문이라고 하는 시대가 있었다.' 그러나 현대의 특징은 '무한히 많은 대상에 대해 알고 있지만, 신에 대해서만은 아무것도 알지 못한다'라고 하는 것이다. 개별적인 실증 과학이 발전함에 따라 신에 대한 앎은 좁혀져 간다. 이러한 가운데 사람들은 종교에 대해 무관심하게 되었다. 교회의 교의와 그에 대해 비판하는 계몽주의, 나아가 종교 감정으로부터 종교를 재건하고자 하는 경건주의를 헤겔은 시대의 상황으로서 바라보고 있다. 이와 같은 관점으로부터 『종교철학 강의』의 목적은 '신을 인식하는 것'(V 3. 8)이다. 그리고 현대의 과제인 '철학과 종교의 대립'은 프로테스탄티즘 이후의 경향이라고 헤겔은 이해하고 있다.

1824년 강의의 서론에서는 'A. 철학 일반에 대한 종교철학의 관계', 'B. 시대의 요구에 대한 종교철학의 위치', 'C. 실정 종교에 대한 종교철학의 관계'가 논의된다. 여기서 헤겔은 계몽주의 신학과 대결한다. 당시의 신학을 '이성으로부터 출발하면서도 이성은 신에 대해서는 아무것도 인식할 수 없는'(V 3. 42) 것으로서 헤겔은 비판한다. 계몽주의에 의해 신은 공허하고 죽은 것으로 되어 버렸기 때문이다.

계몽주의에 맞서 헤겔은 교회의 삼위일체론 속에서 신의 풍부한 내용을 발견하고자 한다. 삼위일체에 대한 교회의 규정은 '정신으로서의 신의 구체적 규정과 본성'(V 3. 43)이며, 정신은 삼위일체라는 구체적인 규정에서 파악되어야만 한다고 헤겔은 말하고 있다.

1824년의 제1부에서는 'A. 경험적 고찰'과 'B. 사변적 고찰'이 행해진다. 경험적 고찰은 사람들이 종교에 대해 지니는 통념으로부터 출발하는 데 반해, 사변적 고찰은 학문의 체계적 성과를 전제로 하여 그로부터 출발한다.

'A. 경험적 고찰'에서는 슐라이어마허의 『신앙론』과의 대결이 이루어지고 있다. 주관의 입장에 놓여 있는 슐라이어마허에 대해 헤겔은 유한한 것의 부정이 결여되어 있다는 것을 지적한다. 헤겔에 따르면 주관의 입장에서는 스스로의 유한성이 유한성 그대로 긍정되고 있으며, 신의 무한성이 부정되고 있다. 그에 반해 본래적으로는 자기의 유한성에 부정적으로 관계함으로써 신의 무한성에 긍정적으로 관계할 수 있다고 한다.

'B. 사변적 고찰'에서는 '종교 개념의 실현'이 전개된다. 여기서는 (1) 자연적인 것과 정신적인 것의 실체적·절대적·주관적 통일, (2) 자연적인 것과 정신적인 것의 구별, (3) 이 구별의 방기, 양자의 통일로의 귀환이라는 원리가 제시된다(V 3. 228). 이 과정을 헤겔은 신과 의식의 관계에서 다시 파악하고, (1) 신과 의식의 실체적 통일, (2) 신과 의식의 구별, (3) 제사에서의 구별의 폐기로 정식화한다(V 3. 252). 즉, (1)과 (2)에서는 신과 의식의 구별에 의한 이론적인 종교 관계가 논의되고, (3)에서는 이 구별이 제사 속에서 극복되는 행위가 논의되는 것이다. 제사 속에서 공동 정신의 내면적인 확증이 얻어지고, 거기에 신앙이 기초한다고 헤겔은 파악하고 있다. 제사 속에서 의식과 피안의 객체의 분열이 극복되어 교단이라는 공동 정신이 자기 자신에 대해 증언하는 것이다.

그러나 1827년의 강의에서 헤겔은 일변하여 주관의 경향을 긍정적으로 평가하게 된다. 헤겔은 1822년에 「힌리히스 종교철학에 대한 서문」에서 종교가 의존 감정에 기초하고 있게 되면 '개야말로 가장 좋은 그리스도교인일 것이다'(GW 15. 137)라고 슐라이어마허를 야유했다. 이에 반해 헤겔은 범신론자라고 하는 비판과 공격이 시작되어 헤겔은 자신에 대한 변호를 수행하지 않으면 안 되게 되었다. 1823년에 토룩이 익명으로 간행한 『죄악과 속죄자에 대한 교리 또는 회의자의 참된 성별』 속에서 헤겔은 범신론자라고 비판되고 있다.[11]

이 때문에 헤겔은 지금까지 자신이 행해온 직접지에 대한 경시를 '착각'(V 3. 75)이었다고 말한다. 헤겔은 자신의 철학과 슐라이어마허의 주관의 입장이 일치한다고 말하고 있으며, 자신의 철학과 마찬가지의 것이라고 변호하고 있다.

또한 1821년과 1824년의 강의에서는 경험적 의식으로부터 종교로의 고양이 제시되었지만, 1827년의 강의에서는 '정신의 개념'의 입장으로부터의 전개가 이루어지고 있다. 이 때문에 1827년의 강의에서는 체계적 전개가 좀 더 명확히 되어 있다.

1827년의 강의 제1부에서는 'A. 신의 개념', 'B. 신에 대한 앎', 'C. 제사'가 서술되고 있다. 신의 개념은 1821년과 1824년의 강의에는 없는 항목이다. 헤겔은 범신론자라는 비판에 대해 항변하기 위해 신의 개념이라는 항목을 설정했을 것이다. 헤겔 철학은 '모든 것이 신이다'라고 하는 범신론이라는 비판은 보편적인 것이란 개개의 것의 무한한 집합체라는 의미이며, '총체성'(V 3. 273)의 입장에 서 있다. 이와 같은 비판은 '총체성Allheit'과 '보편성Allgemeinheit'을 잘못 파악하고 있다고 헤겔은 지적한다.

헤겔은 단순한 '실체의 표상'에 지나지 않는 '범신론'과는 다른, '사변 철학'을 분명히 하고자 한다. 헤겔에 따르면 본래의 범신론이란 나무와

---

11. cf. Hodgson, P. C., *Hegel and Christian Theology. A Reading of the Lectures on the Philosophy of Religion*, Oxford, 2007, p. 67.

종이 등의 개별적 사물들의 총계가 신인 것이 아니라 개별적 사물들로부터 추출된 '살아 있는 것의 생명'이 신이라고 말하고 있는 것이다.

'B. 신에 대한 앎'에서는 1827년의 강의에서는 사변적인 종교철학의 입장으로부터 (1) 직접지, (2) 감정, (3) 표상, (4) 사유에 이르는 과정이 서술된다. 헤겔은 직접지와 종교 감정을 평가하고 있다. 그러나 감정의 우연성은 사유에 의해 극복되어야만 한다. 종교는 교육에 의해 매개되는 것인바, 가르침을 통해 감정이 깨우쳐지게 되는 것을 헤겔은 중시하고 있다.

'C. 제사'에서는 제사의 본질에 대해 고찰된다. 제사라는 종교의 실천적 관계는 나를 내면의 신과 결합하는 것인바, 제사에서는 '신과 인간의 화해가 절대적으로 완성된다'라는 것이 전제로 된다(V 3. 332). 여기서 헤겔은 '회개와 속죄'에 대해서도 논의하고 있다. '가장 깊은 곳에서 회개와 속죄를 느끼고' '순수한 정신적 기반으로 고양되는' 것이 제사의 세 번째 최고 형태이다(V 3. 334). 첫 번째 형태는 주체에 의한 경건한 기도이며, 두 번째 형태는 외면적인 의식인데, 예를 들면 '새크라멘토'라고 불리는 그리스도교의 의식이다. 두 번째 형태의 의식은 모두 '희생'이라고 불린다. 희생이란 자신이 지니는 것을 방기하여 신에 바친다든지 아니면 축제 속에서 먹는다든지 마신다든지 하는 것이다. 세 번째 형태인 회개와 속죄는 먹을 것을 신에게 바치는 것이 아니라 인간이 자기 자신의 가슴속이라는 가장 깊은 곳의 것을 신에게 바치는 것이다. 이런 의미에서 회개와 속죄는 신앙에서의 주관적인 감정과 형식적인 의식이 통합된 것이다. 회개와 속죄에서 사람은 정념과 개인적인 견지에서 벗어나 보편적이고 정신적인 기반으로 높아지는 것인바, 여기서 인륜이 성립한다고 한다. 요컨대 '철학은 지속적인 제사'이며, 주관적인 착상을 벗어나 순수하게 참된 것에 전념하는 것이다.

헤겔은 제사를 통해 개인의 종교 감정이 마음으로부터 높아지는 가운데 객관적인 사유의 형식에 도달하는 지점을 인륜으로 간주하고 있다. 순수하게 정신적인 기반 속에서 객관적으로 실천한다고 하는 제사의 형식에서 신앙의 주관과 철학의 객관이 통합된다. 1827년의 강의에서는 제사의 실천 속에서 객관적인 형식과의 결합이 생겨나는 것이다.

1831년 강의의 제1부는 1827년의 서술을 계승하고 있다. 그러나 신앙이 1827년 강의에서는 가장 소박한 단계에 놓였던 데 반해, 1831년의 강의에서는 감정과 표상에 이어지는 세 번째 형식으로서 가장 높은 곳에 놓이게 되었다. 그 점에 의해 헤겔이 슐라이어마허의 입장에 다가서고 있다는 것도 분명해진다.

또한 1831년의 강의에서는 '국가에 대한 종교의 관계'라는 새로운 장이 독자적인 항목으로서 덧붙여진다. 종교와 국가는 외면적으로 동일한 관계로부터 출발하여 분리·대립의 관계를 거쳐 다시 참으로 동일하게 된다고 하는 전망이 제시된다.

2. 제2부에 대하여

제2부에서는 그리스도교 이외의 종교 역사가 주제가 된다. 헤겔은 세계의 다양한 종교를 처음에는 『논리의 학』의 구분에 따라 구성하고자 시도했다. 그러나 이 시행착오의 시도는 도중에 파탄되었으며, 헤겔은 몇 차례의 강의 속에서 종교의 구성 구분을 다시 시도하고 있다.

1821년의 강의에서는 『논리의 학』의 구분인 '존재', '본질', '개념'이 종교사에 대응하고 있다. 존재는 'A. 자연 종교(동양의 종교)', 본질은 'B. 숭고(유대)와 미(그리스)의 종교', 개념은 'C. 합목적성의 종교(로마의 종교)'에 각각 대응한다. 더 나아가 그리스도교는 개념 일반으로서 파악되어 있다. 또한 1821년의 강의에서는 자연 종교의 항목이 인도와 페르시아, 메소포타미아, 이집트의 종교에 대해 독립하여 상세하게 논의되는 데는 이르러 있지 않다. 최초의 강의에서는 아직 동양의 종교에 대한 이해가 부족했다는 것을 알아볼 수 있다.

유대교에 대해 헤겔은 1821년의 강의에서 부정적인 평가를 주고 있다. 유대의 신은 '질투하는 신'(V 4. 35)이며, 자연과 세계에 대해 '위력을 지닌 지배로서 부정적인 관계'를 취한다. 유대교는 '주에 대한 두려움'(V 4. 62)을 지니는 종교로서 파악되고 있다. 인간은 신에게 지나치게 혹독한 봉사를 수행하는 자이며, 주에 대한 '노예적인 의식'으로서 이성을 지니지 않는다. 유대 민족은 배타적이고 자신들의 민족만을 받아들이는 선민사상을 지닌다. 유대교의 제사가 보상으로 하는 것은 단지 토지를 점유하는 것인바, 그리스도교와 같은 신과의 화해가 아니라는 것을 헤겔은 지적하고 있다.

이와 같은 입장으로부터 헤겔은 구약 성서의 『욥기』에 대해서도 낮은 평가를 주고 있으며, 전체로서 지리멸렬한 것이라고 지적한다. 『욥기』에서는 선한 사람인 욥이 재산, 자식들, 건강을 빼앗긴다. 욥이 자신이 이와 같은 시련을 받는 것이 부당하다고 말하자 신은 욥을 불러 창조자인 자기를 계시한다. 신과의 대화를 통해 창조자인 신이 사람을 다루는 방법은 수수께끼로 가득 찬 것임에도 불구하고 신이 행하는 일에는 의미가 있다고 하는 신앙을 다시 지니기에 이른다.

1824년 강의에서 헤겔은 그리스도교 이외의 종교 연구를 상세하게 서술하고 있다. 주술 종교, 중국의 종교, 불교, 힌두교, 페르시아, 이집트, 유대, 그리스, 로마의 종교가 다루어지고 있는바, 다양한 종교를 헤겔은 논의한다.

우선 주술 종교와 중국의 종교는 '자연 종교'보다 이전의 것으로 생각된다. 불교, 힌두교, 조로아스터교가 자연 종교로 여겨지고, 이집트의 종교가 '정신적 종교'로의 이행 형태가 된다. 다음으로 정신적 종교에는 유대교, 그리스의 종교, 로마의 종교의 세 단계가 있다. 마지막으로 자유의 종교가 그리스도교라고 한다.

1824년의 강의에서는 유대교가 긍정적으로 파악된다. 그리스의 신들이 다수인데 반해, 유대교의 신은 '유일신'이라는 것이 중시된다. 헤겔은 청년기 이후 유대교에 대해서는 부정적인 태도를 견지하고 있었지만, 1824년의 강의부터 유대교에 대한 평가가 변화해 간다. 그리스의 신들 아래에서는 '만들어진 것은 존재하는 것으로도 존재하지 않는 것으로도 규정된다.'(V 4. 328) 그에 반해 유대교의 유일신에서는 유한한 것이 '신의 은혜'에 의해 존재하고, 또한 '신의 의로움'에 의해 유한한 것의 허무함이 나타난다. 유한한 것은 신의 위력 속에서 고양됨으로써 정신적인 것으로 된다고 하는 적극적인 의미를 부여받는다. 유일신은 유한한 것을 정신적인 것으로 삼는 '지혜'로 간주된다. 여기서 헤겔은 '주를 두려워하는 것은 지혜의 근본이다'(V 4. 344)라는 『성서』의 문구를 인용한다. '주에 대한 두려움'은 모든 의존을 폐기한다. '주를 두려워하는 것은 스스로의 부정성을 부정하는 것'이며, 일체의 의존으로부터 자유로운 인간으로 되는 것이라고 헤겔은 말한다. 더 나아가 유대교에 대한 평가가 높아짐으로써 『욥기』에 대해서도 헤겔은 단순한 응보 사상을 넘어서는 보편을 지니는 것으로 간주하고 있다.

1827년의 강의에서 헤겔은 'A. 자연 종교', 'B. 미와 숭고의 종교(그리스와 유대의 종교)', 'C. 합목적성의 종교(로마의 종교)'로부터 절대 종교로 이행하는 구성을 세우게 된다. 1827년의 강의에서는 그리스 종교가 유대교보다 앞의 단계에 놓여, 1824년의 강의보다도 한층 더 유대교에 대해 높은 평가가 이루어지게 된다. 여기서는 범신론이라고 하는 비판에 대한 헤겔의 공방을 알아볼 수 있다. 이 때문에 일신교인 유대교보다 다신교인 그리스의 종교가 저차적인 단계에 자리매김해 있다. 그리스의 미의 종교에서 현상하는 것은 감성적인 표현이기 때문에, 미의 종교인 그리스 종교로부터 숭고의 종교인 유대교로 높아지는 필연이 존재한다. 그리스의 신들은 아직 특수한 이해 관심에 제약되어 있어 성스러운 힘이 아니다. 이 때문에 '자유의 인륜적인 이성'(V 4. 562)은 높은 '지혜와 거룩함'을 지닌 유대교 속에서 규정되는 것이 된다.

유대교에 높은 평가가 주어짐과 동시에 구약 성서의 『욥기』에 대해서도 높은 평가가 이루어진다. 헤겔은 『욥기』 속에서 제시되는 것은 유대 민족의 기본적인 측면이라고 간주하고 있지만, 그러나 '『욥기』는 유대적인 것과의 관계가 정확하게 알려져 있는 것이 아니다'(V 4. 573)라고 단정하고 있기도 하다.[12] 선한 사람인 욥은 재산과 자식을 잃고 병에 걸린다. 욥은 한편으로는 '정의는 절대적이다'라는 의식을 지니면서도, 다른 한편으로는 선한 사람인 자신이 재난에 빠지는 것은 '정의에 들어맞지 않는다'라고 느낀다. 왜냐하면 욥은 선한 사람에게 행복한 경우를 허락하는 것이 신의 목적이라고 생각하고 있었기 때문이다. 그리스인은 '필연'을 '맹목적인 운명'으로 간주했다. 그리스의 종교에서는 신들의 위력은 '운명, 숙명, 공허한 필연'으로 불리고 있다. 이 운명은 '목적을 지니지 않고, 지혜를 지니지 않기' 때문에 이해하기 어려운 것이다. 그리스인은 운명의 결정을 받아들임으로써 마음의 평정을 유지하고 있었다. 그리스의 종교에 반해, 유대교에서는 필연은 구체적인 것이고, 올바르게 살아가는 것이 행복에서도 베풂을 받는다고 하는, 덕과 행복의 일치를 인간이 알게 된다. 신은 '필연의 유대'인바, 사람의 내면적인 의지에 따라 번영을 가져다주고 그 사람의 경우를 올바른 행위에 어울리는 것으로 하는 통일이라는 것을 사람은 아는 것이다.

욥의 갈등은 무력한 인간이 신의 절대적인 신뢰에 복종함으로써 끝난다. 즉, 한편으로는 욥의 재산과 자식이 회복되어 선한 사람은 보답받는다는 요구가 성립하고, 다른 한편으로는 '신의 위력에 대한 인정'이 있어 양자가 조화되는 것이다. 헤겔의 『욥기』 해석에서 특징적인 것은 욥이 자신의 행위를 '내면화하고 자기 자신 내로 향하는'(V 4. 574) 것이다. 신은 지혜이며, '인간이 올바르게 행위해야 한다'라는 것은 '절대적인 명령'이다. 욥은 처음에는 자신이 올바르게 행위하고 있기 때문에 그것만으로 선한 사람이라고 생각하고 있었다. 그러나 신이 요구하는 것은 올바르게 행위할 뿐만 아니라 '인간이 그에 의해 자신의 내면으로 눈을 돌릴 것을 지시받고서 마음의 내면이 올바른지, 자신의 의지가 선한지'를 응시하는 것이다. 선한 사람에게 좋은 보답이 있다는 것을 헤겔은 인정하면서도, 그것만이 아니라 인간이 자신의 행위를 내면적으로 반성한 데 기초하여 신의 위력을 승인하는 곳에서 헤겔은 유대의 신의 성격을 발견하고 있다. 1831년의 강의에서는

12. 당시 『욥기』의 기원과 집필 시기가 격렬한 논쟁의 대상이 되고 있었다. ヘーゲル, 『宗教哲學講義』(山崎純 譯, 創文社, 2001년), 276쪽을 참조.

'A. 자연 종교'는 원시적인 주술 종교만으로 된다. 헤겔은 동양의 종교에 대한 이해가 심화되었기 때문에 동양의 종교를 '본래의 종교'로서 파악하게 된다. 본래의 종교가 시작되는 것은 'B. 종교적 의식의 자기 내 분열'이며, 이것은 중국의 종교, 힌두교, 불교의 단계이다. 나아가 'C. 자유의 종교'의 이행 형태로서 중근동과 북아프리카의 종교가 논의된다. 이것은 페르시아, 유대, 시리아, 이집트 종교의 단계이다. 다음으로 본래적인 자유의 종교인 그리스의 종교와 로마의 종교가 이어지며, 완성된 종교가 그리스도교로 된다.

1827년의 강의에서는 그리스의 종교가 유대교보다 앞 단계에 놓여 있었지만, 1831년의 강의에서는 양자가 역전되어 있다. 이 때문에 구약 성서 『욥기』에 대해서도 다시 부정적인 평가가 이루어진다. 『욥기』에서는 '신의 의로움에 대한 요구를 체념하고서 신의 위력에 복종하고 있다'(V 4. 627)라고 하며, 유대교의 '집요한 형식주의에서는 주관적인 정신은 어떠한 자유에도 이르지 못한다'(V 4. 628)라고 한다. 그에 반해 그리스의 종교에서는 '인간은 신의 명령에 복종할 뿐만 아니라 복종하면서도 동시에 자유이다'(V 4. 631)라고 간주된다. 그리스의 종교에서는 인간은 신의 닮은 모습으로서 신에 의해 창조되었다. 이 때문에 인간은 신에게 복종하면서도, 신의 닮은 모습으로서 만들어진 인간은 자신을 신의 하나의 계기로서 알 수 있는 까닭에 신과 본질적으로 화해하고 있다.

또한 자유의 종교는 1821년과 1824년의 강의에서는 그리스도교뿐이었던 데 반해, 1831년의 강의에서는 중근동, 유럽의 종교까지 포함한 광범위한 것으로 되어 있다는 점이 특징적이다.

3. 제3부에 대하여

헤겔이 계시 종교 부분에서 그리스도교에 대해 특징짓고 있는 것은 삼위일체론이다. 정신적인 것인 인간이 자연으로부터 결렬된다. 이 결렬을 통해 인간이 자연과 화해하고 자기의 본질과도 화해한다. 이러한 인간과 자연의 화해가 아버지·아들·성령이라는 세 가지 것의 분열과 화해를 통해 성취된다. 신에 의한 세계 창조는 '이전에 일어난 1회에 한정된 행위가 아니다. 신의 이념 내에 있는 것은 영원의 계기이며, 이념이 끊임없이 스스로를 규정하는 활동이다'(V 5. 200)라고 헤겔은 1827년의 강의에서 말하고 있다. 신이 끊임없이 세계를 상상하는 활동이 '삼위일체'로서 언표되는 것인바, 신은 이와 같은 '과정·운동·생명'인 것이다.

삼위일체에서의 육화, 신의 죽음에 관한 종교철학의 서술은 기본적으로 그리스도교의 교의에 입각해 있다.[13] 이런 의미에서 헤겔은 종교철학 강의 속에서 계몽에서의 신앙과 앎의 분열을 통합할 것을 시도하고 있다. 즉, 헤겔은 실체를 주체로서 다시 파악하는 사상을 아버지·아들·성령에 의한 삼위일체론으로서 파악하고 있으며, 여기서 종교와 철학이 동일한 지평에서 발견된다. 계몽주의의 입장에 서게 되면, '아버지'인 신은 인식하기가 어려운 추상적인 존재로 되고 만다. 경건주의의 입장에 서는 경우도 원죄와 원죄로부터 해방하는 속죄자로서의 '아들'인 그리스도가 교의의 중심이 되어 버린다. 헤겔은 그리스도의 부활로부터 성령의 강림에 의해 생겨나는 '영'의 단계를 통해 아버지·아들·성령의 삼위일체론을 다시 파악한다. 삼위일체론에서 헤겔 종교철학의 진수를 간취할 수 있다.

1821년의 강의에서는 제3부는 'A. 추상적 개념', 'B. 구체적 표상', 'C. 교단, 제사'라는 구성으로 되어 있다.

우선 헤겔은 아버지와 아들의 '통일', '분열', '타자 존재'를 신이 인간이 되는 육화라는 '외화' 속에서 발견한다. 신성과 인간의 통일이 한 사람의 인간 속에서 이루어지는 것이 육화이며 신의 외화이다. 아버지인 신이 외화한다고 하더라도 이것은 의식이 외계에 표출한다고 하는 의미에서의 외화가 아니다. 신이 인간으로 되는 것은 끊임없이 이 외화 속에 있는바, 통일이면서 마찬가지로 분열이기도 하다.

---

13. 岩波哲男, 『ヘーゲル宗教哲學入門』(理想社, 2014년), 119쪽을 참조.

다음으로 헤겔은 아버지와 아들의 분열을 신의 죽음이라는 '신적 이념의 최고의 외화' 속에서 발견한다. 이 최고의 외화는 '신은 죽었다, 신 자신이 죽었다'라는 분열의 표상을 가져온다. 그러나 신의 죽음은 분열의 심연임과 동시에 신과 인간의 동일의 의식이라는 '최고의 사랑'이기도 하다고 헤겔은 말한다. 이 사랑은 타자를 위한 사랑이나 타자를 둘러싼 사랑이 아니다. 그러한 것이 아니라 헤겔이 염두에 두는 것은 그리스도가 죽음에 의해 인격이나 소유 등을 모두 방기하는 행위라는 자기의식이다. 신의 죽음이란 본래 육화에 의해 아버지와 아들이 동일하게 되었기 때문에 생겨나는 것이 며, 동시에 신은 인격을 방기하는 것에서 생명의 제약을 방기하는 것이다.

더 나아가 성령의 강림에 의해 교단이 형성된다. 교단의 형성은 '성령이 자신의 무리를 충실하게 하는 것'(V 5. 78)이다. 교회에 모이는 사람들의 정신 속에 신이 현전하고 있다. 형성되어 있는 교단은 '성령을 자기 안에 지니며, 이 성령이 모든 진리로 이끈다.'(V 5. 82) 1821년의 강의는 이와 같은 교단의 소멸이라는 절에서 강의를 끝내고 있다.

1824년 이후의 강의에서는 교단은 표상의 단계에 놓여 있으며, 철학에 의해 극복되어야만 한다.

1827년의 강의에서는 '그리스도에게서의 화해'(V 5. 251)는 '신이 삼위일 체적인 것으로서 알려지지 않으면 의미가 없다'라고 한다. 신은 존재하지만, 자신을 구별하는 것으로서도 있다. 이 구별과 '타자인 것'을 폐기하는 것이야 말로 사랑에로의 귀환이자 정신이다. 이 강의에서는 슐라이어마허에 대한 접근과 동시에 교단에 대한 평가가 높아지고, '교단 정신의 실현'이라는 절에서 강의를 끝내고 있다. 교단에는 교회의 교의, 요컨대 신앙론이 현존한 다. 교의는 우선은 직관, 신앙, 감정으로서 나타나지만, 표상으로 전개하여 교회 속에서 다듬어진다. 헤겔은 슐라이어마허의 『신앙론』에 접근함으로써 교의는 교회 속에서 발전해 가는 것이라는 것을 강조한다.

1827년의 강의에서는 페르시아의 종교와 칸트 철학에서 '악은 극복되어 야 하는 것에 머무를 뿐으로, 선이라는 최고의 것에 절대적으로 대립해 있다'(V 5. 260)라고 하고 있다. 헤겔은 선과 악의 대립이 고정되는 입장을 비판한다. 헤겔에 따르면 인간은 교단 속에서 교의를 배우고, 진리를 자신의 것으로 함으로써 '선이자 참된 것에 습관이 든다.'(V 5. 259) 여기서 헤겔은 교단의 역할을 발견한다. 확실히 헤겔도 '인간 속에는 일반적으로 악에의 가능성이 놓여 있다'라는 것을 인정한다. 그러나 악은 정신이 통제할 수 있는 것인바, 악은 생기지 않았던 것으로 할 수 있는 것이다.

> 회개와 속죄는 인간이 진리를 의욕하여 진리로 높아짐으로써 범죄가 소멸된다는 의미를 지닌다. 그리고 인간이 스스로의 악에 대항하여 진리를 승인하고 선을 의욕함으로써 악이 무화된다. 즉, 회개에 의해 악이 무화된다고 하는 의미를 지니는 것이다. 그리하여 악은 그것만으로는 힘을 지니지 못하는 절대적으로 극복된 것으로서 알려진다. 일어난 것을 일어나지 않은 것으로 하는 것은 감성적인 방식으로는 이룰 수 없다. 그러나 정신적인 방식, 즉 내면적으로는 일어난 것을 일어나지 않은 것으로 할 수 있다. (V 5. 259 f.)

헤겔은 인간이 진리를 승인하고 선을 의욕한다고 하는 '회개와 속죄' 속에서 일어난 것을 일어나지 않은 것으로 하는, 정신의 위력을 인정하고 있다. 회개와 속죄에서 이루어지는 것은 인간의 내면에 있는 것이 전개되어 교육의 결과로 자기 자신의 진리를 안다고 하는 것이다. 이런 의미에서 교의의 교육과 훈련은 의미가 있으며, 악은 '그것 자신으로는 힘을 지니지 못하는 단적으로 극복된 것'에 지나지 않는다.

루소나 칸트에게서는 '인간은 태어나면서 선이다'(V 5. 221)라고 생각되고 있다. 그에 반해 선악이 고정된 것이라면 인간은 화해에 대한 욕구를 지니지 못하게 된다. 그러한 것이 아니라 헤겔에 따르면 '인간은 잠재적으로 선'인 것이다. 인간은 실제로 선인 것이 아니라 다만 내면적인 방식으로 선인 것이다. 그 때문에 인간은 악을 행하고 만다. 그러나 인간은 악을 없애고 나서 선을 의욕하고, 회개와 속죄를 통해 일어난 것을 일어나지 않은 것으로 하는, 위대한 정신의 위력을 아울러 지닌다.

왜냐하면 인간은 동물과는 달리 자기의 의지를 지니고서 행동하는 것이기 때문에, 그 행동의 죄책을 짊어지고 책임을 받아들여야만 하기 때문이다. 행동의 책임을 지는 것이 동물이나 사물과 다른 인간의 특징인 것이다. 인간은 악을 행할 가능성을 지닌다. 그러나 *스스로* 행한 것은 *스스로* 책임을 짊어지고, 선을 의욕하여 회개와 속죄를 행한다. 헤겔은 인간이 단지 선한 의지만을 지니고 있다면 좋을 것이라고 생각하는 것이 아니다. 또한 악을 행하지 않으면 좋을 것이라고 생각하는 것도 아니다. 그러한 것이 아니라 악을 행한 인간이 스스로의 악을 인정하고서 그 책임을 지고 회개하는 것, 바로 여기에서 교의가 자기의 것으로 되고 진리가 외부가 아니라 자신의 내부에 있다는 것을 본다. 헤겔이 삼위일체론에서 발견하는 것, 인간의 자연으로부터의 단절과 그 화해 속에서 발견하는 것은 정신의 이와 같은 운동이다.

나가며

헤겔은 4회의 『종교철학 강의』에서 스스로의 사상을 시행착오 해나가는 가운데 전개하고 있다. 리하르트 크로너는 헤겔의 종교철학이 그 밖의 소재에 비하면 대단히 단순할 뿐만 아니라 더 나아가서는 때때로 평탄하고 조야하며 대략적인 것이라고 간주하고 있었다. 이에 반해 오토 푀겔러는 헤겔이 강의 속에서 실험적으로 말하는 것에 의해 새로운 시도에 몰두하고 있었다는 것을 지적한다.[14] 세계의 종교를 체계 속에 짜 넣는 것에서 헤겔은 몇 번이나 시행착오를 범하고 있었다. 헤겔은 『종교철학 강의』를 통해

14. ペゲラー 編 『ヘーゲル講義錄研究』, 20쪽을 참조.

절대적인 것과 참된 것을 파악하는 과정을 철학적인 논리에 의해 말하고자 했다. 그리고 헤겔은 삼위일체를 통해 창조주에 의한 단 한 번으로 한정된 사건으로서의 세계 창조가 아니라 참된 것이 현상하고 분열을 거쳐 다시 신에게로 돌아가는 과정을 그려내고 있다.

헤겔은 철학을 '지속적인 제사'(V 3. 334)로 파악하기 때문에, 종교 감정도 형식적인 종교의식인 희생도 그것만으로는 아직 철학이 아닌바, 사람이 자기 자신을 부정하여 신에게 바치는 회개와 속죄에서 종교철학이 가능해진다고 본다. 희생한다고 하는 것은 자연적인 것이라든가 '타자인 것'을 내버리는 것이다. 그리스도가 죽었다고 하는 것은 개인으로서의 그리스도가 죽었다는 것이 아니다. 그리스도의 죽음이 '신의 본성'으로서 이루어지고 있다는 것, 바로 이것이 분명해지는 곳에 제사로서의 철학이 발견되는 것이다.

제11장 신학 강의 — '신의 존재 증명'을 둘러싸고서

고이누마 히로쓰구 小井沼廣嗣

들어가며

이 장에서 다루는 강의의 정식 제목은 '신의 존재 증명에 대하여'이다. 헤겔은 이 강의를 베를린대학에서 1829년의 여름 학기에 개강했다. 이 강의가 행해진 것은 뒤로도 앞으로도 없는 이때뿐이며, 오늘날에 전해지는 텍스트는 모두 16회의 그 강의를 위해 헤겔 자신에 의해 작성된 것이다.

헤겔은 첫 번째 강의 서두에서 개강 이유를 같은 학기에 행해지는 『논리학 강의』를 보완하는 것이라고 말하고 있다(GW 18. 228). 이러한 사유로부터 알 수 있듯이 '신의 존재 증명'이라는 주제는 헤겔의 철학 체계에서 독립된 부문을 차지하고 있지 않다. 그러나 이것은 이 주제가 헤겔에게 있어 부차적인 문제였다는 것을 의미하지 않는다. 오히려 그 반대이다. 헤겔은 그의 학문적 생애 전체를 통해 끊임없이 이 주제에 강한 관심을 기울이고 있었다. 청년 시기의 헤겔의 사유는, 당시의 편지가 보여주듯이, '신에게 다가간다는 것은 어떤 것인가'라는 물음을 둘러싸고서 전개되고 있었다.[1] 또한 예나대학

239

의 사강사 취임 후에 발표되고 철학적 데뷔작이기도 한 『차이 논문』(1801년)에서는 '절대자를 의식에 대해 구성하는 것'(GW 4. 16)이 철학의 과제라고 언명되고 있다. 물론 청년기부터 체계 형성기, 나아가서는 체계기에 걸쳐 헤겔의 철학적 입장은 몇 차례의 커다란 변천을 겪고 있다. 그렇지만 신의 인식이 사상의 최고 과제라고 하는 것은 헤겔의 생애를 관통하는 기본자세였다고 말할 수 있다.

이상과 같은 점을 고려하여 판단하면, 이 강의를 진행할 때 헤겔의 의도는 물론 한편으로는 『논리학 강의』를 보완하기 위해서였음이 틀림없지만, 다른 한편으로는 신의 인식에 관한 스스로의 철학적 사유의 집대성을 보여주는 목표도 있었다고 추측할 수 있다. 실제로 말년의 헤겔은 이 강의 원고를 퇴고해서 출판할 계획을 세우고 있었다는 사실도 전해지고 있다. 하지만 유감스럽게도 헤겔의 갑작스러운 죽음으로 인해 이 계획은 실현되지 못하고 끝났다. 나중에 이야기하듯이 이 강의에서의 헤겔의 주된 목표는 서양 형이상학 전통에서 논의되어온 주요한 신의 존재 증명, 즉 우주론적 증명, 목적론적 증명, 존재론적 증명을 헤겔의 독자적인 철학적 입장에서 다시 해석하는 것에 있었던 것으로 보인다. 그러나 모두 열여섯 번의 강의로 이루어지는 텍스트 가운데 전반의 여섯 강의는 서론적인 내용이고, 본격적으로 신의 존재 증명이 논의되는 것은 일곱 번째 강의부터인데, 그것도 구체적인 증명에 대해서는 결국 우주론적 증명에 대한 고찰밖에 다루어지지 못하고서 끝나고 있다. 따라서 이 주제에 관한 헤겔 사상의 내용 전체에 다가가고자 한다면, 그 밖의 저작이나 강의록의 이곳저곳에서 발견되는 관련 부분들을 아울러 참조하는 것이 불가결해진다. 여기서는 그러한 커다란 과제에 달라붙어 씨름할 수는 없지만, 체계상의 다른 영역과의 관련에 대해서도 전망해본 다음, 이 강의의 내용을

1. Vgl. *Briefe von und an Hegel*, hrsg. von Johannes Hoffmeister, Bd. 1–4, Hamburg 1952–1960, Nr. 11.

살펴보고자 한다.

제1절 구 전집판과 교정판의 차이

이 강의 텍스트는 이전의 전집판과 새로운 교정판에서 수록된 방식이 다르다. 이 절에서는 우선 이 점을 확인해 두자.

이 텍스트는 이전의 전집판(마르하이네케 편 초판·1832년, 브루노 바우어 편 제2판·1840년, 글로크너에 의한 그 복사판·1928년, 라손에 의한 교정판·1925–29년, 주어캄프 판·1969년)에서는 『종교철학 강의』의 권말에 '부록'으로서 수록되어 있었다. 최초의 편자 마르하이네케가 취한 방식을 이후의 편자들이 그대로 답습한 모양새이다. 다만 구 전집판의 본문을 교정한 라손은 당시의 청강자였던 베르너에 의한 제1강으로부터 제8강까지의 필기를 발견하고 이것을 본문의 해당 부분 밑에 함께 적어 인쇄했다.

이에 반해 새로운 교정판에서 이 강의는 『종교철학 강의』와 구별되어야 하는 것이라고 하는 본래의 사정이나, 또한 헤겔 자신이 쓴 저작이나 초고류와 청강자의 필기록을 자료에 있어 엄격하게 구별한다는 편집 방침에 기초하여 독립된 텍스트로서 발터 예슈케 편에 의한 『헤겔 전집』 제18권 『강의 초고 Ⅱ』(1816–1831년)에 수록되어 있다. 다만 유감스럽게도 헤겔의 수고 그 자체는 초판의 편자 마르하이네케에 의해 인쇄에 부쳐진 후 소실되어 오늘날에는 남아 있지 않다. 그런 까닭에 교정판에서는 이 텍스트에 '간접적인 전승 자료'라는 자리매김이 주어져 있다.

신구 전집판의 차이에 대해 덧붙여 분명히 언급해 두어야 하는 것은 구 전집판에서는 이 텍스트에 '보완적인' 처치가 덧붙여져 있었다는 점이다. 앞에서 이야기했듯이 이 강의의 본래 목표로는 전통적으로 논의되어온 세 종류의 신의 존재 증명 모두가 고찰되어야 했지만, 실제로는 우주론적 증명밖에 다루어져 있지 않다. 그리하여 미완 부분을 보완하기 위해 구 전집판에서는 편자인 마르하이네케가 다른 연도에 개강된 『종교철학 강의』로부터 목적론적 증명과 존재론적 증명에 대해 논의한 부분을 각각 말미에 덧붙여 실어 놓았다. 또한 그는 헤겔의 유고 모음으로부터 발견된, 우주론적 증명에 대한 칸트의 비판을 비평한 토막글을 제10강과 제11강 사이에 삽입하고 있다. 그러나 새로운 교정판에서는 이러한 다른 강의록으로부터 덧붙인 부분들은 제거되고, 또한 우주론적 증명에 관한 토막글은 강의 원고와는 구별되어 동일한 제18권에 수록되어 있다.

그러면 이러한 신구 전집판의 차이를 우리는 어떻게 받아들여야 할 것인가? 의심스럽게 생각하자면, 마르하이네케가 취한 편집 처리에서는 '체계의 완성자 헤겔'이라는 이미지를 만들어내고자 하는 당시 헤겔학파의 생각을 알아볼 수 있다. 그는 요컨대 체계상의 고유한 위치를 지니지 않는 '신의 존재 증명'을 주제로 한 강의 원고를 관련된 종교철학 강의의 '부록'이라는 자리매김을 부여함으로써 어떻게든 매듭을 짓고, 또한 내용상의 미완 부분을 다른 연도의 『종교철학 강의』의 필기를 덧붙임으로써 보완하고자 한 것이었다. 교정판의 텍스트에서는 이러한 작위적인 것들이 제거된 만큼, 우리는 탁해지지 않은 눈으로 헤겔의 강의 원고를 읽을 수 있다. 그렇지만 텍스트의 내용 자체는, 헤겔 자신이 쓴 원고라는 성격상 당연한 일이지만, 새로운 교정판은 구 전집판과 다름이 없다. 또한 이 강의의 자료 상황은 라손이 베르너의 필기를 발견한 이후 전진이 없다. 따라서 자료와 관련해서는 구 전집판에 이미 다 나와 있었다고 말할 수 있다. 다만 이 강의에 관한 연구도 역시 앞으로 진전이 기대될 수 없는가 하면 그렇지는 않다. 논리학이나 종교철학 등, 이 강의와 밀접한 관련을 지니는 다른 강의의 자료 상황은 교정판의 간행으로 획기적으로 향상되었다. 따라서 그것들을 아울러 참조함으로써 헤겔이 이 강의에 담은 사상을 좀 더 치밀하게 해명하는 것이 앞으로 가능하지 않을까 생각한다.[2]

제2절 이 강의의 체계상의 관련

이미 지적했듯이 신의 존재 증명이라는 주제는 헤겔의 철학 체계 속에서 그것 자체로 독립된 부문을 차지하고 있지 않다. 그러나 그의 철학과 이 주제에는 언뜻 보아 생각되는 것 이상으로 깊은 결합이 놓여 있다. 그리하여 이 절에서는 이 주제가 헤겔의 체계에서 어떠한 방식으로 논의되고 있는지를 확인하고, 그것을 실마리로 하여 이 강의 초고(이하에서는 『신학 강의』라고 부르기로 한다)의 성격을 미리 살펴보고자 한다.

앞에서 말했듯이 헤겔은 『신학 강의』의 서두에서 이 강의는 『논리학 강의』를 보완하는 것이라고 개강 이유를 말하고 있다. 나아가서는 '신의 존재 증명'이라는 문제는 그 '증명의 본성'에 관해서는 논리학과 그리고 증명의 '내용'인 신에 관해서는 종교철학과 관련되어 있다고도 말하고 있다(GW 18. 228). 그렇지만 여기서는 헤겔이 그의 체계 속에서 이 문제를 논의하는 방식을 세 가지로 구분해 보고자 한다. 즉, 첫째는 순수 사상의 전개(논리학의 본론)로서, 둘째는 종교의 역사적 전개에서, 셋째는 '신에 대한 앎' 일반의 존재 방식 및 이 점을 둘러싼 동시대의 사상적 입장과의 대결에서다. 이하에서 각각을 살펴보자.

첫째는 논리학과의 결합이다. 헤겔에게서 논리학이란 전통적인 형식 논리학과 같이 단순한 주관적인 사유 형식을 다루는 학문이 아니라 '순수 사상'의 체계를 서술하고 전개하는 것이다. 순수 사상이란 모든 사유와 존재의 근저에 놓여 있어 주관의 인식 작용의 근본적인 틀이기도 할 뿐만 아니라 객관적 현실에 내재하는 영혼이기도 한 것과 같은 개념을 가리키며, 나아가서는 그것들 총체를 통일하는 바의 신적인 이념을 말한다. 논리학에

----

2. 덧붙이자면, 현재 간행되고 있는 교정판 『헤겔 전집』 제2부에서는 제29권에 신의 존재 증명에 관한 강의의 '보론'이 수록될 예정이다.

서는 저차적인 개념으로부터 고차적인 개념에로의 진전 계열이 전개되지만, 각 단계는 그런 한에서 그때마다 유한한 범주가 무한한 것으로 높아진다고 하는 의미를 지닌다. 그런 까닭에 '논리학은 순수 사상의 에테르 속에서 신의 이념의 전개를 고찰하는 형이상학적 신학이다'(GW 18. 278)라고 언급된다.

둘째의 논의 방식이 이루어지는 것이 종교철학에서의 종교사의 서술이다. 『종교철학 강의』는 베를린 시대에 모두 4회 행해졌는데,[3] 그 가운데 1821년, 1824년, 1831년의 강의가 이에 해당한다. 헤겔은 거기서 전통적으로 논의되어 왔던 세 종류의 신의 존재 증명은 인간의 종교의식의 역사적 단계들에 기초를 지닌다고 하고, 종교의 발전과 이런저런 증명과의 대응을 시도하고 있다. 구체적으로 말하면 우주론적 증명은 고대 동양의 종교(자연 종교)에, 목적론적 증명은 고대의 그리스, 로마의 종교에, 존재론적 증명은 그리스도교에 대응하여 논의되고 있다.

그러나 1827년의 강의만큼은 사정이 다른데, 신의 존재 증명 문제는 기초론을 이루는 제1부 「종교의 개념」 부분에서 집중적으로 다루어지고 있다. 헤겔은 여기서 인간이 어떻게 '신에 대한 앎'에 도달하는가의 문제를 다루어 직접지(또는 신앙), 감정, 표상, 사유라는 인간의 인식 능력을 논의하고, 그 가운데 사유 부분에서 신의 존재 증명 일반의 문제와 더불어 세 종류의 증명을 순차적으로 검토하고 있다. 그런 까닭에 이 강의에서의 논의 방식은 조금 전 구분의 세 번째 것에 상응한다. 특별히 언급해야 하는 것은 '직접지'의 입장이 신에 대한 앎의 단서로 자리매김하고, 나아가서는 직접지가 간접지와의 관계로부터도 고찰되는 등, 이 입장의 대표 격이었던 야코비를 유달리 의식한 서술이 보인다는 점이다.[4]

· ·

3. 각 연도의 종교철학 강의의 전반적인 상이성에 대해서는 본서의 제10장을 참조.
4. 이 강의록을 포함하여 베를린 시대 헤겔의 야코비론에서 독자적인 의의를 발견하고자 하는 논고로서 다음의 것을 참조했다. 石川和宣, 「<時代と個人の精神的教養形成の轉換

또한 '신에 대한 앎'의 존재 방식에 대한 검토라는 점에서 깊이 관련되는 것이 헤겔이 논리학으로의 서론으로서 논의하는 「예비 개념」 항이다.[5] 이 부분은 하이델베르크대학과 베를린대학에서 행해진 『논리학 강의』를 통해 내용이 눈에 띄게 확충된 부분인데, 『엔치클로페디』 제1판(1817년)으로부터 제2판(1827년)·제3판(1830년)으로의 서술의 변화는 그 결실을 보여준다.[6] 헤겔은 여기서 '객관성에 대한 사상의 세 가지 태도'로서 크리스티안 볼프로 대표되는 오랜 형이상학, 경험론 및 칸트의 비판 철학, 야코비의 '직접지'의 철학을 다루어 각각의 사상 개요를 논의하고 있는데, 그때 이것들 속에서 신의 존재 증명 문제가 어떻게 다루어지고 있는지가 깊이 논의되고 있다. 그 가운데 내용의 확충이라는 점에서 분명히 적어두어야 하는 것은 야코비의 직접지 입장에 독립된 자리매김이 주어지는 것은 제2판부터라는 점이다.

그런데 이상의 것을 토대로 할 때 『신학 강의』 서술의 어떠한 성격이 보이게 되는 것일까? 이 강의 텍스트는 열여섯 번의 강의로 이루어지지만, 그 주요한 논점은 다음과 같은 네 가지로 정리될 수 있다. (a) 야코비를 주창자로 하는 '직접지' 입장의 등장으로 신의 존재 증명 논의는 시대착오의 주제가 되었지만, 그러한 동시대의 추세에 대항하여 신의 존재 증명을 철학의 가장 중요한 주제들 가운데 하나로서 복권하는 것(제1강–제6강). (b) 그때 오랜 형이상학의 지성적인 증명 형식을 그대로 받아들이는 것이 아니라 '사변적 개념'으로서의 신의 이념을 파악한다고 하는, 헤겔에게 고유한 논리학적 견지에서야말로 참된 의미에서 신의 존재 증명이 수행될 수 있다는 것을 명시하는 것(제7강). (c) 또한 그 관점으로부터 종래에 논의되어온 세 종류의 신의 존재 증명을 통일적으로 관련짓는 것(제8강,

點>としてのヤコービ ── ヘーゲル哲學における<直接知>論の展開」(『宗教學研究室紀要』 제6호, 2009년), 54–88쪽.

5. 『엔치클로페디』에서는 헤겔 자신이 신의 존재 증명에 대해서는 이 「예비 개념」을 참조하도록 촉구하고 있다(GW 20. §552 Anm.).

6. 이 점에 관해서는 이 책의 제2장을 참조.

제9강). (d) 사변적인 견지로부터 신의 존재 증명을 다시 파악하는 과제를 우주론적 증명에서 구체적으로 수행하는 것(제10강–제16강).

(b)와 (c)의 논점에서 보이듯이 『신학 강의』의 중심 목표는 형이상학 전통에서의 세 가지 주요한 신의 존재 증명을 헤겔에게 고유한 논리학적 견지로부터 다시 파악하는 점에서 알아볼 수 있다. 즉, 세 개의 증명을 단 하나의 신의 이념(또는 사변적 개념)의 발전 과정으로서 해석한다고 하는 모티브이다.

다만 이 강의의 기본자세는 논리학의 본론과는 달리 사변적 개념의 전개를 순수하게 서술하는 것이 아니며, 또한 신의 이념의 발전을 종교사라는 시간 축에 대응시켜 파악하는 것도 아니다. 오히려 여기서는 종래의 '지성적인' 신의 존재 증명이 지니는 결함을 지적하는 것과 더불어, 동시대 사상계의 추세를 이루고 있던 '직접지'의 입장도 논박한다고 하는 자세가 기조로 되어 있다. 그 점에서 보자면, 『신학 강의』에서는 「예비 개념」을 둘러싼 일련의 논고 및 1827년의 『종교철학 강의』에서의 '신에 대한 앎'의 논고와 겹쳐지는 문제의식이 간취된다. 단적으로 말하자면, 헤겔이 과제로 하고 있던 것은 사변적인 앎의 입장에서 직접지와 매개지(지성적인 증명 형식) 각각의 일면성을 극복하고 신앙과 사유의 대립을 해소하는 것이었다고 말할 수 있다. 특히 이 강의가 미완으로 끝났고, 세 개의 증명 형태 가운데 실제로는 우주론적 증명에 관한 고찰밖에 이루어지지 않은 점을 고려하면, 남아 있는 이 강의 원고에서 두드러지는 것은 이러한 선행하는 사상적 입장에 대한 대결 자세이다. 그리하여 우리는 이 점에서 『신학 강의』의 기본 성격을 확인하면서, 이하에서는 앞의 구분에 따라 헤겔의 강의 내용을 깊이 살펴보고자 한다.[7]

..
7. 이 장에서는 『신학 강의』의 서술을 이해하는 데서 다음의 문헌들을 참조했다. Walter Jaeschke, *Hegel-Handbuch*, Stuttgart: Metzler, 2010, S. 497 f. 西羽義夫, 「ヘーゲルと神の存在証明」(『大阪大學人間科學紀要』 제2권, 1976년), 43–73쪽. 中畑邦夫, 「ヘーゲル

제3절 '직접지'의 입장과의 대결

우선 본래 헤겔이 '신의 존재 증명'을 어떻게 규정하고 있는지를 살펴보자. 헤겔에 따르면 신의 존재 증명이란 '인간 정신의 신에게로의 고양'을 '사상'에서 표현하는 것이다(GW 18. 234). 인간은 예로부터 상상에서 신을 그린다든지 스스로의 감정이나 직관에서 신적인 것을 의식한다든지 해왔다. 이러한 방식에서의 신에게로의 고양은 인간의 삶의 영위에서 널리 보이는 사실이며, 종교 일반의 유래를 이루는 것이다. 그렇지만 신의 존재에 대한 확증이 이러한 각인각색의 신앙이나 신념에 머물러 있는 한에서 그것은 우연적인 사태에 속한다고 할 수 있다. 그러나 인간은 '사유하는 정신'(GW 18. 258)이기도 한 까닭에, 스스로의 내적 신앙이 필연적인 것이자 진리를 지닌다는 것을 이성적으로 확증하고 싶어 하는 욕구를 지닌다. 이리하여 '신의 존재 증명이란 사유, 이성을 만족시키고자 하는 요구로부터 나타난 것'(GW 18. 229)이다.

실제로 서양 철학 전통에서 신의 존재에 대한 증명은 인간의 자유 의지나 영혼의 불사 문제 등과 더불어 형이상학의 가장 중요한 문제들 가운데 하나였다. 특히 그리스도교 신앙을 철학적으로 근거 짓고자 한 중세의 스콜라 철학에서 신의 존재 증명은 중심적 주제였다. 그리고 그 전통은 근대에서도 데카르트로부터 라이프니츠·볼프학파의 철학에 이르기까지 이어지고 있다.

그러나 헤겔 시대의 사상계에서는 신의 존재 증명은 이미 시대에 어울리지 않는 낡은 논의라고 간주하는 풍조가 지배적으로 되어 있었다. 헤겔은 제1강에서 다음과 같이 말한다. '종교적 진리를 증명하는 것 자체가 시대의

• •
　論理學における存在証明の意義」(『ヘーゲル哲學研究』 제15호, 2009년), 116-128쪽.

사유 양식에서는 전적으로 신용을 잃어버린 까닭에, 그러한 증명이 불가능하다는 것은 이미 일반적인 선입견이 되었다. 또한 그러한 인식을 신뢰하는 것이나 그러한 인식에 의해 신과 그 본성이나 단지 그 존재만이라도 확신하고자 시도하는 것 자체가 비종교적이라고 여겨지고 있다.'(GW 18. 229)

이 강의에서는 분명히 말하고 있지 않지만, 이러한 사상계 동향의 발단이 되었던 것으로서 헤겔이 염두에 두고 있었던 것은 칸트의 비판 철학이다. 칸트는 『순수이성비판』에서 종래의 형이상학 논의는 모두 근본적으로 잘못된 것이고, 따라서 또한 신의 존재를 이론적으로 증명하는 것은 불가능하다고 주장했다. 칸트의 생각에서는 우리 인간이 인식할 수 있는 것은 우리 자신에게 갖추어진 인식 능력의 범위 내에서 나타나는 것에 제약되어 있다. 그런 까닭에 우리의 의식 속에서 타당성을 지니는 것은 경험 가능한 현상의 세계뿐인바, 영혼의 불사, 우주의 근원, 신의 존재 등과 같은 궁극적인 진리에 대해서는 확실한 지식을 얻을 수 없다고 한 것이다.

이러한 칸트의 형이상학 비판이 유포된 결과, 사유와 신앙을 분리하고 후자에게만 신의 인식을 인정하고자 하는 입장이 등장한다. 앞에서 말했듯이 야코비를 대표 격으로 하는 이 입장을 헤겔은 '직접지'라고 부른다. 이 입장은 칸트의 비판 철학에서 배움으로써 인간의 사유 능력은 제약되어 있으며 무한한 것에는 이르지 못한다고 하여 신의 존재는 논증할 수 없다고 주장한다. 그러나 무한자의 인식은 유한한 것밖에 인식할 수 없는 사유 규정(범주)에 의한 '매개지'에서는 불가능하다고 하더라도 무매개적인 '직접지' 또는 '감정'에서는 가능하다고 한다. 요컨대 신은 지성의 판단이나 추론의 능력을 매개하지 않고서 갑자기 지적 직관이나 깊은 감정에 의해 직접적으로 확신하게 되는 것이라고 주장하는 것이다.

이리하여 '오늘날에는 신앙 일반이 사유에 대립하는 직접지로서 진리를 파악하는 유일한 방도로 높여져 있다.'(GW 18. 232) 헤겔은 신의 존재 증명의 논의에 들어가기 전에 우선 이러한 동시대의 동향에 대해 스스로의 철학적 입장의 정당성을 변명할 필요가 있었던 것인바, 『신학 강의』의 전반부는 이러한 직접지에 대한 논박으로 많은 지면이 채워져 있다. 그러면 어떠한 비판이 직접지로 향해지는 것일까?

제3강에서 헤겔은 일반적으로 인간의 모든 정신 활동은 매개된 것이라고 언명한다. '매개되는 것도 매개하는 것도 없는 것과 같은 앎은 존재하지 않는다. …… 그것은 천상의 것이든 지상의 것이든 지하의 것이든 자연이나 정신의 대상에서 매개의 규정과 더불어 무매개성[직접성]의 규정도 자기 속에 포함하지 않는 것은 전혀 존재하지 않는 것과 마찬가지이다.'(GW 18. 242) 아무런 매개도 포함하지 않는 그러한 직접적인 것 등은 있을 수 없는바, 직접성은 매개성과 밀접하고 불가분하다. 언뜻 보아 직접적인 것으로 보이는 개인의 내적인 신앙도 역시 무언가의 가르침이나 교육을 전제하며, 그것을 매개로 해서만 성립하는 것이다.

그러나 직접지의 입장에서는 무언가의 구별이나 다른 것과의 관계가 유한한 앎의 존재 방식으로서 모두 배제되어야 하는 까닭에 '자기 자신에 대한 단순한 관계'(GW 18. 243)만이 남는다. 그렇지만 헤겔 논리학의 견지에서 보자면, 그러한 구별을 결여하는 것에는 단지 '존재'라는 추상적 규정밖에 속하지 않는다. 그렇다면 직접지의 입장에서는 스스로가 확신하는 것이 '존재한다'라고 알 뿐이며, 그것이 '무엇인가'는 알 수 없다는 것이 된다. 왜냐하면 확신의 내용을 규정하고자 하면, '존재' 이상의 복잡하고 상호적으로 매개된 사유 규정을 사용하지 않을 수 없는바, 직접지는 매개지로 되기 때문이다. 이리하여 직접지가 원리로 되는 경우, 신앙은 내용이 없는 '추상적인 형식주의'(GW 18. 244)에 빠지고 만다. 그 결과 신이 무엇인가에 대해서는 도리어 각인각색의 '자의'에 맡겨지고 마는 것이다(GW 18. 247).

제4강에서는 감정에 대해서도 비판적 논의가 이루어진다. 헤겔은 '감정을 결여하게 되면 신앙은 종교가 아니다'(GW 18. 245)라고 말하고, 종교심이 감정을 반드시 수반한다는 것을 인정한다. 그러나 감정이란 어떠한 대상 내용에 대해서도 지닐 수 있는 주관 형식인바, 그러한 한에서 감정의 유무는 그것의 내용에 대한 변명의 방도로는 될 수 없다. '모든 종교는, 진실한 종교와 마찬가지로 가장 허망하고 부도덕한 종교마저도, 감정이나 심정 속에 존재한다.'(GW 18. 246) 그런 까닭에 감정의 가치는 그 유무에 의해서가 아니라 그 내용의 여하에 의해 측정되어야만 하는 것이다.

총괄하여 말하자면, 직접지에 대한 헤겔의 비판은 그것이 신앙과 지식을 분리하고 양자를 화해하기 어려운 대립 관계하에서 파악하고 있다는 점으로 향해 있다. 헤겔의 의도는 신의 인식에서 감정이나 직관 또는 표상을 제외하고자 하는 것이 아니다. 오히려 그의 참된 뜻은 종교가 확실히 신앙이나 감정으로부터 시작한다고 말할 수 있지만, 진실하고 참다운 신의 인식이 되기 위해서는 사유를 매개로 하여 지식으로 고양되어야만 한다는 점에 놓여 있다.

제4절 신의 존재 증명의 사변적 파악

헤겔은 직접지의 입장에 대항하여 신의 이성적 인식의 정당성을 주장한다. 그렇지만 헤겔은 칸트 이전의 오랜 형이상학의 입장으로 회귀하고자 하는 것이 아니다. 헤겔은 사유에 의해 신을 인식할 수 있다고 한 점에서는 오랜 형이상학을 시인하지만, 그것이 행하는 방식은 '지성'의 입장에 머물러 있었다고 간주한다. 지성이란 사물을 분석하고 구별을 세워 인식하는 활동이며, 인간의 사유 활동에서 불가결한 단계를 이룬다. 그러나 지성은 구별을 세운 것을 고정화하고 그것들을 고집하는 까닭에, 참으로 구체적인 것을 인식할 수 없다. 헤겔은 제7강에서 스스로의 입장을 제시하기에 앞서 우선 이러한 지성적 사유가 내포하는 문제를 논의한다.

헤겔은 이전의 신에 대한 형이상학, 이른바 '자연 신학'의 증명 절차를 다음과 같이 요약한다. 우선 신이라는 개념을 분명히 하는 것이 출발점에 놓인다. 개념이 그것 자체 속에 자기모순을 포함하지 않는지 어떤지가 고찰되고, 개념은 자기모순을 포함하지 않는 한에서 '가능'하다고 여겨진다.

다음으로 제시되는 것은 그 개념이 '존재한다'라는 것이다. 이것이 요컨대 신의 존재 증명에 해당한다. 그러나 단지 '동일성'(=자기모순이 없는 것)이라는 추상적 범주로 환원된 개념은 그 실존이 밝혀졌다 하더라도 아무런 구체적 내용도 지니지 않는바, 우리가 일반적으로 지니는 신에 대한 풍부한 표상(이미지)에 적합하지 않다. 그리하여 셋째로 신의 성질들이 새롭게 문제로 여겨지게 된다.

이처럼 신의 개념, 신의 존재, 신의 성질을 구별하는 고찰 절차는 아무런 타당성도 지니지 못한다고 헤겔은 주장한다. 지성은 이 경우 신이 '무엇인가'(=개념)와 신이 '존재한다는 것'을 서로 다른 문제로 간주하는 것이지만, 헤겔의 입장에서 보면 '개념은 존재를 결여할 때 진실한 것이 아니다.'(GW 18. 260) 왜냐하면 존재는 개념을 빼놓고서는 결코 규정적으로 사유할 수 없으며, 개념은 존재를 계기로서 안에 포함하고 있고, 그런 까닭에 스스로를 객관적인 것으로 하기 때문이다. 또한 개념과 성질의 구별에 대해 말하자면, '성질이란 개념 그 자체의 규정일 뿐인'(GW 18. 260) 것인바, 신의 성질이 그 개념과는 별개의 방식으로 규정되는 것은 아니다. 총괄하여 말하자면, 이것들은 서로 불가분의 것인바, '정신의 신에게로의 고양[신의 존재 증명]이란 신의 개념과 신의 성질들과 신의 존재를 규정한다고 하는 하나의 것 속에 존립한다.'(GW 18. 261)

그런데 헤겔이 여기서 염두에 두고 있는 것은 볼프학파의 존재론적 증명의 논의이다. 존재론적 증명이란 신의 개념으로부터 그것의 존재를 도출하고자 하는 증명법을 말한다. 즉, 가장 완전한 것으로서의 신은 그 개념에 있어 당연히 모든 완전성을 지니지만, '존재하는 것'은 실로 완전성의 하나인 까닭에 역으로 말하면 존재하지 않는 것과 같은 신은 완전하지 않은 까닭에, 요컨대 그 개념과 모순되는 까닭에, 신은 필연적으로 존재한다고 추론하는 것이다.

그러나 이렇게 신의 개념이 자기와의 무모순이라는 '추상적이고 무규정적인 동일성'(GW 18. 261 f.)에 돌려지는 한에서, 증명으로써 얻어지는 것은 단순한 추상적인 의미에서의 신의 '존재'뿐이며, 신이 무엇인가에 대해서는 어떠한 규정도 이루어지지 않는다. 구체적 규정이 문제가 되면, 결국 지성적 사유는 신에 대한 일반적인 표상에 의지할 수밖에 없게 된다. 그러나 헤겔은 본래 이와 같은 무규정적인 개념을 참된 의미에서의 개념으로 인정하지 않는다. 오히려 헤겔의 식견에서는 '개념이란 그것 자체에서 단적으로 구체적인바, 무규정인 것이 아니라 본질적으로 규정된 통일, 따라서 또한 오로지 규정의 통일로서만 있다.'(GW 18. 262)

헤겔은 이러한 참된 개념의 존재 방식을 '사변적 개념'이라고 부른다. 예를 들어 하나의 생물의 생명 활동은 여러 가지 장기와 기관, 지체의 과정으로 이루어지지만, 이러한 활동들은 서로 불가분한 것으로서 연관되어 있으며, 전체로서의 생명 활동으로부터 분리되면 이미 그 의의와 본성을 잃어버린다. 이처럼 서로 구별되는 특수한 규정을 포함하면서도 그것들을 전체의 계기로서 연관 짓는 것과 같은 '살아 있는 통일'(GW 18. 262)이야말로 '구체적인' 개념이다.

유한하고 일면적인 규정은 그것 자체로서는 성립하지 않는 까닭에, 그 자립성은 부정되고 다른 규정으로 전화한다. 이리하여 여러 가지 규정이 순차적으로 도출되지만, 부정된 규정은 무로 돌려진다든지 서로 무관계한 것으로서 나란히 놓인다든지 하는 것이 아니라 '개념적인 것'으로서 하나의 개념 그 자체(=이념) 속에서 통일된다. 그리고 헤겔은 규정을 관념적으로 통일하는 가장 고차적인 주체는 '정신'이라고 주장한다. 신이 무엇인가에 대해서는 창조자, 전지전능, 사랑, 최종적 심판자 등, 다양한 성격 부여가 이루어져 왔다. 그러나 헤겔은 신은 정신이라고 하는 규정 속에서 신의 개념의 완전한 표현을 본다. '신의 개념이 그것 자신에 대해서나 우리에 대해서 어울리는 것이 되기 위해서는 신의 개념은 자유라는 좀 더 심오한 규정과 더불어 정신으로서 파악되어야만 한다.'(GW 18. 264)

헤겔은 이러한 개념의 사변적 이해에 기초하여 이어지는 제8강, 제9강에서 복수의 신의 존재 증명을 그 내적 연관에서 파악하고자 한다. 다음 절에서는 그 논지를 추적해 보고자 한다.

제5절 복수의 '신의 존재 증명'이 지니는 개념적인 연관

신에 대한 앎은 사유뿐만 아니라 표상이나 상상 또는 감각이나 감동 등, 각 사람의 특수한 내적 경험으로서도 생겨날 수 있다. 그러나 이러한 특수한 경험을 출발점으로 하는 신에게로의 이행은 '사상'을 기초로 하는 학문적인 증명과는 다르다. '사상'이라는 기반에서 다루어지는 것은 특수한 경험을 포괄하는 사상 규정뿐이며, 그런 까닭에 무수한 출발점은 소수의 범주로 환원된다. 헤겔에 따르면 증명의 출발점을 이루는 유한한 것의 범주는 첫째로, 세계나 그 사물의 '우연성'이며, 다음으로 그것들에서의 '합목적적 관계'이다(GW 18. 266). 다른 한편으로 신의 '개념'에서 시작한다고 하는 또 다른 출발점도 있다(GW 18. 266 f.). 이리하여 칸트와 마찬가지로 우주론적 증명, 목적론적 증명, 존재론적 증명의 세 가지 종류만을 참된 '형이상학적 증명'으로 간주한다.

우주론적 증명이란 세계가 우연적으로 존재한다는 사실, 즉 자기 속에 원인을 지니지 않고 다른 것에 의존하여 존재하고 있는 사실로부터 출발하여 필연적으로 존재하고 세계의 원인이 되는 신을 추론하고자 하는 것이다. 목적론적 증명이란 자연계가 무질서한 혼돈 상태가 아니라 목적에 걸맞은 규칙성을 갖추고 있는 것으로부터 이 합목적적인 질서를 근거 짓는 것으로서의 신을 추론하고자 하는 것이다. 그리고 존재론적 증명이란 신이라는 개념으로부터 출발하여 그 존재를 추론하는 것이다.

그런데 역사적으로 이루어져 온 이러한 신의 존재 증명들은 어느 것이든 단지 '존재'라는 추상적 규정을 신에게 붙이는 것을 안목으로 하고 있으며, 그때 신이 어떠한 존재인가라는 내용 규정에 대해서는 일반적인 신의 표상에 근거하고 있었다. 특히 신의 개념에서 출발하는 존재론적 증명이 그렇다.

그러나 헤겔에 따르면 '추론의 귀결은 출발점의 규정성에 따라 규정되는' 것인바, 따라서 '다른 종류의 존재 증명에서는 마찬가지로 다른 종류의 신의 규정이 귀결한다는 것이 밝혀진다.'(GW 18. 267)

구체적으로는 어떠한 것인가? 우주론적 증명에서 출발점을 이루는 것은 사물의 '우연성'이라는 범주이며, 그런 까닭에 추론의 귀결로서의 신은 '필연적 존재자'라는 규정이 주어진다. 목적론적 증명에서는 사물의 '합목적적 관계'가 출발점이 되지만, 그런 까닭에 신은 자연계 전체를 유기적으로 통일하는 보편적인 '생명'이라는 규정이 주어진다. 그리고 존재론적 증명에서는 '신의 개념'이 출발점이 되지만, 이 경우 신은 '정신'으로서 파악되게 된다(GW 18. 264, 266 f.). 앞에서 말했듯이 개념이란 사변적으로 보면, 특수한 규정을 매개로 하여 자기를 자기 자신에게로 관계시키는 것인바, 그러한 운동을 완전히 실현하는 주체야말로 헤겔이 '정신'이라고 부르는 것이기 때문이다. 이리하여 복수의 신의 존재 증명은 무관계한 것이 아니라 '개념의 발전으로부터 생겨나는 구별'(GW 18. 264)로서 서로 관련될 수 있는 것이며, 증명 형식이 고차화함에 따라서 좀 더 내용이 풍부한 신의 개념 규정이 주어지게 되는 것이다.

제9강에서는 더 나아가 이러한 증명 형식들의 연관이 다른 관점에서 설명된다. 세 개의 증명은 유한한 존재로부터 신의 개념으로 이행하는 유형의 것과 신의 개념으로부터 그 존재로 이행하는 유형의 것이라는 둘로 나누어진다. 우주론적 증명과 목적론적 증명은 전자에 속하며, 존재론적 증명은 후자에 속한다. 헤겔에 따르면 이러한 두 가지 그룹의 증명 형식은 결코 외면적인 구별이 아니라 본질적으로는 '개념의 논리적 본성'(GW 18. 270)과 관련된다. 요컨대 세 개의 증명은 하나의 발전 과정을 형성할 뿐만 아니라 또한 동시에 존재로부터 개념에로의 이행, 개념으로부터 존재로의 이행으로서 하나의 개념의 원환 운동으로서 파악되는 것이다.

전자의 이행에 대해 말하자면, 이것은 자연과 우리 인간도 포함한 유한한 존재로부터 무한한 신에게로 고양되어 가는 것을 의미한다. 이러한 고양이야말로 바로 '종교'를 성립시키는 것인데, 그러나 이 사태는 '오로지 주관적으로만 신에게로 고양된다'(GW 18. 272)라고 하는 한 측면을 이루는 데 머문다. 그렇지만 헤겔에 따르면 종교는 본래 '우리만이 신에게 관계하는 것이 아니라 신도 역시 우리에게 관계한다'(GW 18. 253)라는 사태를 포함한다. 거기에 개념인 신이 실재화한다고 하는 제2의 이행이 결부되게 되지만, 그 경우 신은 단순한 자연의 창조자가 아니라 스스로를 인간 속에 '전달하는' 것이게 된다. 따라서 논리학적으로 보면, 신적인 '개념'과 유한한 '존재'와의 연관의 완전한 양식은 한편의 규정으로부터 다른 것에로의 단순한 '이행'이 아닐 뿐만 아니라 한편의 규정이 다른 규정에서 '가현하는 것'(가상)도 아니고, 오히려 '개념 또는 이념'의 양식인바, 거기서는 '한편의 규정은 스스로의 타자 속에서 자기를 보존하는' 것이다(GW 18. 270).

그런데 이처럼 신과 인간의 쌍방향성을 파악하는 관점은 헤겔의 그리스도교 이해와 밀접하게 결부되어 있다. 그리스도교는 신이 인간에 대해 스스로를 '계시한다'라고 이야기한다. 이것은 인간이 신을 인식하는 것이 동시에 '인간의 앎에서 스스로를 아는 신의 자기의식'(GW 18. 254)의 운동이기도 하다는 것을 의미한다. 헤겔은 신이 세계의 배후에 놓여 있는 실체에 머무는 것이 아니라, 오히려 인간의 앎을 매개로 하여 자기를 적극적으로 나타낸다고 하는 점에서 그리스도교의 핵심을 발견하는 것이다.

그런데 헤겔은 이상과 같은 신의 존재 증명 일반의 논리적 기초를 논의한 다음, 드디어 구체적인 증명에 대한 검토로 들어간다. 『신학 강의』에서는 결국 우주론적 증명의 고찰밖에 이루어져 있지 않지만, 다음 절에서는 그 내용을 살펴보자.

제6절 우주론적 증명의 사변적 파악

우주론적 증명에 대한 논고는 제10강에서부터 제16강까지 이루어져 있지만, 여기서는 야코비에 의한 지성 비판에 대한 응답이라는 관점에서 스스로의 사변적 해석을 명시하고 있는 제13강을 중심으로 헤겔의 주장을 추적해 보자.

우선 우주론적 증명은 일반적으로 다음과 같은 추론의 형태를 취한다. ― (대전제): '우연적인 세계가 존재하게 되면, 그것의 근거 또는 전제로서 절대적으로 필연적인 것도 존재한다.' (소전제): '우연적인 세계는 존재한다.' (결론): '그런 까닭에 절대적으로 필연적인 것은 존재한다.'(GW 18. 292)

헤겔은 이러한 지성적 추론의 결함을 날카롭게 지적한 언설로서 야코비의 『스피노자의 교설에 관한 서한』을 증거로 내놓는다. 야코비는 다음과 같이 말한다. 개념적으로 파악한다는 것은 '어떤 사태를 그것의 가장 가까운 원인으로부터 끌어내는 것'이며, '무제약적인 것의 개념적 파악이란 따라서 그것을 제약된 것 또는 귀결로 만든다는 것을 의미한다.'(GW 18. 289)[8] 이 증명의 경우 무제약적인 것은 '절대적으로 필연적인 것'에, 제약된 것은 '우연적인 것'에 해당하지만, 이 증명의 취지는 물론 절대적으로 필연적인 것이 우연적인 것의 전제·근거로 되어 있다고 하는 것이다. 그러나 이 추론이 보여주는 것은 우연적인 것이 존재하고, 그것이 출발점이자 전제라고 하는 것인바, 절대적으로 필연적인 것은 이 전제를 매개로 하여 도출되는 귀결이라고 하는 것이다. 요컨대 여기서는 본래 무제약자이어야 할 신이 우연적인 것에 의해 매개된 것, 제약된 것으로 끌어내려지고 마는 것이다.

헤겔은 이러한 야코비의 논란을 한 면에서는 정당하다고 인정한다. 다른 것에 매개된 것, 제약된 것으로서 생각되어야만 하는 것은 절대적으로 필연적인 것이 아닌바, 신이 아니다. 그러나 헤겔에 따르면 이러한 논란은 지성적 추론의 '형식'의 결함을 밝히는 것이긴 하지만, 이 증명 그 자신의 '내용'에는 들어맞지 않는다.

● ●
8. Vgl. Jacobi, *Briefe über die Lehre des Spinozas*, 1789, Ⅶ, Beilage, S. 419.

사변적인 관점에서 보면, 우주론적 증명의 내실의 핵심은 다음과 같이 파악된다. 확실히 출발점을 이루는 것은 우연적인 것이다. 그러나 헤겔에 따르면 '우연적인 것Zufälligkeit'이라는 말이 '몰락하다zu fallen'라는 규정을 포함하고 있듯이, '우연적인 세계가 존재한다'라는 명제는 그 속에 모순을 내포한다(GW 18. 290). 우연적인 것은 그 자신으로는 존재할 수 없으며, 오히려 스스로를 부정하고 필연성으로 이행하지 않을 수 없다. 따라서 절대적이고 필연적인 것으로서의 신은 우연적인 것의 본성에 내재하는 참된 귀결이다. 그것은 매개를 지양된 것으로서 자기 속에 포함하는 것, '다른 것[우연적인 것]의 지양에 의해 자기를 자기 자신에게로 매개하는 것'(GW 18. 291) 이외에 다른 것이 아니다.

헤겔이 보는 바에 따르면, 지성의 추론 형식이 지니는 근본적인 결함은 이러한 '부정'의 계기를 결여하고, 증명의 출발점이 된 우연적인 것이 '계속해서 존재하는 첫 번째 것'으로서 그대로 남아 있다는 점에 놓여 있다(GW 18. 291). 야코비는 이러한 추론 형식을 그대로 받아들였던 까닭에, 제약된 것으로부터 출발하는 지성의 인식에 의해서는 무제약자를 파악할 수 없다고 생각하고, 논증이나 증명을 배제한 직접지를 주장한 것이었다. 그렇지만 헤겔에게 무제약적인 것이란 야코비가 생각하듯이 제약적인 것으로부터 분리됨으로써 무제약적인 것이 아니다. 오히려 그것은 제약된 것, 우연적인 것과의 '사변적인' 매개 관계를 성취하는 것에 의해서만 무제약적이다. 무제약적인 것은 제약된 사물들에 매개되어 있다 하더라도, 그것들은 자립적으로 존재하는 것으로서는 부정되며 오로지 관념적인 것(=전체의 계기)으로서만 보존되어 있다. 따라서 그 매개 관계는 이미 타자와의 매개가 아니라 '자기와의 매개'(GW 18. 291)이며, 다른 것에 의해 제약되지 않는 자기 관계라고 파악되는 것이다.

그런데 이러한 자기 관계야말로 참으로 절대적으로 필연적인 것이라고 한다면, 그러한 한에서 '필연성 그 자체는 그 진리를 자유에서 지니는'(GW 18. 279) 것이게 된다. 왜냐하면 자유란 다른 것에 의존하지 않고서 자기를 스스로로부터 규정하는 자기 관계적인 활동을 가리키기 때문이다. 이리하여 헤겔에 따르면 자유라는 영역과 더불어 '목적', '합목적적인 것'이라는, 개념의 좀 더 고차적인 규정이 나타난다. 여기서 다음의 신의 존재 증명, 즉 '목적론적 증명'을 위한 무대가 정돈되는 것이다. 그렇지만 목적론적 증명, 나아가서는 존재론적 증명에 관한 헤겔의 사변적 이해를 알기 위해서는 『종교철학 강의』 등, 다른 텍스트를 실마리로 삼을 필요가 있다.

나가며

신의 존재 증명이란 다름 아닌 '인간 정신의 신에게로의 고양'이지만, 헤겔은 이 고양의 의의를 다음과 같이 표현하고 있다. '신에게로 고양되는 것은 그것 자체로서 주관성 일반의 일면성, 특히 인식의 일면성을 지양하는 것이다.'(GW 18. 273) 지금까지의 고찰에서 확인되었듯이, 『신학 강의』의 목표는 바로 종래의 지성적인 논증 형식 및 동시대의 직접지 입장에서 볼 수 있는 '인식의 일면성'을 비판적으로 극복하는 방식으로 스스로의 사변적인 신 인식의 입장을 명시하는 점에 놓여 있었다고 할 수 있다.

헤겔은 인간이 신을 완전히 인식할 수 있다고 하는 점에서 주지주의적인 신앙 이해의 극단에 서 있다. 다만 헤겔에게 있어 신의 존재 증명이란 어디까지나 이미 있는 신앙을 단서로 하는 가운데 '사유, 이성을 만족시키고자 하는 요구'를 채우고자 하는 것인바, 그런 한에서는 신앙심을 지니지 않는 인간을 신앙으로 이끌 수 있는 것과 같은 효과를 의도한 것이 아니다. 헤겔은 1827년의 『종교철학 강의』에서 '우리가 신앙을 확고히 했을 때, 그 신앙 내용을 지적으로도 이해하고자 하지 않는 것은 게으름이라고 생각한다'라는, 캔터베리의 안셀무스의 문구를 인용하고 있는데,[9] 이 말은 헤겔이

• •
9. Hegel, *Vorlesungen über die Philosophie der Religion*, in: *Vorlesungen. Ausgewählte*

의도하는 '신앙으로부터 사유에로의 필연적인 고양'을 단적으로 표현하고 있다고 말할 수 있을 것이다. 그러면 헤겔 그 사람의 사유의 토대를 이룬 '신앙'의 내실이란 무엇이었던 것일까? 그것은 아마도 기존의 프로테스탄트 교회의 가르침에 대한 신앙이 아니라 오히려 인간 역사의 발걸음 속에서 자유라는 정신의 본성이 실현된다고 하는 확신이었던 것으로 생각된다.

• •

Nachschriften und Manuskripte, hrsg. von Walter Jaeschke, Hamburg: Meiner, Bd. 3, 1983, S. 63.

제12장 **철학사 강의**

미에노 기요아키三重野淸顯

들어가며 ─ 헤겔의 강의 상황과 자료

헤겔이 철학사를 강의에서 최초로 다룬 것은 1805/06년 겨울 학기(예나대학)로 거슬러 올라간다. 그 후 하이델베르크대학에서 두 차례(1816/17년 겨울 학기, 1817/18년 겨울 학기), 베를린대학에서는 모두 일곱 차례(1819년 여름 학기, 1820/21년 겨울 학기, 1823/24년 겨울 학기, 1825/26년 겨울 학기, 1827/28년 겨울 학기, 1829/30년 겨울 학기, 1831/32년 겨울 학기) 개강이 예고되었다. 최종 연도의 강의는 헤겔 자신의 돌연한 죽음(1831년 11월 14일)으로 인해 개강 후 곧바로 중단되었다.

『엔치클로페디』의 「서론」에서 '철학사'에 대한 간단한 언급이 있긴 하지만, '철학사'는 강의 요강을 갖고 있지 않은데, 헤겔은 수고에 기초하여 강의했다. 헤겔의 강의에 대해 전해지는 직접적 자료로서는 미슐레가 말하는 '세 종류의 소재'[1]가 있다. 요컨대 (1) 헤겔 자신에 의해 완전히 다듬어진 문장으로 이루어진, 대단히 완성도가 높은 수고, (2) 구두로 자유롭게 보완하기 위한 간단한 소재로서의 종잇조각과 수고 난외에 쓰인 메모, (3) 강의를 진행하면서 그때마다 산출된 사상을 전해주는 강의 필기록이다.[2]

철학사 강의에 속하는 (1) 헤겔 자신의 손으로 이루어진 강의 초고 및 (2) 메모로서는 다음과 같은 것이 현존해 있다는 것이 알려져 있으며, 모두 다 아카데미 판 『헤겔 전집』 제18권(1995년)에 수록되어 있다. 연차별로 정리해 두자면, 1816/17년 겨울 학기의 '하이델베르크대학에서의 개강 연설'(GW 18. 36–94)과 '두 개의 메모'(GW 18. 108–11), 1823/24년 겨울 학기의 '서론 초고'(GW 18. 95–106)이다. 이 가운데 1820년 및 1823년의 '서론 초고'에 대해서는 가르니론/예슈케 편집의 시행판 『헤겔 강의록 선집』 제6권에서도, 1820/21의 강의 필기록과 비교 대조할 수 있도록 나란히 인쇄되어 있기 때문에, 아래에서는 인용도 이 『헤겔 강의록 선집』에 의거한 다. 현재 1820년의 '서론 초고' 서두 부분의 개정고로 추정되는 1823년의 '서론 초고'는 이전에 호프마이스터에 의해 하이델베르크 시대(1816년 10월 18일 개강)의 강의 초고로서 간행되었기 때문에, 이 연대 결정은 『헤겔 강의록 연구』(1991년)에 이르러서도 여전히 답습되고 있었다.[3]

(3) 현재 알려진 강의 필기록(필기자명)의 연차별 일람을 아래에 제시한다. 강의 필기록은 현재로서는 베를린 시대의 것만 현존이 확인되고 있다. 그 가운데에는 구술 필기록, 정서고, 나아가 퇴고와 재구성의 작업이 가해진 것이 포함되며, 그 상세함의 정도도 다양하다. 미슐레는 우선적으로 사용한

• •

1. *Vorlesungen über die Geschichte der Philosophie*, hrsg. von K. L. Michelet, Berlin, 1840, S. Ⅷ.

2. 『철학사 강의』의 각종 원천 자료에 관해서는 시행판 『헤겔 강의록 선집』의 편자 해설 등에서 상세히 말해준다. Hegel, *Vorlesungen. Ausgewählte Nachschriften und Manuskripte*, Bd. 6–9, *Vorlesungen über die Geschichte der Philosophie*, 4 Teile, hrsg. von Pierre Garniron und Walter Jaeschke, Hamburg: Meiner, 1986–96, Bd. 6, S. XVIII ff.

3. ペゲラー 編, 『ヘーゲル講義録研究』, 法政大學出版局, 2015년, 211쪽.

자료로서 3점의 강의록(헤닝, 미슐레, 캄페)을 들고 있으며, 또한 호프마이스터 판 편집에는 9점의 강의록이 사용되었다. 가르니론/예슈케 판은 모든 현존 자료를 사용하고 있다.

1. 1819년 여름 학기: 마이어(뮌헨대학 도서관 소장), 카리에르(헤겔 문고 소장, 흩어져 없어진 헤닝의 노트에서 유래), 헤닝(흩어져 없어짐)
2. 1820/21년 겨울 학기: 해링(노스웨스튼대학 도서관 소장)
3. 1823/24년 겨울 학기: 호토(프로이센 문화재단 도서관 소장), 후베(야게위 도서관 소장), 미슐레(흩어져 없어짐)
4. 1825/26년 겨울 학기: 필기자 불명(폴란드 학술 아카데미 도서관 소장, 헬첼 필기?), 그리스하임(프로이센 문화재단 도서관 소장), 뢰베(프로이센 문화재단 도서관 소장), 핀더(헤겔 문고 소장), 슈티베(프로이센 문화재단 도서관 소장)
5. 1827/28년 겨울 학기: 딕스(개인 소장), 휴크(상크트 페테르부르크 공립 도서관 소장), 벨트리히(글로크너가 이전에 소장·전화로 인해 소실)
6. 1829/30년 겨울 학기: 필기자 불명(슈트라우스 필기록에 의해 전해짐), 필기자 불명(프로이센 문화재단 도서관 소장, 흩어져 없어진 캄페의 필기록과 동일한가?), 필기자 불명(시카고대학 도서관 소장), 캄페(흩어져 없어짐), 베르너(헤겔 문고 소장)
7. 1831/32년 겨울 학기: 슈트라우스(마르바흐 독일 문학 문고 소장)

이어서 『철학사 강의』의 지금까지 출판된 판들에 대해 간단히 살펴보자. 『철학사 강의』는 헤겔의 사후 곧바로 고인 친우회에 의해 베를린 판『헤겔 전집』의 일환으로서 미슐레의 편집으로 출판되었다.[4] 그 제1판은 1833년부

4. *Werke. Vollständige Ausgabe durch einen Verein von Freunden des Verewigten*, Berlin

터 간행되며, 후에 1840년부터 제2판이 출판되었다. 그 서문에서 미슐레 자신이 표명하듯이 '삶의 소재'를 사용한 제1판과 비교하여 제2판에서는 '개개의 문장과 구절을 좀 더 좋게 배치하고', '소재의 순서를 고쳐 짜며', '장황한 것과 반복을 삭제'하는 등, 좀 더 많은 손길이 가해져 있다. 다시 말하면 헤겔 자신에게서 유래하는 것은 좀 더 적어지게 된 것이다. 이미 출판된 초고나 강의록과 실제로 비교함으로써 쉽게 확인할 수 있듯이, 미슐레는 헤겔의 초고나 복수 연도의 강의록을 대단히 자유롭게 조합하여, 또한 말을 보완하여 단일한 텍스트를 재구성했기 때문에, 원천 자료의 성격이나 집필·강의 시기에 따라 텍스트를 구성하는 성분을 구별할 수 없다. 그렇지만 거기에는 현재 이미 흩어져 없어진 자료의 정보도 포함되어 있기 때문에, 결코 무시할 수는 없다. 그 가운데에는 예를 들어 예나 시대 (1805/06년)의 헤겔의 강의 노트가 있다. 이미 흩어져 없어진 자료에서 유래하는 부분은 현존하는 각 강의록과의 상세한 비교를 통해 이후 추출되어야 할 것이다. 헤겔 사후 백 년을 눈앞에 두고 1927년부터 출판이 개시된 글로크너 판 전집은 기본적으로 베를린 판에 기초하는 것이지만, 『철학사』에서는 제1판이 채택되게 되었다.[5]

라손/호프마이스터 판 전집의 일환으로서 호프마이스터 편 『철학사 강의』(1940년)가 출판되어 있다.[6] 호프마이스터는 각종 자료를 일원적으로 통합하는 것을 단념하고, 좀 더 강의 필기록 그 자체의 문구를 보존하는 편집 방침을 채택했지만, 결국 '서론'과 '동양 철학'만이 출판되는 데 머물렀다.

· ·

 1832–1845, Bd. 13-15: *Vorlesungen über die Geschichte der Philosophie*, hrsg. von K. L. Michelet.

5. *Sämtliche Werke, Jubiläumsausgabe in zwanzig Bänden*, hrsg. von Hermann Glockner, Stuttgart 1927–1940, Bd. 17–19: *Vorlesungen über die Geschichte der Philosophie*.
6. *Sämtliche Werke*, hrsg. von Georg Lasson und Johannes Hoffmeister, Leipzig 1911 ff., Bd. 15a *Vorlesungen über die Geschichte der Philosophie*, Teilband 1, 1940.

현재 엄밀한 문헌학적 방법에 의해 교정된 판으로서는 가르니론과 예슈케가 편집한 시행판 『헤겔 강의록 선집』의 『철학사 강의』가 있다. 『헤겔 강의록 선집』의 제6권은 서론과 동양 철학을 포함하며, 서론의 초고·강의록이 연도별로 편집되어 있다. 동일 연도에 속하는 강의 필기록이 복수로 존재하는 경우에는 그것들로부터 단일한 텍스트가 재구성되고 있으며, 다르게 읽히는 부분은 그때마다 제시되고 있다. 제7권부터 제9권은 다섯 개의 필기록이 현존해 있는데, 가장 자료가 충실한 1825/26년 겨울 학기 강의의 재현을 지향한 것이다.[7] 앞으로 아카데미 판 『헤겔 전집』의 강의록 (GW 30)이 출판되는 날에는 그것이 결정판 텍스트로 될 것이 기대된다(2016년 7월 현재, 1819년 및 1821/22년 강의록을 수록한 제1분책이 이미 출판되어 있으며, 모두 다 해서 6분책으로 될 것이 예고되어 있다).

헤겔의 『철학사 강의』는 예나 시대부터 말년에 이르기까지 헤겔의 대학 강의 활동의 전 기간에 걸쳐 있었으며, 당연히 헤겔의 사상 형성 과정을 크게 반영하는 것이었다고 생각된다. 로젠크란츠는 『철학사 강의』에 대해 '출판되어 있듯이 후년의 강의에서는 본질적으로 변경하지 않고 다만 좀 더 상세하게 말했을 뿐이다'[8]라고 보고하지만, 이것은 강의록을 검토하는 한에서 의심스럽다. 헤겔이 '예나의 강의 노트에 대한 서론을 후년에 결코 사용한 적이 없었다'[9]라고 하는 미슐레의 보고는 『철학사 강의』의 기본 구상의 변화를 뒷받침하는 것일 터이다.

초고의 집필 시기나 강의 필기록이 속하는 강의 연차가 명확하게 된 결과, 각각의 개강 시기에 따른 사상의 변화나 헤겔이 쓴 표현의 동요 등을 검토하는 것도 가능해졌다. 현재 『철학사 강의』에 대해서는 '서론'을

• •
7. 이 신판에 기초하는 번역·주해로서 다음의 것이 있다. 山口誠一·伊藤功, 『ヘーゲル 「新プラトン主義哲學」 註解』(知泉書館, 2005년).

8. Karl Rosenkranz, *Georg Wilhelm Friedrich Hegels Leben*, Berlin 1844, S. 201. Vgl. GW 18. 341(『ヘーゲル伝』, 中埜肇 譯, みすず書房, 1983년, 183쪽).

9. *Vorlesungen über die Geschichte der Philosophie*, hrsg. von K. L. Michelet, S. VII.

제외하고 아직 완전한 연차별 편집은 이루어져 있지 않지만, 『철학사 강의』의 본론에 대해서도 앞으로 이루어질 좀 더 상세한 강의록 연구에 의해 새로운 빛이 비쳐질 것이 기대된다. 이어서 이 장에서는 연도별 편집이 이루어진 가르니론/예슈케 판의 '서론'에 기초하여 '철학사'를 둘러싼 몇 가지 논점이 각각의 연도 강의에서 어떻게 변천했는지를 더듬어보고자 한다.

제1절 철학사의 사명과 체계적 지위를 둘러싼 논의

헤겔은 대학에서의 강의 활동 전 기간에 걸쳐 철학사를 거듭해서 강의했다. 『논리학과 형이상학』을 제외하면 철학사는 가장 빈번하게 강의가 반복된 학문 분야로 헤아릴 수 있다. 이 사실은 헤겔에게서의 철학사 강의의 중요성을 보여준다. 그렇다면 헤겔 철학 전체 속에서 철학사에게는 어떠한 역할이 주어져 있던 것일까?

철학사 기술은 한편으로는 철학적 사유의 자기 인식의 완성에 이르는 과정이라고 생각될 수 있다. 다른 한편으로 그것은 헤겔 철학이 생성되어온 당시의 특정한 역사적 문맥을 서술하는 것이며, 특히 헤겔 철학에의 도입으로서 생각될 수 있다. 예나 시대의 『차이 논문』(1801년)이나 『신앙과 앎』(1802년)에서의, 또한 후에는 『엔치클로페디』 「예비 개념」에서의 근대 철학에 관한 철학사적 기술은 특히 그와 같은 맥락에서 이해할 수 있을 것이다. 이미 로젠크란츠는 예나 시대의 철학사 강의에 관해 다음과 같이 말하고 있다. '헤겔은 모든 철학에서의 철학의 통일을 유일한 거대한 연관의 연속성에서 대단히 명확하게 의식했다. …… 이제 헤겔은 비로소 선행자와의 역사적인 관계 속에서 자기 자신을 보았다.'[10] 따라서 철학사가 체계에서

• •
10. Rosenkranz, *Hegels Leben*, S. 201.

차지하는 자리매김에 대해서는 (1) 절대정신의 최종 단계를 이루는 '철학'의 자기 인식 과정의 역사적 서술로서 체계의 종반에 놓여야 하든가, 아니면 (2) 철학 그 자체에 선행하는 역사적 도입으로서 체계의 시작점에 놓여야 하든가 하는 두 가지 가능성이 생겨나게 되며, 이 점을 둘러싸고 지금까지 활발하게 논의가 이루어져 왔다.

(1) 한편으로는 철학사야말로 전 체계를 매듭지어 가는 최종 부분 이외에 다른 것이 아니라고 하는 견해가 있다. 이와 같은 견해는 이미 미슐레에 의해 정식화되었으며,[11] 또한 피셔에 의해서도 추인되고 있다.[12] 또한 비교적 근간에는 뒤징도 이 입장을 표명한다.[13] 다만 체계의 조감도를 보여주는 『엔치클로페디』 말미에서는 철학사에 대해 명시적으로 언급하는 것이 없다. 그러나 이처럼 철학사를 체계의 최종 부분에 배치하는 견해는 헤겔 자신에게서 유래하는 자료에 근거하여 일정 정도 뒷받침될 수 있다. 하이델베르크 시대 『엔치클로페디』의 「절대정신」 제473절에 대한 '주해'(1818/19년)에서는 철학사가 '자기 자신을 아는 정신의 최고 양태'(GW 13. 529)라고 여겨지고 철학사의 개략이 소묘되어 있다. 이와 같은 철학사와의 관련에 대해서는 실제의 강의 때에 구두로 보충되었을 가능성이 있을 것이다. 예슈케가 보는 바로는 제2판 이후에서 이 부분에 대응하는 제573절에서의 '운동이 종결에서 스스로의 개념을 파악할 때, 요컨대 자기 자신의 앎을 단적으로 회고할 때, 스스로가 이미 완성되어 있다는 것을 발견한다'(GW 20. 555)라고 하는 '철학'의 특징 부여는 다름 아니라 철학사와 관련되는 것이다.[14]

(2) 다른 한편 철학사 기술에 대해서는 학문에의 도입 기능이 주어져

· ·
11. Michelet, *Geschichte der letzten Systeme der Philosophie in Deutschland von Kant bis Hegel II*, Berlin 1838, S. 791.
12. Kuno Fischer, *Hegels Leben, Werke und Lehre*, Heidelberg 1911, S. 433, 1011 ff.
13. Klaus Düsing, *Hegel und die Geschichte der Philosophie*, Darmstadt 1983, S. 7.
14. *Hegels Enzyklopädie der philosophischen Wissenschaften (1830). Ein Kommentar zum Systemgrundriß*, hrsg. von Hermann Drüe u.a., Frankfurt a. M., 2000, S. 487.

있다는 점도 이미 지적되고 검토되어왔다.[15] 예나 시대 초기에는 '논리학'에 '형이상학'에로의 도입 기능이 귀속되었지만, 논리학 그 자체의 형이상학화와 병행하여 '학문의 체계' '제1부'로서의 『정신현상학』(1807년)이 '학문 일반의, 요컨대 앎의 생성'(GW 9. 24)을 서술하는 것으로 되었다. 이미 로젠크란츠가 철학사의 도입 기능을 지적하고 있지만, 동시에 '철학사 속에는 단지 인식의 주관적 측면뿐만 아니라 인식 작용의 모든 문제가 이미 존재한다고 하는 난점'에서 정신현상학에 의한 도입 구상의 우위를 보고 있다.[16]

이와 같은 '학문의 생성'이라는 성격 부여가 베를린 시대의 『철학사 강의』에서도 반복되고 있다. 『엔치클로페디』(제2판과 제3판)의 제13절에 따르면 '철학의 성립과 전개가 철학사로서, 외적인 역사라는 독자적인 형태 속에서 표상된다'(GW 20. 54)라는 것이다. 이와 같은 입장은 강의 초고나 강의 필기록에서 일관되게 알아볼 수 있다. 강의록을 비교하면, 철학사를 '학문의 생성'으로서 규정하는 표현이 각각의 연도에 아래와 같이 반복되어 간다. 1819년의 강의록, 1820년의 초고, 1823년의 초고에 있는 '우리 학문의 생성에 관한 서술'(V 6. 9), 1825/26년의 강의록에 있는 '사상계, 지성계가 어떻게 성립해왔으며 태어났는가 하는 역사'(V 6. 205), 1827/28년의 강의록에 있는 '철학 성립의 서술'(V 6. 277) 등이다. 표현의 세부적인 것은 위와 같이 변천해 가면서도 학문의 성립에 관한 서술이 철학사에게 맡겨지고 있다. 또한 그것과 병행하기라도 하듯이 철학사 기술에는 '학문에의 도입'의 역할이 주어지게 된다. 철학사의 도입적 성격은 1820년의 서론 초고의 난외 주해나 1823년의 서론 초고에서 이미 시사되어

· ·
15. 이 점에 대해서는 다음의 연구가 참조가 된다. 山口誠一, 『ヘーゲルのギリシア哲學論』(創文社, 1998년), 石川和宣, 「學への導入としての思惟の歷史 ─ <思想(思惟)の客觀性に對する三つの態度>についての考察」(『ヘーゲル哲學研究』 제16호, 2010년).
16. Rosenkranz, *Hegels Leben*, S. 205(로젠크란츠의 앞의 책, 일본어 역, 186쪽).

있다. 또한『엔치클로페디』의「예비 개념」은 일종의 철학사 기술을 가지고서 사변적 논리학으로 이끄는 것이지만, 제2판과 제3판의 제25절의 주해에 따르면, 이것은『정신현상학』과는 다른 '역사 이야기적이고 논변적'인 성질을 지니는 도입이다(GW 20. 69).

한편으로는 체계의 최종 지점이고, 다른 한편으로는 체계에의 도입이라고 하는 철학사의 이중의 성격 부여를 헤겔은 만년까지 계속해서 유지했다. 이것은 1827/28년의 강의록 서두에서 '철학사는 철학 연구로의 도입으로서 강의될 수 있거나 오히려 철학 연구의 종국으로서도 강의될 수 있다'(V 6. 277)라고 하는 헤겔 자신의 언명으로써 뒷받침된다.[17]

제2절 학문으로서의 철학사의 가능성

철학사가 학문적 성격을 갖출 수 있다면, 문제가 되는 것은 역사와 학문의 관계이다. 시간 속에서 무질서하게 등장하는 다양한 규정의 집합, 단순한 경험지 속에서는 학문적인 필연성이 발견될 수 없다. 일반적으로 역사적인 것에 대한 학문이 가능하다면, 시간 속에서 모습을 바꾸어 가는 다양한 우연적 규정이 실제로는 무언가의 학문적인 필연성에 의해 밑받침되고 있다는 것이 제시되어야만 한다.

'학문으로서의 철학사'의 가능성을 주제화함으로써 헤겔은 이와 같은 역사와 학문을 둘러싼 원리적인 문제에 몰두한다.『철학사 강의』에 대한 지속적인 몰두는 헤겔이 이 학문 분야에 대단히 적극적인 의의를 인정하고 있었다는 것을 보여준다. 헤겔은 강의 때에 브루커, 티데만, 불레, 텐네만 등에 의한 종합적인 철학사 기술을 참조하면서도 그것들에 날카로운 비판을 가한다. '이성의 역사'라는 계몽주의적인 역사관을 계승하면서 철학사라는

• •
17. 山口誠一,『ヘーゲルのギリシア哲學論』, 75쪽 참조.

이 학문 분야의 철학적 근거 짓기로 헤겔의 노력은 향해 있다.[18]

　'철학의 역사'라는 역설에 대한 문제의식을 헤겔은 이미 1801년의『차이 논문』에서 표명하고 있었다. 불변의 진리를 그 내용으로 해야 할 철학이 실제로는 역사의 과정에서 변화해 간다. 또한 철학에 있어 역사가 본질적이라고 하더라도 철학사는 단순한 발전일 수 없다. 헤겔은 철학사를 둘러싼 이 '이중의 안티노미'[19]에 응대한다. 철학사는 진리에 주는 것 없는 단순한 사견의 무질서한 집합이 아니며, 다른 한편으로는 기술사에서 보이는 것과 같은 단선적인 점차적 개량의 역사도 아니다. 그리하여 이『차이 논문』에서의 헤겔은 모든 개별적인 철학을 단일한 이성의 역사에 참여하는 것으로 파악함으로써 철학사의 학문적 성격을 확보하고자 한다. 철학이 유일하면서 동일한 절대적인 이성의 자기 인식에 속하는 한에서, '철학의 내적 본질이라는 관점에서 보자면, 선행자도 후계자도 없는 것이다.'(GW 4. 10) 베를린 시대, 1819년 여름에 제자인 힌리히스에게 보낸 헤겔의 서한에서도 마찬가지의 견해가 다음과 같이 반복되고 있다. '철학 그 자체가 문제가 되는 경우 나의 철학은 문제가 될 수 없습니다. 실제로 일반적으로 모든 철학이 절대자의 개념 파악인 것입니다.'[20] 또한 헤겔은 하이델베르크 시대에 출판한『엔치클로페디』제1판(1817년)의 제8절에서 철학사를 둘러싸고서 다음과 같이 말하고 있다(제2판과 제3판에서는 제13절에 대응하는 표현이 있다).

　　참된 철학의 원리는 모든 특수한 원리를 그 속에 포함하고 있어야만
　　한다. 철학이 이 점을 철학 그 자체에서 보여줌과 동시에 철학의 역사도

• •
18. 헤겔의 철학사 강의의 역사적 배경에 대해서는 다음의 것을 참조. Walter Jaeschke, *Hegel–Handbuch*, Stuttgart: Metzler, 2003, S. 178 f.
19. Hans Friedrich Fulda, *Das Problem einer Einleitung in Hegels Wissenschaft der Logik*, Frankfurt a. M. 1965, S. 195(フルダ,『導入としての現象學』, 久保陽一・高山守 譯, 法政大學出版局, 2002년, 265쪽).
20. *Briefe von und an Hegel*, hrsg. von J. Hoffmeister, Bd. 2, 1953, S. 216.

또한 다양한 현상하는 철학에서 한편으로는 다양한 형성 단계에 놓여 있는 유일무이한 철학을 보여주고, 다른 한편으로는 각각의 철학 체계의 기초를 이루는 특수한 원리가 하나의 같은 전체의 분지에 지나지 않는다는 것을 보여준다. (GW 20. 55)

이처럼 헤겔에 따르면 철학사에 등장하는 사상의 각각은 유일한 철학의 다양한 현상 형태 이외에 다른 것이 아니며, 하나의 전체에 속하는 분지로서 이해된다.

이상과 같은 철학사관은 베를린 시대의 『철학사 강의』의 「서론」에서 일관되게 다루어지는 중요한 주제이다. 예를 들면 1820년의 초고에서는 철학사에서의 영원한 진리와 시간적인 역사라는 두 가지 계기의 대립이 첨예화되어 있다.

철학은 필연적인 사상에 대한 학문이고 그 본질적인 연관 및 체계에 대한 학문이며 참된 것의, 그런 까닭에 영원하고 지나갈 수 없는 것의 인식이 지만, 역사는 그에 반해 그것에 대한 가까이 놓여 있는 표상에 따르면 일어난 것에, 그런 까닭에 우연한 것, 지나가는 것, 지나가 버린 것에 관계한다. (V 6. 13)

영원한 것의 인식인 '철학'과 시간적인 변전에 관계하는 '역사'로 이루어지는 '철학사'는 '두 개의 너무나 이질적인 것의 결합'으로 되지 않을 수 없다. 진리와 역사를 둘러싼 마찬가지의 논점은 더 나아가 1825/26년 강의, 1827/28년 강의, 1829/30년 강의에서도 되풀이되고 있다.

철학사는 과거의 사상을 대상으로 하여 거기서 지나가 버릴 수 없는 것, 현재하는 것에 몰두한다고 하는 역설적 성격을 지닌다. 이 점은 모든 과거의 사상 형태를 계기로서 포함하는 전체라는 방식으로 현재의 철학을 규정하는 것에 의해 가능해진다. 또한 그런 한에서 철학사의 진전은 단순한 과거의 부정일 수 없다. 『엔치클로페디』(제2판과 제3판)의 제13절에는 '시간에 따라 최종적인 철학은 모든 선행하는 철학들의 결과이며 따라서 모든 철학의 원리들을 내포해야만 한다'(GW 20. 55)라는 구절이 덧붙여 쓰여 있다. 이미 베를린 시대 초기의 강의록에서부터 반복되고 있는 이 논점은 그것과 같은 시기의 강의록에서도 다양한 표현으로 반복된다. 예를 들면 1825/26년 강의에서는 '현대의 철학은 가장 풍부하고 구체적인 것인바, 이전에는 전체로서 제시된 과거의 모든 철학의 원리를 단지 계기로서 포함한다'(V 6. 228)라고 말하며, 1827/28년 강의에서는 '최근의 철학은 필연적으로 이전의 철학을 유기 조직화에서의 분지로서 포함하는 전개된 체계이다'(V 6. 293)라고 이야기한다. 그리고 1829/30년 강의에서는 '우리 시대의 철학이 필연적으로 가장 구체적인 것이다. 우리의 철학은 본질적으로 모든 선행하는 철학의 역사적 성과이다'(V 6. 326)라고 하며, '나중의 철학이 선행하는 철학을 그 자신 속에 통일하고 있는' 까닭에 우리는 철학사를 통해 과거가 아니라 현재와 씨름하게 되는 것이다.

제3절 철학사와 체계적 필연성

그때까지도 예를 들어 『정신현상학』의 「서론」에서도 반복되듯이 헤겔은 자주 체계 형식에 대한 요구를 내걸어 왔다. 역사 기술과 체계성의 양립은 어떻게 해서 가능한 것일까? 『엔치클로페디』(제2판과 제3판)의 제12절의 기술에 따르면 우리는 주어진 경험적 규정의 우연성에 머물 수 없다. 사유는 '자기 자신으로부터의 전개'로 내몰리며, '이 전개는 한편으로는 내용과 그 제시된 규정의 수용인 데 지나지 않지만, 다른 한편으로는 동시에 내용에 대해 근원적 사유라는 의미에서 자유롭게, 오직 사태 그 자체의 필연성에 의해서만 생겨나는 형태를 부여한다.'(GW 20. 52) 돌이켜보면 '학문의 추상적 계기들의 각각에 현상하는 정신 일반의 하나의 형태가 대응한다'(GW 9. 432)라고 하는 『정신현상학』 「절대지」의 말미에서 헤겔은 순수 학문의 세 개의 '외화'에 대해 말하고 있었다. 이 경우 시간적인 계기를 관통하는 학문적 필연성은 이와 같은 순수 학문의 공간·시간에로의 외화에 의해 근거 지어져 있는 것이 될 것이다. 그리고 『엔치클로페디』(제2판과 제3판)의 제14절에서는 철학사와 철학 그 자체 사이의 대응 관계가 주장된다. '철학사에서 서술되는 것과 동일한 사유의 전개가 역사적인 외면성으로부터 해방되어 순수하게 사유라는 터전 속에서 철학 그 자체에서 서술된 다.'(GW 20. 56)

그런데 철학사의 연차별로 편집된 강의록을 검토해 보면, 헤겔은 어느 때는 역사적 과정과 논리적 전개의, 어느 때는 철학 체계와의 대응 관계를 주장하고 있다. 이하에서는 각 연도에서의 표현을 각각 확인해 보고자 한다.

1819년 강의에 따르면 '철학사는 개념에 의해 규정되며, 철학 체계가 그 외적 측면에서 서술된 것'(V 6. 117)이다. 철학사는 '철학 그 자체'이자 철학의 전개인바, 이 전개는 '논리적 전체, 유기적인 것'이다(V 6. 124). 1820년의 초고에 따르면 '역사에서의 철학 체계의 계기 순서는 이념의 개념 규정의 논리적 도출에서의 계기 순서와 동일하다.'(V 6. 27) 1820/21년 강의에서도 '역사에서의 철학 체계의 계기 순서는 이념의 전개에서의 논리적 규정의 계기 순서와 동일하다'(V 6. 27)라고 말한다.

1823/24년 강의록의 특징은 철학사의 전개를 이끄는 '내적인 변증법'이라는 표현과 그것의 자기 부정적인 작용에 대한 언급에 놓여 있다. 그것에 따르면 철학사의 발걸음은 철학에서의 개념의 진행과 마찬가지로 필연적이다. 이 진행을 이끄는 것은 '형태·규정의 내적인 변증법'(V 6. 154)이다. 유한한 것은 참된 것이 아니라 그 내용에 모순되어 몰락하지 않으면 안된다. 현존하는 것은 그 일면성으로 인해 내적인 이념에 적합하지 않고 파괴된다. 이리하여 철학사는 철학 그 자체의 전개 과정을 시간 속에서 표상하게 된다.

더 나아가 1825/26년 강의에 따르면 '철학사와 철학 체계는 동일'하며, '철학사는 철학 그 자체와 동일한 전개이다'라고 주장되는데, 그것은 '유일한 이성만이 존재하기' 때문이다(V 6. 220). 1827/28년 강의에 따르면 철학의 진행은 '자유로운 필연성에 의한다'(V 6. 289)라고 하며, '철학사의 전개는 비역사적인 전개에서의 철학과 동일하다'(V 6. 293)라고 한다. 1829/30년 강의에서는 다시 '논리학에서의 진행과 철학사에서의 진행은 하나의 같은 것이어야만 한다'(V 6. 323)라고 한다. 이상과 같이 철학 체계 또는 논리학과의 대응 관계를 통해 철학사가 철학 그 자체이며 그것 자체에서 학문이라고 하는 것이 근거 지어진다.

그런데 지금까지 논리적 범주의 전개 과정과 현실의 철학사 진행을 일의적으로 대응시켜 이해하는 시도도 이루어져 왔다.[21] 실제로 예를 들면 『논리의 학』에서 논리적 범주와 철학사에서의 특정한 사상 형태와의 대응 관계를 엿볼 수 있게 하는 기술도 존재한다. 그러나 지나치게 그와 같은 이해에 기울어지는 것은 너무나도 역사의 전개를 개념에 종속시키는 것이라고 말하지 않을 수 없다. 실제로 『철학사 강의』 본론의 서술을 보더라도 헤겔이 현실의 철학사 진행과 논리적 범주와의 대응 관계의 엄밀성에 그 정도로 주의를 기울이고 있다고는 생각하기 어렵다. 예슈케가 추정하듯이 이와 같은 논리적 범주와의 병행 관계는 베를린 시대 후기의 강의에 이르기까지 되풀이되고 있다 하더라도 예나 시대 구상의 자취일 뿐인 것으로 생각하는 것도 가능하겠지만,[22] 강의록의 검토로부터 이와 같은 추정을 근거 짓기는 어렵다. 그렇지만 역사의 진행과 논리학 또는 체계와의 대응 관계의 주장은 역사적 규정의 학문적인 필연성을 근거 짓기 위해서는 양보할 수 없는

21. 이 문제에 대해서는 다음의 풀다에 의한 검토도 참조될 수 있다. Fulda, *Das Problem einer Einleitung in Hegels Wissenschaft der Logik*, S. 209 ff.(フルダ, 『導入としての現象學』, 281쪽 이하).

22. *Hegels Enzyklopädie der philosophischen Wissenschaften (1830). Ein Kommentar zum Systemgrundriß*, hrsg. von Hermann Drüe u.a., S. 491.

논점이었다고 보인다.

제4절 철학의 시간화와 그 적극적 의의

이상과 같이 역사적 과정을 관통하는 필연성이 주장되는 한편, 철학사가 선험적으로 전개되는 역사 기술로 환원되는 것은 아니다. 여기서 헤겔은 역사적인 것에 고유한 우연성을 강조하기를 결코 잊지 않고 있기 때문이다. 이미 『정신현상학』 말미에서 순수한 학문의 '역사'로의 외화는 (피셔처럼[23] 이 부분이 직접 '철학사'를 예시한다고 받아들이는 것은 곤란하다 하더라도) '자유로운 우연적 생기라는 형식'(GW 9. 433)에 의해 행해진다고 생각되고 있었다. 『철학사 강의』의 서론에도 곳곳에서 역사적 전개가 내포하는 우연적 성격에 대한 언급이 보인다.

1819년 강의에 따르면, '상호 계기가 우연성으로서 현상하는 점'(V 6. 117)이야말로 철학사를 체계 그 자체와 구별하는 특징이다. 1820년의 초고에 따르면, 철학이 그러한 것과 마찬가지로 철학사도 '발전에서의 체계'이다(V 6. 25). 그리고 철학사의 우연성은 그것을 구성하는 발전의 단계가 '생기라는 방식으로 시간 속에서, 이 특정한 장소에서, 이런저런 민족 아래에서, 이런저런 정치적 상황에서, 또한 그것과 뒤섞여 출현한다. 요컨대 경험적인 형식 아래에서 출현한다'라는 점에 놓여 있다(V 6. 26). 1823/24년의 강의록에 따르면, 한편으로 '우연성은 철학에서는 단호하게 쫓겨나고 구축된다'(V 6. 153)라고 선언되는 한편, 철학사의 진행이 필연적인바, 논리적인 이념에 의해 규정되지만, '논리적인 긴밀성에서 진행되는 것이 아니다'(V 6. 162)라는 것이 강조되고 있다. 1829/30년 강의에 따르면 '철학사에서는 그것 자체로 서는 필연적인 것이 우리에 대해서는 쉽사리 우연적인 것으로서 현상하는

23. Fischer, *Hegels Leben, Werke und Lehre*, S. 491.

것이다.'(V 6. 324)

본래 무시간적이고 필연적인 것으로 보이는 철학이 이처럼 시간적인 우연으로서 나타나는 근거를 헤겔은 '정신의 자기 인식'에 기초하여 설명하고 있다. 『엔치클로페디』(제2판과 제3판)의 제11절에서 '철학의 욕구'는 정신이 스스로의 최고의 내면성인 '사유를 대상으로 하고자 한다'(GW 20. 51)라는 점에서 확인되고 있다. 정신이란 다름 아니라 스스로를 대상화하고 자기 자신을 아는 활동이다. 그 때문에 예를 들어 1825/26년 강의에서 말하듯이 정신은 시간 속으로 빠져들어 스스로를 전개하게 된다(V 6. 221).

생성을 통해 자기 인식에 이르는 정신의 이와 같은 활동을 1820년의 초고의 기술에 의해 확인해 두고자 한다. 정신은 자기 자신을 아는 활동으로서 존재한다. 그런 까닭에 자기를 자기로부터 구별하고 외적인 것으로서 시간 속에서 나타나게 된다. 정신은 '절대적인 근원 분할에 의해, 나를 나 자신으로부터 구별하는 것에 의해 자기 자신을 현존재하게 하고 스스로를 자기 자신에 있어 외적인 것으로서 정립한다.'(V 6. 30) 이때 헤겔은 상세하게 전개하고 있지는 않지만 '시간의 형이상학'에 대해 언급하고 있다. 『철학사 강의』 서론에서의 시간을 주제화한 논의는 베를린 시대 초기의 자료에 집중해 있으며, 후에는 후퇴해 가는 경향이 있다. 이 문제는 이미 1819년의 강의록에서 상세하게 다루어지고 있는데, 거기서 헤겔이 시간적인 것이 지니는 적극적 의의에 대해 언급하고 있는 것이 주목된다. 이 1819년의 강의 필기록에 따르면, 정신은 스스로 현존재로 걸어 나가 존재하는 것으로서 대상이 되는 것과 더불어 '시간 속으로 빠져든다.'(V 6. 112) 이와 같은 시간화는 자칫하면 정신에 있어 배제되어야 한다고 생각되는 경향이 있지만, 그와 같은 견해는 정신의 본성을 잘못 보는 것이다. 더 나아가 1820년의 초고에 따르면, 정신의 시간화가 단지 유한성의 표징인 데 그치지 않고 정신에서의 필연적 계기라는 것이 강조된다.

정신은 바로 자연 현존의 보편적인, 구별하는 양식인 외면성 속에 스스로를 정립한다. 그러나 외면성의 양식의 하나는 시간인데, 이 형식에 대한 상론은 자연철학 및 유한적 정신의 철학에 양보해야만 한다. 이 현존재 및 시간에서의 존재는 그것 자체가 본질적으로 유한한 개별적 의식 일반의 계기일 뿐만 아니라 사유라는 터전에서의 철학적 이념 발전의 계기이기도 하다. (V 6. 30)

정신이 시간 속으로 빠져든다는 것이 의미하는 바는 그것이 역사 속에서 단순한 유한한 개별적 의식으로서 등장한다는 것뿐만이 아니다. 정신의 시간화의 본래적 의의는 바로 철학적인 이념 일반의 역사적 발전에 존립한다고 헤겔은 말한다. 다만 이 초고에 기초하여 행해졌다고 추정되는 1820/21년의 강의록을 참조해 보면, 실제의 강의에서는 헤겔이 '정신의 시간화'를 둘러싼 이 논점에 깊이 들어가지는 않았던 듯하다. 그리고 그 후 『철학사 강의』라는 틀 속에서 '시간의 형이상학'이 상세하게 전개되는 일도 없었다.

스스로를 외면화하면서 거기에서 자기 동일성을 달성하는 정신의 작용에 헤겔이 의거하는 '발전' 개념이 근거 지어져 있다. 1823/24년의 강의록에 따르면, 정신의 발전이란 스스로를 구별로 가져오면서 그 속에서 자기 자신에 머무는 것이다. '정신은 자기 자신에 대해서 있으며, 자기 자신이라는 존재를 스스로에 대한 대상으로 하여 자기의 대상이 되고 자기의 대상과 일체가 된다. 그리하여 정신은 자기 자신 곁에 있다. 그에 의해 정신이 산출하는 것은 정신 그 자체이다. 이 타자에서 정신은 자기 자신에게 이른다. 정신의 발전은 분리하는 것, 그리고 그것에서 스스로에게 이르는 것이다.'(V 6. 147)

이와 같은 경지에서 정신은 자기 산출적인바, 스스로의 소산으로서의 자기 자신과만 관계하는 것이게 된다. 철학사의 대상인 '사상'은 이미 자기 자신 이외의 무언가의 의미에 봉사하는 것이 아니라 그것 자신 속에 의미를 갖추고 자기 완결되어 있다. 1825/26년의 강의에 따르면, '철학사는 사상 그 자체 이외에는 어떠한 의의도 어떠한 사명도 지니지 않는다.'(V 6. 210)

왜냐하면 철학사가 대상으로 하는 사상에서는 내면적인 것과 외면적인 것의 구별이 완전히 해소되어 있기 때문이다. 마찬가지의 논점이 1827/28년의 강의에서도 다음과 같이 되풀이되고 있다. 다른 학문에서는 서술과 서술 대상이 서로 다른 데 반해, '사상에서는 의미·의의와 서술·외적인 것은 동일한 것'이기 때문에, '철학에서는 사상 자신이 스스로의 대상이 되고, 자기 자신에게만 관계하며, 자기 자신으로부터 스스로를 규정하는 것이다.'(V 6. 278)

나가며 ― 상기의 체계로서의 철학사

타자에게서 완전히 자기 동일하다거나 자기에게서 나옴으로써 자기 자신과 완전히 일치한다는 이와 같은 정신의 자기 관계적 성격의 획득 속에서 내면화=상기의 작용을 간취할 수 있을 것이다. 『엔치클로페디』(제2판과 제3판)의 제465절(제1판에서는 제384절에 대응하는 표현이 있다)에 따르면, '지성의 소산인 사상은 사태, 요컨대 주관과 객관의 단순한 동일이지만'(GW 20. 464), 이와 같은 완전한 동일이 달성되는 것은 직관에서 시작하여 기억에 이르는 내면화의 도정을 통과하는 것에 의해서이다.

복수 연도의 초고와 강의 필기록에서 확인할 수 있는 '정신의 수혈鑛穴'이라는 표현은 철학사가 바로 그와 같은 상기의 체계 이외에 다른 것이 아니라는 것을 뒷받침한다. 왜냐하면 이 표현은 『엔치클로페디』(제3판)에서의 '상기', 그리고 '상像'의 능력으로서의 '상상력'을 둘러싼 논의(제453절 이후)의 맥락에서 대단히 강한 인상을 각인하는 것이기 때문이다. 『철학사 강의』에서 이 표현은 베를린 시대 초기, 요컨대 1819년의 강의록과 1820년의 초고에서 확인할 수 있지만, 그 후 일단 후퇴하여 모습을 감추며, 마지막인 1831년의 강의 필기록에서 다시 등장한다. '자아는 거기에 모든 것이 포함되어 있는 수혈이며, 철학사는 그로부터 보물을 추출한다.'(V 6. 355) 대단히 유사한 표현이 이미 예나 시대의『정신철학』초고(1805/06년)에서도 보인다. 거기서 헤겔은 '정신의 보고, 정신의 밤' 안에 보존된 '상, 나의 것, 폐기된 것으로서의 존재'를 정신이 '소유하고 지배한다'라고 말하고 있었다(GW 8. 186).

철학사는 과거를 통해 오히려 현재하는 것에 몰두한다고 하는 역설적 성격을 지니는 것이었다. '과거의 밤'(V 6. 206)으로 융해된 사상은 정신이라는 터전 속에서 상기되거나 지나가 버린 것으로서 현재하고 있다.『정신현상학』의 말미에서, 요컨대 그때까지의 정신의 편력이 모조리 내면화되고 상기의 대상이 된「절대지」에서 헤겔은 말한다. '역사라는 이 생성은 정신의 완만한 운동과 정신의 상호 계기를 현시하고, 각각 정신의 완전한 부로 꾸며진 상들의 화랑이다.'(GW 9. 433) 역사적으로 생기하는 것과 더불어 내면화되어 가는 정신 형태의 상기가『정신현상학』의 방법론을 근거 짓고 있다. 철학사도 또한 마찬가지로 전체의 계기라는 형태로 보존된 과거의 사상의 형태를 이를테면 '화랑'을 돌아보는 것처럼 순서대로 상기하는 행위이게 된다.[24]

상기의 체계로서의 철학사 속에서 등장하는 사상의 형태들은 예를 들어 플라톤적인 이데아가 그러하듯이 모든 시간을 벗어난 영원의 진리가 아니라 시간 속에서 생기하고 지나가 버리는 것, 시간적인 우연성을 통과하여 보존된 것이다. 체계나 논리학과의 대응 관계 아래에서 시간을 말소해 버리는 것이 아니라 영원과 시간의 긴장 관계로부터 철학의 역사는 자아내진다. 헤겔은 이 긴장 관계 안에 스스로 몸을 두면서 그때마다 역사적으로 생성하는 것으로서 철학사 강의를 실행한 것이다.

• •
24. 다만 철학사 서론에서 '화랑'이라는 잘 알려진 표현은 1819년의 강의록, 1820년의 강의 초고, 1821/22년의 강의록, 1823년의 초고, 1823/24년의 강의록에서 등장하지만, 그 후에는 모습을 감추고 있다.

후기

헤겔 철학에 관해 쓰인 책은 많이 있지만, 가장 포괄적인 동시에 균형이 잡힌 것은 다음의 두 책이다. 하나는 『헤겔 전집』 제1부 '저작집'을 개관한 오토 푀겔러 편 『헤겔의 전체상ヘーゲルの全體像』(以文社, 1988년)이며, 또 하나는 제2부 '강의록'에 초점을 맞춘 오토 푀겔러 편 『헤겔 강의록 연구ヘーゲル講義錄研究』(法政大學出版局, 2015년)이다. 두 책을 읽으면 헤겔 철학의 전체와 독일의 헤겔 연구를 잘 알 수 있게 된다. 더 나아가 일본의 헤겔 연구를 알고 싶어 하는 독자에게는 이 책 『헤겔 강의록 입문』을 권하고자 한다.

이 책은 푀겔러 편 『헤겔 강의록 연구』의 공역자들을 중심으로 한, 일본어에 의한 헤겔 철학 연구에 대한 입문서이다. 이 책은 일본의 헤겔 연구 상황을 토대로 하여 새로운 교정판 『헤겔 전집』의 제2부 '강의록'을 사용함으로써 지금까지 알려지지 않은 헤겔 상을 그려내고 있다. 독일의 연구 상황을 전하는 이 책의 각 장을 읽으며 일본의 헤겔 연구의 현재 상황을 알아주셨으면 하는 바람이다.

마지막으로 이 책의 출판을 받아들여 편집을 담당해 주신 호세이대학 출판국의 고마 마사토시鄕間雅俊 씨에게 깊이 감사드린다.

2016년 여름

요리카와 죠지寄川條路

옮긴이 후기

도서출판 b의 헤겔 총서 제10권으로 출간되는 이 『헤겔 강의록 입문』은 『ヘーゲル講義錄入門』, 요리카와 죠지寄川條路 엮음, 法政大學出版局, 2016을 옮긴 것이다. 이 『헤겔 강의록 입문』에는 엮은이 요리카와 죠지를 비롯한 13명의 재기발랄하고 날카로운 일본의 헤겔 연구자들이 참여하여 헤겔의 논리학·형이상학, 자연철학, 정신철학, 법철학, 국가학, 역사철학, 미학, 예술철학, 종교철학, 신학, 철학사 강의의 철학적 핵심에 대한 독해를 펼쳐 보인다. 저자들은 기존의 헤겔 상에 근거한다는 유혹을 떨쳐버리고 헤겔 이해의 새로운 차원을 개척하겠다는 강한 의지로써 헤겔 강의록에 접근하고 있다.

헤겔의 철학 체계가 철학사상 가장 완결된 사유 기획에 속하고 인간 사유의 전 영역을 포괄한다는 것은 거의 논란의 여지가 없는 사실이다. 하지만 정작 그가 생전에 출간한 저작은―잡지 등에 실린 논문 등을 제외하면―다섯 개(『피히테와 셸링 철학 체계의 차이』, 『정신현상학』, 『논리의 학』, 『철학적 학문들의 엔치클로페디 강요』, 『법철학 요강』)에 지나지 않았다. 헤겔의 방대한 저작들 대부분은 강의를 위한 초고와 제자와 청강자들에 의한 강의 필기록이었다. 따라서 헤겔의 강의와 관련된 이러한 텍스트들의 성립과 그 편집 과정을 다시 살펴보고 그 속에 담겨 있는 헤겔의 철학적 문제의식과 통찰을 추적, 확인하는 것은 헤겔 철학에 대한 역사적이고 체계적인 이해를 위해 필수적이다. 이『헤겔 강의록 입문』은 그러한 이해를 위한 시도이며, 그래서 우리의 앞으로의 헤겔 연구를 위해 필수 불가결한 자료를 제공하는 것이라고 할 수 있을 것이다.

헤겔은 일반적으로 '독일 관념론의 위대한 체계적 철학자'로 생각된다. 하지만 엮은이 요리카와 죠지에 따르면 우리는 헤겔 철학을 '강의에 의해 형성된 철학 체계'로서 새롭게 다시 정의할 필요가 있다. 체계적으로 사유하되 해결되지 않은 내적인 문제와 새롭게 제시되는 현실에 부딪혀 끊임없이 모색하고, 그 고투가 강의를 통해 실현되고 드러나는 헤겔의 사유 과정에 접근할 때라야 비로소 우리는 헤겔 철학을 살아 있는 체계로서 이해할 수 있다는 것이다. 그리고 엮은이에 따르면, 헤겔 철학에 대한 이러한 접근의 계기가 된 것은 1968년부터 간행되기 시작한 교정판『헤겔 전집』이 2014년에 제1부 '저작집'이 완결되고, 또 현재 제2부 '강의록'이 마무리를 향해 치달아 가고 있는 헤겔 텍스트의 현 상황이다(덧붙이자면, 그사이에 이른바 시행판『헤겔 강의록 선집』(1983년~2014년, 전 17권)이 우리에게 주어져 있다).

헤겔의 죽음 직후에 이루어진 헤겔의 친구들에 의한 헤겔 전집의 성립 이후 헤겔 텍스트의 제시에서는 그것이 보여준 우여곡절의 역사에도 불구하고 하나의 편집 방침이 변함없이 관철되었다. 요컨대 헤겔이 쓴 것과 헤겔이 말하고 학생이 받아쓴 것을 구별 없이 함께 뭉뚱그려 놓은 것이다. 이로부터 언뜻 보아 완결된 것처럼 보이는 헤겔 철학의 일반적 인상이 비롯되었다. 그러나 '저작집'과 '강의록'을 구분하고 그것을 문헌학적이고 역사적이며 철학적으로 자세히 검토함으로써 우리에게는 그와 같은 헤겔 철학 이해를 바로잡을 기회가 주어진 것이다. 물론 역사철학과 미학, 종교철학과 철학사 등의 경우에서는 그 개요가 『엔치클로페디』에 이미 제시되어 있었다. 하지만 과거의 편집자에 의한 가필과 생략, 이어붙이기 등에 의해 그동안 헤겔 연구에서는 수많은 문제가 야기되었고, 그것들은 그 해결이 확정되지 못한 채 남아 있었다. 이제 그와 같은 문제들에 접근할 수 있는 실마리가 새로운 편집으로 주어짐으로써 우리는 이제 '헤겔 철학의 전체상'을 다시 생각할 수 있게 된 것이다.

그런데 위와 같은 사정으로 인해 『헤겔 강의록 입문』이 지니는 의의는 전문적인 헤겔 연구자에게 한정되지 않는다. 헤겔 강의록 연구는 그의 견해의 미묘한 변화와 그 이유에 주의를 기울이면서 그때그때 헤겔이 벌인 지적 격투가 울려내는 소리에 귀 기울이는 접근을 요구한다. 그리고 그 결과 민얼굴로 나타나는 강단에 선 헤겔은 자기 학설의 권위 부여에 애쓰는 노년의 철학자가 아니라 자기 앞에 놓인 연구 주제에 몰두하는 데서 아직 이해에 빈틈이 없지 않다는 사실을 깨닫고 자신과는 다른 사고방식을 존중하는 사유자이자, 나아가서는 '자못 진지한 얼굴을 하고서 난해한 고담준론을 펼쳐 나가는 철학자가 아니라, 사태와 이치를 생각하는 기쁨과 역사와 현재를 이해하는 즐거움을 충분히 경험하고 그 위에서 그것을 다른 사람들과 공유하고자 하는 생각으로 강단에 서 있는' 강의자이다. 요컨대 그의 강의들은 '앎의 즐거움을 아는 사람의 그야말로 앎의 즐거움을 위한 강의'(하세가와 히로시)인 것이다. 그렇다면 그와 같은 강의를 통해 형성된 헤겔 철학으로 안내해주는 이 『헤겔 강의록 입문』은 우리 모두에게 그와 같은 살아 있는 헤겔 철학에 접근하기 위한 출발점을 제공하는 것이라고 할 것이다.

도서출판 b는 그동안 '헤겔 총서'를 통해 헤겔의 원전 번역과 다양한 헤겔 해석 전통을 등에 짊어진 연구서들을 내놓고자 노력해 왔다. 물론 역량의 부족과 이런저런 사정으로 인해 처음에 계획하고 약속한 것을 지금껏 충실히 완수할 수 없었다. 하지만 b는 2022년 올해에는 새로운 마음가짐으로 지금까지 알게 모르게 쌓인 것을 마무리하여 출간함으로써 새로운 전망을 열고자 한다. b에서는 올해 이 『헤겔 강의록 입문』을 필두로 『정신현상학』(이종철, 성창기)과 『엔치클로페디 논리학』(이신철) 그리고 『논리의 학』(이신철)을 간행하고자 하고 있다. 물론 그 밖의 연구서와 강의록을 비롯한 원전 번역의 경우에서도 일정한 진전이 이루어지기를 기대하고 있다. '헤겔 총서'를 시작할 때 이미 말씀드렸듯이, 우리의 구상을 실현하는 것과 관련된 귀중한 계획을 갖고 계신 많은 분의 참여를 부탁드린다.

언제나처럼 이번에도 『헤겔 강의록 입문』의 출간에 참여하고 관심을 기울여주신 도서출판 b의 모든 분에게 진심으로 감사드린다. 다만 이 감사는 한편으로는 다짐이요 다른 한편으로는 요구인데, 그 까닭은 우리 앞에 놓여 있는 과제가 너무도 크기 때문이다. 하지만 그 과제가 큰 만큼 우리의 의기투합도 더욱더 강할 수 있을 것이다. 우리 모두에게 행운이 깃들기를 바랄 뿐이다.

임인년 정초
학의천 옆 우거에서
이신철

찾아보기

| 저자 소개 |

■편자

요리카와 죠지寄川條路

1961년, 후쿠오카현에서 태어남. 보쿰대학 대학원 졸업, 문학 박사. 현재 메이지가쿠인대학 교수. 저서로『신판 체계로의 길』(創土社, 2010년),『헤겔 철학 입문』(ナカニシヤ출판, 2009년),『헤겔『정신현상학』을 읽는다』(世界思想社, 2004년), 공역으로 오토 푀겔러 편,『헤겔 강의록 연구』(法政大學出版局, 2015년).

■저자

가타야마 요시로片山善博

1963년, 도쿄도에서 태어남. 히토쓰바시대학 대학원 졸업, 사회학 박사. 현재, 니혼후쿠시대학 교수. 저서로『삶과 죽음의 윤리 — '사생학'에로의 초대』(DTP出版, 2014년),『차이와 승인 — 공생 이념의 구축을 지향하여』(創風社, 2007년),『자기의 수맥 — 헤겔「정신현상학」의 방법과 경험』(創風社, 2002년), 공역으로 오토 푀겔러 편,『헤겔 강의록 연구』(法政大學出版局, 2015년).

고이누마 히로쓰구小井沼廣嗣

1979년, 도쿄도에서 태어남. 호세이대학 대학원 졸업, 문학 석사. 현재, 호세이대학 비상근 강사. 논문으로「도덕적 행위 주체에 의한 악과 그 극복 —『정신현상학』에서의 양심론을 둘러싸고」(『ヘーゲル哲學研究』제20호, 2014년), 공역으로 오토 푀겔러 편『헤겔 강의록 연구』(法政大學出版局, 2015년), 로버트 B. 피핀,『헤겔의 실천 철학 — 인류으로서의 이성적 행위자성』(法政大學出版局, 2013년).

고지마 유코小島優子

1973년, 가나가와현에서 태어남. 조치대학 대학원 졸업, 철학 박사. 현재, 고치대학 준교수. 저서로『헤겔 — 정신의 깊이』(知泉書館, 2011년),『최신 철학을 잘 알 수 있는 책』(秀和システム, 2006년), 공저로『생명 윤리 교과서』(ミネルヴァ書房, 2014년), 공역으로 오토 푀겔러 편,『헤겔 강의록 연구』(法政大學出版局, 2015년).

나카하타 구니오中畑邦夫

1971년, 치바현에서 태어남. 조치대학 대학원 수료, 철학 박사. 현재, 레이타쿠대학 비상근 강사. 논문으로「헤겔의 소크라테스론 — 그 비극성 및 희극성」(『麗澤學際ジャーナル』 제22권, 제1호, 2014년),「헤겔 논리학에서의 신의 존재 증명의 의의」(『ヘーゲル哲學研究』 제15호, 2009년),「헤겔 논리학에서의 '인격성'에 대하여 —『대논리학』의 실천적·윤리적인 해석 가능성」(『倫理學年報』 제52집, 2003년).

다키모토 유카瀧本有香

1988년, 후쿠이현에서 태어남. 와세다대학 대학원 졸업, 문학 석사. 현재, 일본 학술 진흥회 특별 연구원. 논문으로「셸링과 헤겔 —그 예술관과 예술의 지위」(『哲學世界』 제37호, 2014년),「헤겔 미학에서의 유기체의 아름다움」(『哲學世界』 별책 제5호, 2013년), 공역으로 오토 푀겔러 편,『헤겔 강의록 연구』(法政大學出版局, 2015년).

미에노 기요아키三重野清顯

1977년, 효고현에서 태어남. 도쿄대학 대학원 수료, 문학 박사. 현재, 오차노미즈여자대학 비상근 강사. 논문으로「초월론적인 과거 — 초기 셸링의 시간론」(『倫理學年報』 제59집, 2010년),「공동체의 윤리 — 시간론적인 시점에서」(『理想』 685호,「특집 윤리학의 재발견」, 2010년),「진리의 생성 — 헤겔에게서의 시간의 진리 개시 기능을 둘러싸고」(『KAWADE 길의 수첩·헤겔 입문』 河出書房新社, 2010년), 공역으로 오토 푀겔러 편,『헤겔 강의록 연구』(法政大學出版局, 2015년).

사나다 미사眞田美沙

1989년, 후쿠오카현에서 태어남. 히토쓰바시대학 대학원 졸업, 문학 석사. 현재,

히토쓰바시대학 대학원 박사 과정 재학. 논문으로 「헤겔 『대논리학』에서의 양의 적용 범위」(『哲學の探求』 제40호, 2013년), 「양에서의 질의 회복에 대하여 ― 헤겔 『대논리학』에서의 <정량의 무한성>을 중심으로」(『ヘーゲル哲學研究』 제21호, 2015년).

스즈키 료조鈴木亮三

1975년, 아이치현에서 태어남. 도호쿠대학 대학원 졸업, 문학 박사. 현재, 니혼의과대학 비상근 강사. 공저로 『어떻게 살고 어떻게 죽을 것인가』(弓箭書院, 2009년), 논문으로 「<소유의 운명>의 행방 ― 프랑크푸르트·예나 시기 헤겔 철학 생성의 한 단면」(『思索』 제47호, 2014년), 「헤겔 철학에서의 오이디푸스 문제」(『ヘーゲル哲學研究』 제19호, 2013년).

아카이시 노리아키赤石憲昭

1974년, 도쿄도에서 태어남. 히토쓰바시대학 대학원 졸업, 사회학 박사. 현재, 니혼후쿠시대학 준교수. 논문으로 「헤겔 비판론의 논리 ― 헤겔 판단론의 인간론적 해석의 시도」(久保陽一 편 『헤겔 체계의 다시 보기』 理想社, 2010년), 「헤겔의 '가언 판단'의 구체적인 예를 둘러싸고」(『ヘーゲル論理學研究』 제9호, 2003년), 공역으로 오토 푀겔러 편, 『헤겔 강의록 연구』(法政大學出版局, 2015년).

오카자키 류岡崎 龍

1987년, 버몬트주에서 태어남. 히토쓰바시대학 대학원 졸업, 사회학 석사. 현재, 일본 학술 진흥회 특별 연구원·훔볼트대학 유학 중. 논문으로 「헤겔 『정신현상학』에서의 부정성 문제 ― 볼프강 본지펜 『헤겔의 예나 시기 논고에서의 부정성 개념』을 읽는다」(『クァドランテ』 제16호, 2014년), 공역으로 맑스 가브리엘/슬라보예 지젝, 『신화·광기·웃음 ― 독일 관념론에서의 주체성』(堀之內出版, 2015년), 오토 푀겔러 편, 『헤겔 강의록 연구』(法政大學出版局, 2015년).

오코치 다이쥬大河內泰樹

1973년, 후쿠오카현에서 태어남. 보쿰대학 대학원 졸업, 철학 박사. 현재, 히토쓰바시대학 교수. 저서로 *Ontologie und Reflexionsbestimmungen. Zur Genealogie der*

Wesenslogik Hegels. Königshausen und Neumann, 2008. 공저로 西山雄二 편, 『인문학과 제도』(未來社, 2013년), 공역으로 악셀 호네트, 『자유인 것의 고통 — 헤겔 『法哲學』의 재생』(未來社, 2009년), 맑스 가브리엘/슬라보예 지젝, 『신화·광기·웃음 — 독일 관념론에서의 주체성』(堀之內出版, 2015년), 오토 푀겔러 편, 『헤겔 강의록 연구』(法政大學出版局, 2015년).

이케마쓰 다쓰오池松辰男

1988년, 산둥성에서 태어남, 도쿄대학 대학원 졸업, 문학 석사. 현재, 치바 현립 보건의교대학 비상근 강사. 논문으로 「신체와 언어 — '정신철학'에서의 두 개의 표현」(『ヘーゲル哲學研究』 제19호, 2013년), 「승인의 조건으로서의 신체 — 헤겔 '인간학'에서의 <신체>의 의의」(『倫理學年報』 제62집, 2013년), 공역으로 맑스 가브리엘/슬라보예 지젝, 『신화·광기·웃음 — 독일 관념론에서의 주체성』(堀之內出版, 2015년), 오토 푀겔러 편, 『헤겔 강의록 연구』(法政大學出版局, 2015년).

헤겔 총서 10

헤겔 강의록 입문

초판 1쇄 발행 • 2022년 3월 10일

엮은이 • 요리카와 죠지
옮긴이 • 이신철
펴낸이 • 조기조

펴낸곳 • 도서출판 b
등 록 • 2003년 2월 24일 (제2006-000054호)
주 소 • 08772 서울특별시 관악구 난곡로 288 남진빌딩 302호
전 화 • 02-6293-7070(대)
팩시밀리 • 02-6293-8080
홈페이지 • b-book.co.kr
전자우편 • bbooks@naver.com

정가 • 22,000원
ISBN 979-11-89898-69-4   93160